MODERN LIBRARY
现代图书馆

❖ 在知识更新日益加速的时代，学习将贯穿我们的整个生命，成为持续一生的活动。从学校步入社会，身份的转变并不意味着获取知识的终结。相反，摆脱了获得文凭的功利化学习，脱离了学科与专业的限制，我们对知识有了更深、更广的需求。

❖ “现代图书馆”书系缘起于对人们这种持续需求的关注，旨在通过与时俱进地普及各种知识，为终身学习提供一种新的路径与选择。它尽量保持开放的视野，从国内外纷繁复杂的作品中甄选佳作。它的选材丰富而广泛，涵盖各个学科领域，不仅涉及哲学、心理学、人类学、社会学、考古学、经济学与法律，也涉及数学、天文学、物理学等。与传统教科书枯燥艰涩的面目不同，它的风格活跃且多样，既有权威专家的经典著作，也有新锐作家的独到精品。

❖ 在“现代图书馆”的知识海洋里，读者可以从兴趣与喜好出发去遨游，也可以基于解读现实与社会的需求去探索。顺着知识的关联性，他们可以持续梳理、延展、拓宽，深入追求与钻研，将头脑中干瘪的知识变得丰富，零散的知识变得系统，剔除陈腐的，补全缺失的，最终构建出认知世界的新基点和起点，为提升自己的眼界、素养与思维能力，锻造人生软实力打下坚实的基石，从而更加从容地应对迅速变化的世界中的各种挑战。

❖ “现代图书馆”书系，一个开放的知识世界，等你来自由获取。

THE RED QUEEN

红皇后效应

性与人性的演化

（第2版）

By
Matt Ridley

[英] 马特·里德利——著
刘茉 褚一明——译

Sex and the Evolution of Human Nature

重庆出版集团 重庆出版社

版贸核渝字（2023）第047号

图书在版编目（CIP）数据

红皇后效应：性与人性的演化 / (英) 马特·里德利著；刘茉，褚一明译. -- 2版. — 重庆：重庆出版社，2023.8
书名原文：The Red Queen: Sex and the Evolution of Human Nature
ISBN 978-7-229-17683-9

Ⅰ. ①红… Ⅱ. ①马… ②刘… ③褚… Ⅲ. ①性社会学—研究 Ⅳ. ①C913.14

中国版本图书馆CIP数据核字（2023）第107263号

红皇后效应：性与人性的演化（第2版）
HONGHUANGHOU XIAOYING:XING YU RENXING DE YANHUA（DI ER BAN）

[英]马特·里德利　著　刘茉　褚一明　译

出　　品：华章同人
出版监制：徐宪江　秦　琥
责任编辑：何彦彦
营销编辑：史青苗　刘晓艳
责任校对：陈　丽
责任印制：梁善池
装帧设计：人马艺术设计·储平

重庆出版集团
重庆出版社 出版

（重庆市南岸区南滨路162号1幢）
北京博海升彩色印刷有限公司　印刷
重庆出版集团图书发行有限公司　发行
邮购电话：010-85869375
全国新华书店经销

开本：880mm×1230mm　1/32　印张：12.375　字数：252千
2023年8月第2版　2023年8月第1次印刷
定价：68.00元

如有印装质量问题，请致电023-61520678

目录

第六章　一夫多妻制与男性的本质 /185

第七章　一夫一妻制与女性的本质 /225

致谢

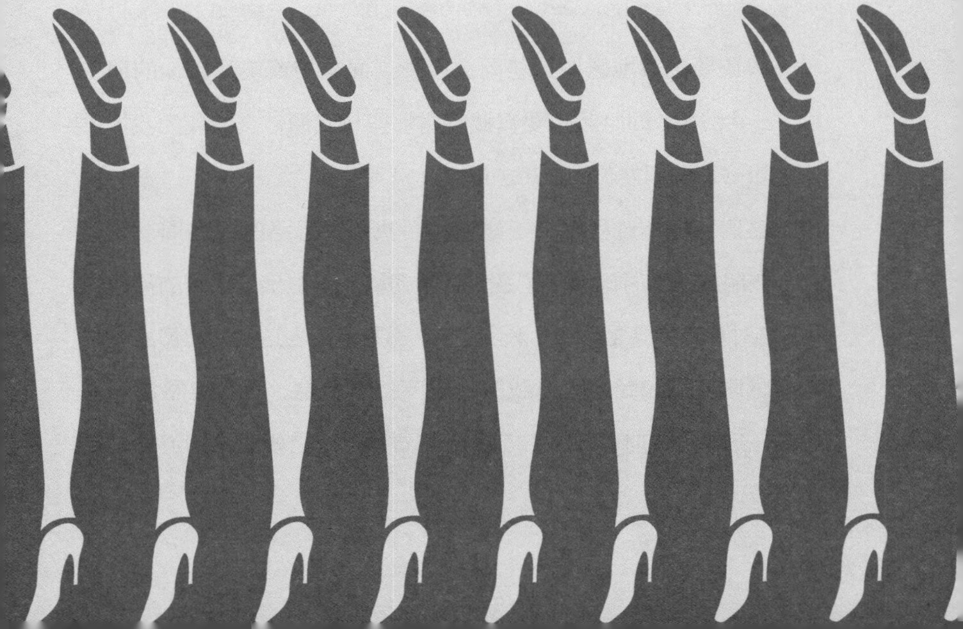

这本书绝对是集思广益的结果——我本人的观点很少。科普作家一向被视为高智商的抄袭者，他们善于从忙于研究而无暇向世界讲述自己的发现的人那里挖掘资料，并将之归纳到他们的作品中。虽然能把某一章写得更好的大有人在，但令我欣慰的是很少有人能够谋划全篇。总的来说，我的职责就是综合其他人的发现，将其呈现给读者。

但我仍然对那些被我“抄袭”过的人表示衷心的感谢。在为本书做准备的过程中，我采访了60多个人，他们所表现出的尊重、耐心和对世界的强烈好奇心让我感动。我和其中的很多人成了朋友。我尤其想感谢那些忍受我死缠烂打、追问到底的人：劳拉·贝齐格、拿破仑·沙尼翁、勒达·科斯米德斯、海伦娜·克罗宁、比尔·汉密尔顿、劳伦斯·赫斯特、博比·洛、安德鲁·波米安可夫斯基、唐纳德·西蒙斯、约翰·图比……（作者将126个曾帮助过他的人都一一列出，表示感谢。考虑到人名实在太多，且单纯的人名清单并非读者感兴趣的信息，故而略过。——编者按）

我还要真诚地感谢那些同意接受当面采访或电话访谈的朋友们，一共63位。同时我也要真诚感谢那些与我通信交流或为我提供论文和书籍的朋友们，一共10位。

感谢在写作过程中给予建议和帮我理清思路的63名朋友。还有一些朋友花费时间阅读了各章节的初稿，并提出了宝贵的修改意见。这对我来说弥足珍贵，千言万语，都不足以表达我的感激之情。

感谢妻子和经纪人对我的无限支持与鼓励。我也要感谢那只松鼠，在我写作时，它时常在窗边陪着我，只是我还不知道它是雄还是雌。

第一章

人　性

最奇怪的是，周围的树木和其他事物所在的位置从未发生改变，不管她们行进的速度有多快，却仿佛仍在原地。“我想知道是否所有的事物都在和我们一起向前移动？”可怜的爱丽丝疑惑不解。皇后好像猜出了她的心思，对着她大喊：“快点儿！不要说话！”

——刘易斯 · 卡罗尔，《爱丽丝镜中历险记》

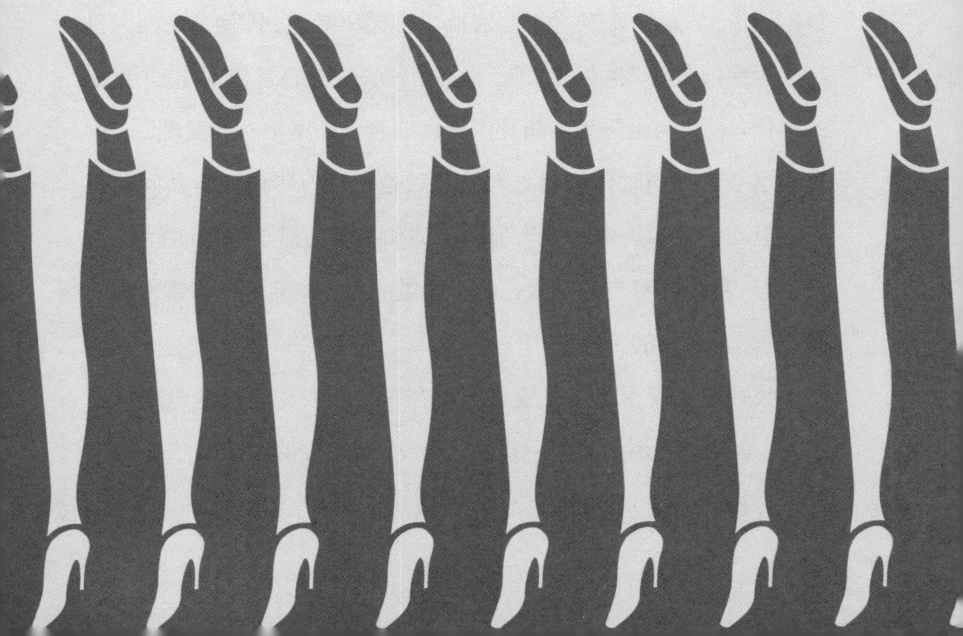

当一名外科医生做手术时，他清楚地知道病人体内的各种器官分别在什么位置。比如说，如果他在寻找病人的胃，他可不希望在不同病人的不同部位发现它。每个人都有胃，胃的形状和位置都大致相同。当然，其中也会存在一些差异——有些人的胃不太健康，有些人的胃比较小，有些人的胃有点儿畸形。但与相似之处相比，这些差别就显得微不足道了。相对于外科医生而言，兽医或屠夫见过更多不同种类的胃：牛胃大且多室，老鼠胃较小，猪胃与人类的胃有点儿像。可以肯定地说，确实存在典型的人胃，它不同于非人类的胃。

同理，本书的研究也建立在这样一个前提下，即存在所谓典型的人性。本书的目的就是追找它。当病人躺在沙发上时，精神科医生可以像胃肠外科医生那样，做出各种各样的基本假设。他可以假设这个病人懂得什么是爱、嫉妒、信任、思考、交流、恐惧、微笑、讨价还价、觊觎、梦想、回忆、唱歌、吵架和撒谎。即使这个病人是与世隔绝很久的“桃花源人”，也不会丧失这些心智和本性。20世纪30年代，长久与世隔绝的新几内亚岛的若干部落被外界发现，人们发现这些人与同时代的西方人虽然只是在10万年前拥有共同的祖先，但他们至今仍像西方人那样微笑和皱眉。对于狒狒而言，“微笑”是一种恐吓对方的手段；对于人类而言，微笑是心情愉悦的表现，这是全世界的人性。

我并不是要否认文化差异的存在，比如说，有些地方用羊眼做汤，有些文化用摇头表示赞同，以及西方人的隐私问题、割礼仪式、午睡习惯、宗教信仰、语言种类、美国和俄罗斯餐馆服务员的微笑频率等差异。由此可见，人类拥有很多共同点，但也的确存在许多不同之处。虽然，人类文化的差异自然有文化人类学家去研究，但人们很容易想当然地认为，人类那些相似之处的基础是人类共有的特质。

本书旨在探讨人性的本质。它的主题是，如果不了解人性是如何进化的，就不可能理解人性；如果不了解人类性行为是如何进化的，就无法理解人性是如何演变的。所以总的来说，我们讨论的焦点集中在了性的进化上。

为什么谈性？它可不是人类特质中最有“卖点”的。人类的许多特质都比繁衍问题的曝光率更高，“绯闻”更多。但人类的发展过程却永远离不开它，其他特质都是为这个终极目的服务的。人类从祖先那里继承了生存、吃饭、思考和说话等技能，但最重要的是继承了繁衍子孙的本能。通过繁衍，人类将祖先的特质传承了下来，若没有繁衍，这些特质就无法传承。因此，在进化过程中，任何可以提高繁衍成功率的因素都会被无条件地保留。我们可以确定地说，人类的所有特质都是经过精挑细选的，其目的都是为了保障繁衍过程能够顺利进行下去。

或许有人认为这种说法过于绝对。似乎忽略了每一个人在性选择上的自由，更有许多“洁身自好”的人出来反对——人类不是只致力于生育的程序化机器人。难道莫扎特和莎士比亚的才气也是由性激发出来的吗？在这里，我唯一的辩解是，没有人类的进化就没有现在的人性，而且有充分的证据表明，只有通过竞争性繁衍，人类才能不断地进化。有繁衍能力的种族会继续生存，反之，无生育力的将消失殆尽。生命体之所以和石头不同，就是因为生命体可以繁衍。当然，每个理论都有它的局限性，但在这里，我并不认为“性自由”和“洁身自好”有什么冲突。人类的繁荣取决于人类采取主动和发挥个人才能的能力，但自由意志不是为了好玩而创造的。祖先之所以赋予我们采取主动的能力，是因为自由意志和主动性是满足人类野心、与同类竞争、应对危机的手段，并最终战胜不能生育的对手，繁衍出更优秀的后代。所以自由意志只有在有助于繁衍后代时才能更加彰显其好的一面。

从另一个角度来看，如果说一个学生很聪明，但考试成绩很差，比如，他一到考试就紧张，发挥失常，那他的才华在考试中就没有任何意义。同理，如果一只生存能力超强的动物，新陈代谢效率高，几乎可以抵抗所有的疾病，学习能力远超竞争对手，寿命也很长，唯一美中不足的是不能孕育后代，那么，再优秀的基因也无法传承。除了不育，其他特质都可以遗传，也就是说我们的直系亲属没有一个是无子女的，因此，如果我们要了解人性是如何进化的就绝对绕不开繁衍，因为繁衍成功是所有人类基因都必须通过的检验——如果它们不想被自然选择排挤出去的话。因此，我想说的是，离开繁衍，人类的特质和心理几乎无从谈起。我要从性本身开始谈起。生殖不是性的同义词——自然界存在许多无性的生殖方式，但有性生殖一定提高了个体繁衍的成功率，否则性将无法持续存在；我将在最后谈论心智，这是人类所有特质中最人性化的。而我们如果不去了解性竞争，就越来越难以理解人类是如何变得如此聪明的。

伊甸园的蛇悄悄告诉夏娃一个秘密，让她偷尝禁果。“禁果”在这里只不过是一种委婉的说法，这已经是一个公开的秘密，从著名的神学家圣托马斯·阿奎那（Thomas Aquinas）到诗人弥尔顿（Milton）都提到过这个秘密。可是《创世纪》（*Genesis*）并没有透露这个秘密：禁果等于罪，等于性，大家是怎么知道的呢？众所周知，人类繁衍是靠性，只有这一件事对人类来说是如此重要。

先天与后天

查尔斯·罗伯特·达尔文（Charles Robert Darwin）认为，人类是由过去的经历设计而成的。他首次指出，我们应该放弃神创论，却不应该放弃这种“设计”的概念。每种生物都是其祖先为适应特定生活方式在选择性繁殖过程中无意识地“设计”出来的。正如人类的胃是为杂食且喜肉类的非洲类人猿而特别“设计”的一样，自然选择也精心地为这种社会性的两脚直立的非洲类人猿“设计”了一套“人性”。

以此作为出发点估计已经激怒了两类人：一类是对上帝造人说深信不疑的人，他们认为人类的本性不是由自然选择“设计”的，而是由智者“设计”的，对此，我不予争辩，因为思想根基就不同，那必然“志不同道不合”。至于另外一类人，他们认为人性不是进化出来的，人性应该是由某种文化创造出来的。对于说服后一类人，我还是持乐观态度的。人性是文化的产物，但文化也是人性的产物，二者都是进化的产物。这并不意味着我会争辩说这完全取决于我们的基因——恰恰相反，我强烈反对人类的任何心理特征都完全来自遗传或与遗传毫无关系的观念。但是我们的“文化”并一定就是现在这样的，它也可能比现在更加多样化、更令人惊讶。人类的近亲黑猩猩的私生活很混乱，雌猩猩会寻求尽可能多的性伴侣，雄猩猩则会残忍地杀害未与其交配的雌猩猩所产下的幼崽。没有任何人类社会与黑猩猩的这种特殊的模式有丝毫相似之处。为什么呢？因为人性与黑猩猩的本性截然不同。

如此看来，关于人性的研究对社会学、人类学、历史学、心理学和政治学产生了深远的意义。这些学科无一例外，都试图了解人类的行为。如果人类行为的基本共性是进化的产物，那我们就需要知道究竟是什么促使了人类的进化。我逐渐意识到，在1859年达尔文发表《物种起源》(*The Origin of Species*)之后，几乎所有社会学科的研究都没有因此而实现飞跃式的发展。究其原因，它把人类文化归结于人类的创新和自由意志。它坚称，社会不是人类心理的产物，相反，人类心理应是由社会塑造的。

这听起来似乎合情合理，若该说法真的成立，那些信奉社会工程学的人士会欣喜至极，但事实绝非如此。人类在道德上可以自由地无限创造和重塑自我，但实际上我们并没那么做。我们保持着人类独有的单调不变的处事风格。可以想象，如果我们更具冒险精神，人类世界可能就没有了爱，没有欲望，没有婚姻，没有艺术，没有文法，没有音乐，没有笑容，而充斥社会的将会是各种各样不可思议的怪事。很有可能，女人比男人更加血腥、更为好斗，世人公认老人比二十来岁的年轻人更美丽，金钱并不能买到凌驾于他人之上的权利，朋友和陌生人没有区别，父母也不再疼爱自己的孩子，那将是一个怎样黑白颠倒、错乱交替的世界。

我并不是想声嘶力竭地哭诉："你永远无法改变你骨子里的东西！"因为试图取缔种族歧视是徒劳的，这是人性使然。实际上，法律对于种族歧视的规范是有效的，因为人类总是要考虑自己行为的后果或者为之付出的代价。但我们仍然无法说种族歧视问题如今已被彻底解决，可以废弃相关法律了。但为什么社会科学的发展就好像事实并非如此，似乎认为人性是社会的产物。

这也是生物学家们过去常犯的错误，他们认为进化的过程是由个体的经历累积而成的，就是所谓"获得性遗传"法则。让-巴蒂斯特·拉马克(Jean-Baptiste Lamarck)对此阐述得最为明确而具体，达尔文偶尔也会引用该理论。该理论最经典的例子就是：铁匠的儿子一出生就继承了父亲强劲的臂力。现在我们知道拉马克的理论是行不通的，因为人体就好像蛋糕，每种口味的蛋糕自有它独特的配料，不会因为蛋糕师傅改变了蛋糕的形状，而导致其口味也随之发生变化。达尔文的德国支持者奥古斯特·魏斯曼(August Weismann)在1880年出版的书中，首次挑战了拉马克这一理论。他发现了大多数有性生物的一些特殊之处，就是有性生物的性细胞，即精子和卵子，从出生起就独立于体细胞而存在。他写道：我相信在遗传过程中，有一小部分有效的胚芽物质，即生殖质，在卵子发育成有机物体的过程中保持不变，这些生殖质成为新的生命体的生殖细胞的基础。这种遗传过程，因此，生殖质从一代延续到了另一代。

换句话说，你不是你母亲的后代，而是她卵巢的后代。她的身体或思想上发生的任何事情都不会影响你的天性（当然，这可能会影响你的发育，一个最极端的例子是，如果你母亲有毒瘾或酗酒，那么你在出生时无疑会受到某种非遗传性的伤害）。所以后代出生时，并没有原罪。魏斯曼的理论当时遭到了很多嘲笑，也很少有人相信，但随着基因与构成基因DNA的发现，以及书写DNA信息的密码的发现，都证实了魏斯曼的理论。生殖质的确是与身体的其他部分分离的。

直到20世纪70年代，这些谜团才逐渐被解开。牛津大学的理查德·道金斯（Richard Dawkins）卓有成效地指出，人体本身不能复制，只能生长，可以复制与遗传的是基因，因此就不可避免地得出了这样一种结论：人体只是基因的进化载体。如果人体做出符合基因生存规律的选择，比如正常的饮食、努力生存、过性生活及抚养子女，那么基因就会“长命百岁”。只有能使基因延绵不息的生物体才能存在下去，违背规律者则将消失在历史的长河中。

从那以后，道金斯大力提倡的理论引发了生物学的大变革。尽管达尔文认为本质上这是一门描述性的科学，但它已经变成了一门注重生物功能研究的科学。这一转变具有决定性的意义。比如，汽车工程师不可能在描述一辆车的发动机的时候不提及它的功能（转动车轮），同样的道理，生物学家也不可能单纯地描述胃却不提及胃的功能（消化食物）。在20世纪70年代以前，大多数研究动物行为学和几乎所有研究人类行为学的学生都局限于描述他们所发现的现象，而对其功能却只字不提。幸好以基因为中心的观点永久地改变了这一切。20世纪80年代，动物求偶的相关细节研究不再重要，除非它可以用基因的选择性竞争来解释；到了90年代，认为人类是唯一不受这种逻辑约束的物种的说法开始变得越来越荒谬。如果说人类已经进化出了凌驾于进化法则之上的能力，那必定也是因为人类的基因有某种卓越之处。因此，即使我们天真地以为我们已经从进化中解放了出来，那也是因为人类在进化过程中的种种行为适合基因的复制，这本身也是一种进化。

我们头颅中的大脑是为了探索300万年前至10万年前的非洲热带草原而设计的。约10万年前，我的祖先迁徙到了欧洲（我是欧洲白种人的后裔），他们很快进化出了一系列生理特征来适应北纬地区缺少阳光的气候——白色的皮肤用来预防佝偻病，男性的络腮胡以及良好的循环系统用来抵御冻伤。但大部分特征依然如故：他们的头骨大小、身体比例以及牙齿与10万年前的祖先，甚至与更久远的南非部落的祖先大致相同。因此我们有理由相信，人类的大脑并没有多大的变化。10万年看似很长，其实也只有3000个世代，对于整个进化史来说就是弹指一挥间，只相当于细菌生命史上的一天半。欧洲人和非洲人没有天壤之别，大家都会狩猎采集植物，都生活在社会族群里，孩子在十几岁之前都依靠父母，都使用石头、骨头、木头和动植物的纤维制造工具，都用复杂的语言传递智慧。而诸如农业、金属和文字等进化新事物的出现距今还不到300个世代，还不足以在人类的心智上留下太多的印记。

由此可见，共同的人性确实存在。如果中国还存在着百万年前直立人[1]的后代，如果他们和现代人一样聪明，那么可以确定的是，虽然存在差异，但直立人的后代一定会拥有“人性”，只是他们可能没有我们今天所谓婚姻，没有浪漫的爱情，父亲可能也不会抚养子女。我们可以饶有兴趣地和他们讨论一下这些事情，但他们已经消亡了，现在的人类都是10万年前的非洲智人的后代，身上都带有智人的特质。

世界各地的人性都大致相同，过去和现在的人性也没有太大的变化。莎士比亚的戏剧让人倍感熟悉，因为其中关于动机、困境、情感和个性的描绘，就像是在说我们自己。福斯塔夫的夸夸其谈，伊阿古的狡猾，莱昂特斯的嫉妒，罗莎林德的强悍和马伏里奥的挑剔……这些人物的性格特征让我们感叹400年间人类基本没有变化，只是他所使用的词汇（是nurture，而不是nature）有点儿古老了。在欣赏《安东尼与埃及艳后》（*Anthony And Cleopatra*）时，我看到的是一个400年前的人对于发生在2000年前的历史解读。虽然身在不同的时空，但我

1　直立人（Homo Erectus），生活在距今180万年～20万年前的非洲、欧洲和亚洲的古人类。1929年北京周口店发现的猿人化石就属于直立人，俗称“北京人”。而如今地球上的全体人类都属于智人（Homo Sapiens）的后代。直立人与智人在生物学分类中同属不同种，是“人属”下的两个不同“种”。——编者注

不会觉得安东尼的爱情匪夷所思，因为人类的基本特质没有变化，我们对此感同身受。

社会中的个体

在论证了所有的人都是一样的，本书主要讨论的是人类共同的人性，接下来的内容，看似与主题相悖，实则并无矛盾之处。

人类社会是由形色各异的个体组成的，如果把其成员都视为无足轻重的卒子，那么这个社会也许很快就会陷入困境。经济学家和社会学家认为，社会中的个体通常根据他们的集体利益而非特定利益行事（“各尽所能，按需分配”与“人不为己，天诛地灭”），他们很快就会困惑：社会由相互竞争的个体组成，正如商场由相互竞争的商人组成一样，经济和社会理论的焦点是而且必是个体。正如基因是唯一可以复制的东西一样，所以是个体而非社会才是基因的载体。个体最大的生殖威胁恰恰来自同类。

没有两个人是完全相同的，这是人类最显著的特点之一。即使在同一个家庭里，也没有长相完全相同的父子、母女、兄弟或姐妹（除了同卵双胞胎）。智力有障碍的父母也可能会生出天才子女，反之亦然。大到每张面孔，小到每个指纹，所有人都截然不同。人类把这种不同演绎得比其他任何动物都彻底。每只鹿或者每只麻雀都自食其力，但每天都重复着同类的行为。而数千年来的人类社会的情况却有所不同。每一个男人或女人都在社会里扮演着不同的角色，有的是焊工，有的是剧作家，有的是家庭主妇，有的则是妓女。每个人的行为和外貌都是独一无二、与众不同的。

当每个人都是独一无二的时候，怎么会存在一种普遍的、物种特有的行为呢？我们又怎么解释这一悖论呢？打开这扇门的钥匙就是我们称之为“性”的过程。性把两个人的基因融合在一起，在融合过程中逐渐摒弃部分基因，从而确保没有一个孩子会与其父母中的任何一个完全相同；也正是性通过这种混合最终将所有基因都放进了整个物种库中。性给予了人类多样性，同时又确保人类的发展永远不会偏离“正轨”。

一个简单的公式就可以证实这一点，每个人有一对父母、两对祖父母、四对曾祖父母、八对高曾祖父母、十六对天曾祖父母……以此类推，推算到30代之前，即公元1066年，你就会拥有大约10亿个直系祖先。而在那个时候，大概世界上还没有那么多的人，因而其中许多人可能做了你两三次祖先。如果你像我一样是英国人的后裔，那么不夸张地说，几乎30代之前所有的英国人都是你的直系祖先，上至尊贵的哈罗德王、征服者威廉，下至放荡的女仆、卑贱的奴隶（行为端正的神父和修女除外）。于是多少年后的今天，我们可以说，除了近代移民的后代，所有本土英国人都是你的远房亲戚。也就是说，仅仅向前推算了30代，所有的英国人都变成了同宗。毫无疑问，人类（以及其他所有有性物种）具有某种一致性。因为性就是通过对基因共享的长久坚持而加强了这种一致性。

如果再往前追溯，不同的人类种群很快就会融合在一起。仅仅

3000个世代以前，我们的祖先都居住在非洲大草原，这片大草原上生活着几百万狩猎者，他们和现代人的生理状况和心理状况类似。因此，不同种族成员间的基因差异实际上非常小，而且仅局限于影响肤色、外貌和体型的少数基因。然而无论是同一种族还是不同种族，其个体间的基因差异仍然很大。据估计，两个来自不同种族的人，他们的基因只有7%的差异可归因于种族，85%的差异要归因于个体，还有一些差异是由其他原因导致的，如部落或国家。用科学家的话说，这就意味着一个秘鲁农民和他邻居的基因差异，或者一个瑞士乡村居民和他邻居的基因差异，是其国家平均基因类型差异的12倍。

我们可以用纸牌游戏来说明一下这个理论。每副牌里面都有A、K、2和3。幸运的人会抓到一手好牌，但他的牌没有一张是独一无二的。房间里其他牌桌上的人也拿着同样种类的牌。但即使每个玩牌的人只有13张牌，每个人的牌都是不同的，有人幸运地抓到了好牌，有人却运气不佳没抓到好牌。性就像一个发牌者，它收集了整个人类的基因，然后将这些基因随机地分配出去，便呈现出不同的基因组合。

每个人的独特性，仅仅是性给人性的第一个“别致的礼物”。它赐予人类的另一份“惊喜”便是性别，即男性和女性。性别的差异不可避免地导致了两种不同的特质，即男人与女人各自的特点。比如，在恋爱中，往往是男人追求女人，而非女性追求男性。对于这一现象，我们可以用进化过程来解释，而且进化结果也证实了这一点，比如，男人比女人更具有攻击性。

性的第三个“赠予”则是你的孩子有可能继承优秀的基因。我们的祖先一直在寻找最优秀的基因，我们也继承了他们的本能。因此，一旦你发现了具有优秀遗传基因的人，受遗传习性的影响，你会毫不犹豫地去追求他(她)。或者，说得再直白一些，那些具有优秀的生育力和遗传潜力的人——健康、强劲有力，总是能够吸引别人的目光。这些正是所谓性选择的结果，乍看之下，或许有些怪异，不过我们在后续的章节中会对此加以说明。

为何如此?

谈论性的目的或“人类的某一特定行为的功能”，只是为了抛砖引玉。“目的”一词并非暗示世界上存在造物主，更不是说性有它的自主意识或远见，云云。我只是想说说达尔文非常推崇的理论，那就是“适应”具有的强大力量。虽然此观点存在很多争议，但我必须冒着被鄙视的风险承认，我是一名“适应主义者”。那些深信动植物的身体或行为都是被设计用来解决某种问题的人，绝对会用粗暴来形容我的这个说法。

让我来为自己辩护一下吧。我绝不是试图去否认一些常理，比如，我们的眼睛是被“设计”来看东西的，胃是被“设计”来消化食物的，但关键在于它们是如何被设计出来的，唯一经得起时间考验的答案是：这一切的背后没有设计师。现代人祖先的眼睛和胃部功能都比较好，而且胃部消化功能和眼睛视物功能的微小随机改进也会遗传给子孙后代，但减退的功能不会继续遗传下去，因为消化功能和视物功能很差的祖先一般寿命都很短，繁衍后代的能力也比较差。

我们可以轻易理解工程意义上的设计，所以可以轻松地接受类似“眼睛设计”的说法，但却很难理解“设计”行为的说法，因为我们总是认为有目的的行为都是有意识选择的表现。

下面我用一个例子来帮助大家理解，自然界里小胡蜂会通过尾针把自己的卵子送入蚜虫的体内，让其幼虫从里到外地吃掉蚜虫从而长成新黄蜂。但令人惊讶的是，如果胡蜂在把尾针刺入蚜虫时，发现里面已经有了一只胡蜂幼虫，那它便会只产一颗未受精的卵（蚂蚁和胡蜂有一个共同的特殊之处，就是未受精的卵会变为雄性，受精的卵则会变为雌性）。看上去，胡蜂妈妈具有一种“智慧”，她似乎意识到蚜虫体内没有足够的空间和营养了，她产下的卵将只适宜长成瘦小的雄性胡蜂。在胡蜂种群中，雄性相对瘦小。那么是不是因为胡蜂妈妈有先见之明，“知道”她的后代会很小，所以选择产下身材较小的儿子呢？

当然，这是一种荒谬的说法，胡蜂的脑细胞少之又少，根本不可能有意识地思考。所以，它不聪明，不会选择，也不知道自己做了什么。它只是机械地按照早已制定好的程序按部就班地去做而已，而这种程序是数百万年自然选择的结果。那这种程序来自何处？胡蜂继承了世世代代的习惯，它们在产卵的过程中，如果发现蚜虫体内已经被其他胡蜂幼虫占据，那么用保留精子的方法产卵会拥有更多的后代。所以自然选择会设计一种行为，以满足某种目的，就像胡蜂延续这一习惯是为了繁衍更多的后代一样。对于人来说，眼睛也是自然选择的结果，是为了满足人类“观看世界”的目的。

“对精心设计的强大错觉”是个非常基础的概念，无须多说。理查德·道金斯在《盲人钟表匠》(*The Blind Watchmaker*)一书中对此有更加详尽的叙述。他指出，行为模式、遗传机制或心理状态越复杂，就意味着自然为实现某种功能所做的设计越多。比如，眼睛结构的复杂性使我们不得不承认它是为了人类观看世界而设计的，而性吸引的复杂性暗示了它是为了基因交易而设计的。

换言之，我相信不断地问“为什么”永远是探索世界的最佳方式。大多数科学都是枯燥乏味的工作——研究宇宙如何运转，太阳怎样发光，植物怎么成长等。科学家们终其一生都沉浸在“如何”的旋涡中，却从未问过“为什么”。

我们可以从一个具体的例子来思考这两个问题的不同。它们分别是“男人为什么要坠入爱河”和“男人是如何坠入爱河的”，很显然，第二个问题是一个封闭式问答题，答案是唯一的，即男人是在荷尔蒙或某种生理效应的作用下坠入爱河的。总有一天，科学家能够弄清楚男人的脑海是如何被女人的影像盘踞的。然而“为什么”更吸引人，因为答案触及了人性是如何形成的核心。

为什么男人会爱上女人？因为女人漂亮。为什么漂亮很重要呢？因为人类是一夫一妻制的物种，所以男人通常对伴侣非常挑剔（雄性黑猩猩从不挑剔），漂亮是年轻、健康的代名词，意味着优秀的生育力。为什么男人要关心伴侣的生育力？因为如果他不关心的话，他的基因就会因此消失。男人若选择了没有生育力的配偶，就绝后了。我们的祖先都选择了有生育力的配偶，而我们每个人也都从祖先那里继承了这种习性。

你也许要问男人为什么受制于自己的基因？其实他们并不受制于基因，因为他们是有自由意志的。你也许还会问，你不是说男人坠入爱河是因为这对他的基因延续有好处吗？对此，我想说的是，他完全可以忽略基因的要求。那为什么男人的基因非要和女人的基因结合在一起呢？这是因为人类必须通过混合基因来繁殖。为什么人要有两种性别呢？因为雌雄同体的人不擅长“一心二用”，如果同时做两件事，其效率必然会输给独立的男女个体。但为什么只有两种性别呢？因为这是解决两套基因之间长期竞争的唯一途径。由此又会引发出一连串重要的问题。为什么她需要他？为什么她不能自己完成生育过程？这就是最基础的“为什么”的问题，我会在下一章开始讨论这个问题。

在物理学中，“为什么”和“怎么样”这两个问题大同小异。比如，地球是怎样围绕太阳运转的和地球为什么围绕太阳运转，答案都是重力吸引。进化使生物学变成了一个变幻莫测的游戏，因为它包含了许多偶然的历史因素。如同人类学家莱昂内尔·泰格（Lionel Tiger）所说的那样：“几千世代前的选择不断地累积到今日，从某种程度上来说，一定会约束、刺激或至少影响我们人类。”重力永远是重力，然而历史却像是掷色子。雄孔雀之所以如此花枝招展，因为在进化中的某一刻，雌孔雀突破了世俗的择偶标准，开始偏爱擅长华丽表演的雄孔雀。

每种生物都是进化的产物。所以当新进化者问“为什么”的时候，他们实际上是在问，物种是怎么演变成今天这种样子的。因为他是个历史学家。

冲突与合作

历史的一个与众不同之处在于，它总会告诫人们，时间会逐渐侵蚀掉一切物质的“优势”。每项发明创造迟早都会引发另一项发明，每一次成功都蕴含着失败的种子，任何霸权主义都有终结的一天，进化史也不例外，成功和进步都是相对的。当陆地还没有被动物占据时，诞生于海中的两栖动物因为没有敌人或竞争者，所以动作比较迟缓并且没有完全脱离鱼的样子。同样的情况如果发生在今天，它也许会被狐狸叼走，就像游牧部落也许会被机关枪彻底消灭一样。

在进化中，进步在某种程度上是徒劳的——努力想要改进一切，但却徒劳地维持着原样。汽车在伦敦拥挤的街道上龟速前进着，速度不比千年前的马车快多少。在技术日新月异的时代，即使拥有了一台新型高智能电脑，但你很快会发现，你并没有比周围的人的效率高多少。那是因为，人们已经习惯了把简单的事情复杂化，并反复重复这个过程。

“所有的进步都是相对的”，这个概念被称作“红皇后效应”。在《爱丽丝镜中历险记》中，爱丽丝不停地奔跑却并没有走出多远，因为周围的景观也在随着她一起移动。这个理论在进化论中颇有影响，在书中我会反复提到。你跑得越快，世界随之更新的速度也越快，你的进步也就相对越小。人生就好像一场国际象棋比赛，如果你赢了第一局，那你就会在失去先机的不利条件下开始下一局比赛。

红皇后效应并非存在于所有的进化事件中。以北极熊为例，它的皮毛很厚，在冰天雪地里它不会感觉冷，也就更有助于繁衍后代。这是一个相对简单的进化过程，毛变厚了，北极熊抵抗严寒的能力也就增强了，然而天气却未因其皮毛的增厚而变得更冷。北极熊的皮毛之所以变成白色，其实另有原因：伪装。白熊因此能比棕熊更成功地偷袭海豹，生存率更高。假设在很多年前，海豹不惧冰上的任何敌人，因此北极熊可以轻易接近并捕获海豹，就像今日生活在南极的海豹，它们在冰天雪地中目空一切，毫无畏惧。那时的棕色北极熊很容易就可以猎食到海豹。但渐渐地，那些胆怯多疑的海豹比那些目空一切的海豹活得更为长久，所以不久整个海豹群都变得机警敏感起来，这使得原本衣食无忧的北极熊或将面临生存危机，因为海豹总能远远地识别出图谋不轨的北极熊，而后逃之夭夭。直到有一天，由于基因变异（演化的过程也许不是很突然，但原则上是一样的），一只北极熊生出了一窝白色的北极熊宝宝，它们很容易地生存了下来并迅速繁衍，因为机警的海豹分辨不出哪里是雪哪里是北极熊。由此看来，海豹为进化所付出的努力全部化为泡影，一切又重新回到了原点。这正是红皇后效应在发挥作用。

在红皇后的世界中，任何进化的过程都是相对的，只要某种生物的敌人是活生生地存在的，它就在很大程度上受制于对方的兴衰发展，正如海豹和北极熊的博弈一样。同一物种，猎食者与猎物、寄生物与寄主、雌性与雄性，都受制于红皇后效应。地球上任何物种——寄生物（或寄主）、猎物（或猎食者），尤其是配偶间，都逃脱不了红皇后效应的影响。

就好像寄生物依赖寄主的同时，会让寄主痛苦一样，动物需要配偶，但也在利用配偶。所以如果不谈及冲突与合作这个命题，红皇后效应就不会诞生并得以发展。

很多关系简单明确，比如，寸草春晖的母子情。母子间有共同的奋斗目标，即为彼此谋福利。男人和妻子的情人之间、女人和职场的对手之间的关系也非常简单，他们都希望击败对方。如果说母子关系是合作关系，那情敌和对手之间的关系则全是冲突。但女人和她丈夫的关系如何呢？他们都希望对方生活幸福，但同时又在利用对方——男人利用女人为他生育后代，女人则利用男人养育和保护她的孩子。婚姻就像一个跷跷板，永远是在彼此合作与利用中不停地上下翘动。成功的婚姻可以在平衡二者关系的同时让双方各自的利益最大化，失败的婚姻则像失衡的天平，永远找不到平衡点。

合作与冲突之间的平衡关系，是人类历史中一个永恒的话题。它是所有家庭和政府的困扰，是情人和竞争对手的魔咒，也是解开经济难题的关键。它更是生命历史上最古老的一个主题，直达基因层次。在这个层次上，它的主因是性。性就像婚姻一样，是两组竞争基因“投资”合作的结果，你的身体就是这种不稳定共存的具体呈现。

选择

达尔文的一个比较令人费解的理论是，动物在选择伴侣的时候会像养马人一样，不断地挑选某些类型，从而改良品种。这就是在达尔文死后被长期忽略，直到最近才重新流行起来的“性选择”学说。

这个学说的主要见解在于动物择偶不仅是为了生存，也是为了繁衍。当繁衍与生存相冲突的时候，生存常退居二线。例如，鲑鱼为了养育后代可以不吃不喝，甚至可以被饿死。对于有性物种来说，繁衍的过程就是寻找合适的伴侣，并劝说对方分享它的基因。繁衍是生命的核心，这导致了一些生理变化以及心理变化。简单来说，一切对繁衍有利的变化都会被保留下来，甚至不惜以性命为代价。

性选择就像自然选择一样，塑造出的外貌都是带有目的性的

“设计”。例如，雄鹿的犄角是为了在战场上与情敌搏斗，雄孔雀的尾巴则是为了吸引了雌孔雀的目光，而男人强大的内心是为了在赢得女人心的路上克服一切障碍，哪怕有性命之忧。男人的睾丸激素是他们散发雄性魅力的灵丹妙药，却也增加了他们感染疾病的概率。男人竞争的本性就是性选择的结果，那些在进化过程中变得更加强壮有力的男人，才能够在争夺性伴侣的斗争中存活下来，并且留下后代。女人则倾向于规避险境，因为那势必会让自己的孩子遭遇危险。同样的道理，女人的美丽和她们的生育潜力也是息息相关的（美丽代表着年轻和健康，与衰老相反，是具有较好的生育力的外在特征）。综上所述，男人的心理条件和女人的生理外表都是性选择的结果。男性塑造了女性，女性也塑造了男性。女性的身材婀娜多姿，是因为男性喜欢这样的女性；男性生来好斗，有进取心，也是因为女性喜欢这样的男性（或者因为在争夺女人的斗争中，骁勇善战的男人更容易成功）。

为此，本书得出了一个令人咋舌的结论，那就是人类的智力是性选择的结果，而非自然选择的结果。因为大多数进化人类学家相信，脑部的发达有助于繁衍。聪明的大脑可以帮助男人在性选择过程中战胜情敌（女人也是这样）。也可以认为，聪慧的头脑起初就是为了吸引异性、向异性求爱的。

发现和描写人性以及研究人性和其他动物的本性有何不同，是科学研究所面临的最有趣的研究，与对原子、基因和宇宙起源的探索不相上下。然而科学界却总是对这个问题躲躲闪闪，这样一来，研究人类性问题的最伟大的“专家”是像释迦牟尼或者莎士比亚这样的人，他们不是科学家，也不是哲学家。生物学家们总是在动物的圈子里面转悠，那些试图跨出圈子的人——就像1975年创作了《社会生物学》（*Sociobiology*）的哈佛大学的爱德华·威尔逊（Edward Wilson）——会被指责有政治企图。与此同时，人类科学家宣称，动物学与人类学研究无关，也不存在普遍的人性。结果，科学家们虽然成功地揭开了宇宙大爆炸和DNA之谜，却在回答哲学家大卫·休谟（David Hume）所谓最重大问题——人性为什么是这样的——时显得力不从心。

第二章

性与生殖之谜

一代又一代，传承的血脉从未改变，
父辈的特点延续到了子女的身上；
纵然岁月流逝，但品性依然恒久不变，
一样的习俗，一样的思想。
直到蓓蕾衰败，
直到昆虫、鱼群都消失殆尽，
怀孕的母体，需求日益增长，
烦扰中又憧憬着能够创造更温柔的性。

——伊拉斯谟·达尔文，《自然的殿堂》

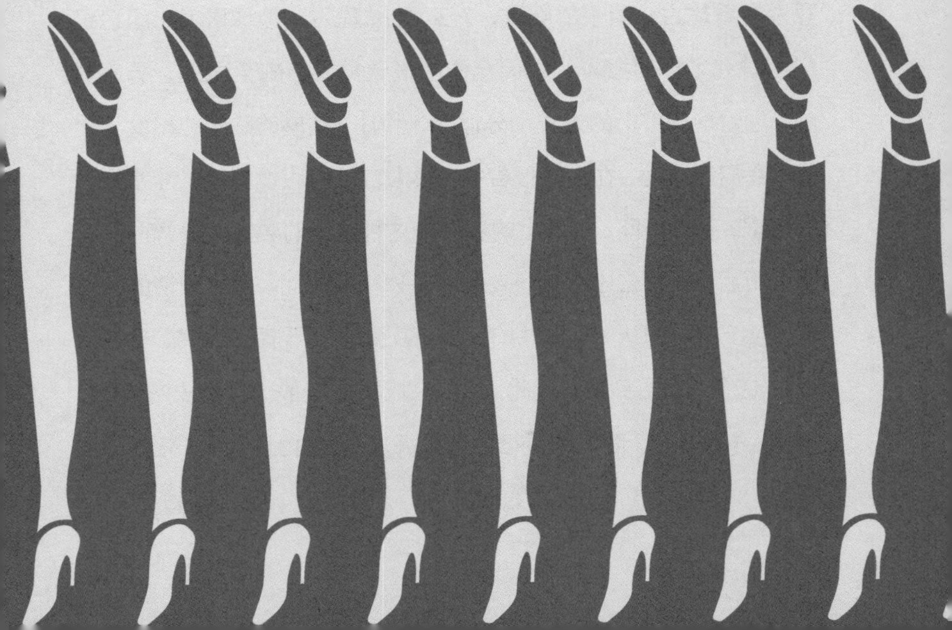

火星人佐古驾驶着太空飞船，小心地驶入一个新的轨道，准备从火星背面的洞口进入，但从地球上是看不到这个洞口的。她虽然已经在火星和地球之间往返多次，但没有一次像今天这样迫不及待，她期待着一次舒服的氩气泡泡浴和一杯醇美的氯制饮料。这是一次前所未有的地球旅行，比以往滞留的时间都要长。她非常惦念久违的同事、孩子，还有丈夫。她偷偷地抿嘴一笑，笑自己在地球上待得太久，甚至开始像地球人一样思考。说到丈夫，这对所有的火星人都是个新闻，火星上没有性。对于自己背包里的那份报告，佐古就像发现新大陆一样自豪，她给报告取名为《地球上的生命：解开繁衍之谜》(*Life on Earth: The Reproduction Enigma Solved*)。她十分肯定这份报告是她升职的砝码，不管头儿萨格怎么评价，这绝对是史无前例的贡献。

一个星期以后，萨格打开了地球研究小组的门，让她的秘书叫佐古来一下。不久，佐古进来了，坐在了指定的座位上。萨格故意没有看佐古，清了清喉咙，轻声说："佐古，地球研究小组已经仔细研究了你的报告，我们全体都很欣赏报告的全面性。毋庸置疑，你对地球繁衍的调查十分详尽，并且，在座的除了吉格女士之外，我们都认为，在你的报告中，你为自己的假设提供了非常全面的证据。毫无疑问，地球上的生命用这种奇怪的装置——'性'——来繁衍后代。报告中提到，人类很多独特的方面，比如爱情的独占性、对于美丽的认知、男性的好斗，甚至他们所谓'智力'，都是由'性'这个东西导致的，对此，组委会成员提出了一些说法，但莫衷一是。不过——"萨格突然把声音提高了八度并且抬起头说道，"我们认为报告最大的问题在于，你完全忽略了最值得研究并且最有意思的部分，那就是最原始也是最简单的问题——”萨格转为嘲讽的口吻，“为什么？”

佐古结巴地回应：“您刚才所说的‘为什么’是什么意思？”

“为什么地球上有‘性’这个东西？为什么他们不像我们一样克隆复制？为什么需要两个人才能生出一个宝宝？为什么要有男人？为什么？为什么？为什么？”

“噢，”佐古立刻回答说，“我也在试图回答这个问题，却无从下手。我问了一些常年研究这个项目的人类，他们也毫无头绪。他们的回答见仁见智、五花八门。有人说‘性’只是历史的一种偶然现象，也有人说它是为了抵御某种疾病产生的，还有人说那是因为它可以帮助生物适应环境和提高进化的速度，另外一些人则说这是基因复制的一种方式，总而言之，他们也说不清楚。”

“他们不知道？”萨格脱口而出，“不知道？他们整个存在过程中最奇特最核心的部分，关于地球生命最值得思考的科学问题，他们居然不知道？我的天呐！”

性的目的到底是什么？也许这个问题给人的第一感觉就是乏味。然而经过推敲之后却会发现其中的意义。

为什么生育需要两个人，不是三个也不是一个？这个问题难道没有原因吗？

大约二十年前，为数不多的几位很有影响的生物学家改变了他们对于性的认识。从认为它是符合逻辑的、合乎情理并且不可避免的生育方式，转变为“不知道为什么它会存在”这样的结论。这种几乎是发生在一夜之间的转变使性变得似乎可有可无。从此，性存在的目的成为一个悬而未决的问题，成为进化中的王者问题。

隐隐约约中，一个精彩的答案在一片混沌中孕育而生。为了能够理解这个答案，你必须把自己放到一个镜子世界中，抛弃一切已知的假设。在这个环境中，性不是为了繁衍，性别不是雌和雄，求偶与取悦无关，时尚不代表美丽，爱不是一种情感。在每一个平庸和陈词滥调的表面下，都隐藏着讽刺、愤世嫉俗和深奥。

1858年，达尔文和阿尔弗雷德·拉塞尔·华莱士（Alfred Russel Wallace）提出了第一个相对合理的进化原理。当时，被称为“进步”的维多利亚式的乐观主义正处于鼎盛时期。不出所料，达尔文和华莱士很快成为“进步之神”的推广者。进化理论之所以风靡一时，在很大程度上是因为公众误解了进化的过程，人们认为它代表了从变形虫到人类的稳步进步的理论，是一种自我完善的阶梯。

第二个千禧年即将结束时，人们的心态有了很大的改变。我们以为进步会攻克人口超标、温室效应和资源枯竭的难题，但无论我们跑得多快，似乎都没能超越问题。工业革命是不是使人类平均健康水平、富裕程度乃至智商标准都提高了呢？德国人会回答“是”，但孟加拉国人会回答“否”。不可思议的是（哲学家则认为可以预见），进化科学已经准备好适应这种情绪了。进化科学现在的流行方式是嘲笑进步。进化不是帮助人类上升的梯子，反而更像一台跑步机。

怀孕的处女

在人类看来，性是产生新生命的唯一途径，这也是性的目的。直到19世纪后期，人们才发现这个说法存在问题。似乎还有很多更好的繁殖方式，比如微生物分裂的方法、柳树插条的方法以及蒲公英进行的结籽自体繁殖方式。处女蚜虫产下的小蚜虫，肚子里已经孕育有幼虫了。魏斯曼在1889年就清晰地认识到了这一点，他写道："两性结合（性）的重要意义并不是繁殖，因为繁殖可以通过许多其他的方式实现，比如，有机体的分裂、出芽生殖以及单细胞细菌的裂殖。"

魏斯曼开启了一项重大传统。从那天起，每隔一段时间，进化论者就会公然宣称性是个"问题"，犹如"装饰物"一般，是本来不该存在的奢侈品。曾有一个广泛流传的故事：伦敦英国皇家学会召开了一个会议，国王也参与其中，大家认真地讨论为什么一碗水，无论放不放金鱼，它的重量都一样。会上所提出的解释都被否决了，讨论变得异常激烈。突然国王说："我觉得你们的说法有问题。"于是他派人拿来一碗水、一条鱼和一个天平，开始实验。首先把那碗水置于天平之上，然后放入鱼，这时重量增加了，增加的恰好是鱼的重量。当然，事实原本就是这样的。

这个故事无疑是虚构的，它被用来暗指本书中所提到的那些科学家都是白痴——偏要假设一个根本不存在的问题。这有失公允。但其中也确实存在微小的相似之处。当一些科学家突然发现他们不能解释性存在的原因，而对目前的解释又不满意时，其他一部分科学家会认为这种看似聪明的敏感有些荒唐。他们指出，性的存在，证明它一定具有某种优势。若生物学家坚持说动植物采用无性生殖的方法更好，那就相当于工程师说大黄蜂不会飞一样荒谬。布朗大学的丽莎·布鲁克斯（Lisa Brooks）写道："这一问题的争端在于许多有性生物好像并不知道这个结论。"一些批评家指出，现有的理论的确存在一些漏洞，但不要指望修补漏洞就能获得诺贝尔奖。此外，为什么性一定要带有目的性？也许它只不过是繁殖过程中一次意外的进化事件而已。

然而，许多生物根本没有性，或者只在几个世代区分性别，而过了几代性别就消失了。处女蚜虫的玄孙女，到了夏末会变成有性生物。她会和雄性蚜虫交配，产下拥有双亲基因的后代。她为什么要费这个劲呢？对"意外事件"这个解释而言，性好像也太顽强了。这种争论从未平息过，每年都会有一些新的论文、实验和模拟测试问世。如果现在我们对参与其中的生物学家做问卷调查，几乎所有人都认同该问题已经解决，但对于解决方案却很难达成一致。第一个生物学家支持A假说，第二个生物学家支持B假说，第三个生物学家支持C假说，而第四个生物学家则支持以上三种假说。是不是还有其他解释呢？我去请教约翰·梅纳德·史密斯（John Maynard Smith），他是最早提出"为什么会有性"这一问题的学者之一。我询问他该问题是否需要一些新的解释。他回答道："不需要，我们已经有答案了，只是目前我们还很难就其达成一致而已。"

性和自由贸易

在我们继续讨论之前，有必要介绍一个简短的遗传学术语。基因（gene）是由四个字母组成的，我们称之为DNA，也是制造和运行人体的元素。一个正常的人体内，每个细胞都含有两组各30000个基因、共60000个基因的“基因组”。基因位于23对带状的染色体上。男人使女人受孕时，精子的23个染色体上的30000个基因，与卵子的23个染色体上的30000个基因结合，形成了含有30000对基因和23对染色体的完整的人类胚胎。

我们如果能再熟悉一些必要的专业术语，就可以把厚重的基因字典丢在一边。第一个词是“减数分裂”，也就是男性的基因进入精子或者女性的基因进入卵子的过程，男性可以选择30000个来自父亲的基因，或者75000个来自母亲的基因，或更有可能的是二者的混合。在减数分裂的过程中，每个染色体都与对应的染色体并排，每组染色体会有部分发生交换，这个过程叫“基因重组”。父辈的基因传给后代，后代又与继承了其他父辈基因的个体结合，这个过程叫作“异型杂交”（即远缘杂交）。

性就是基因重组和异型杂交的过程。基因混合的过程是性的核心。而婴儿是祖父母、外祖父母的基因（因为重组）和父母基因（因为异型杂交）的混合结晶。其中，重组和异型杂交是性的主要程序。其他相关的一切——性别、择偶、多偶、爱情、嫉妒和避免乱伦，都是为了使基因重组和异型杂交能更有效或更小心地进行下去。

这么看，性马上和繁衍划清了界限。在生命中的任何一个阶段，生物都可以借用其他生物体的基因，细菌就是如此。就像给轰炸机加油一样，它们可以彼此钩住，利用管道输送交换几个基因，之后分道扬镳。随后，它们通过自行分裂进行繁殖。

所以性就等于混合基因。当你试图理解为什么混合基因是繁殖的好方式时，分歧就出现了。在过去的一个多世纪里，大家普遍认为混合基因对进化有益，因为它有助于创造多样化的生物体，为自然选择提供了前提条件。混合基因的过程并不会改变基因，但可以把基因重新组合。这一点连根本不了解基因的魏斯曼都知道。在基因组合过程中，性是一种发明优秀基因的自由贸易，它在很大程度上增加了优秀基因在物种中传播的机会，而物种也由此得以进化发展。“个体差异为自然选择提供了素材”，魏斯曼认为性会加速进化的进程。

在蒙特利尔工作的英国生物学家格雷厄姆·贝尔（Graham Bell）给这个传统的理论起了个有趣的名字——“善变的牧师”（Vicar of Bray）。这个名字来源于小说中16世纪的一个牧师，他能够迅速适应盛行的宗教风，随着执政君主的改变而游走于新教和天主教之间。就好像这个牧师一样，有性的动物据说也具有很强的适应能力和灵敏的应变能力。这个善变理论盛行了一个世纪之久，至今仍会出现在生物教科书中。它起初遭到质疑的时间已经很难确定。但早在20世纪20年代质疑之声就已存在。渐渐地，现代生物学家开始认识到魏斯曼理论的确有瑕疵，他似乎把进化视为某种命令，好像进化是物种的职责所在，是强加于生存之上的目标。

当然，这种说法简直荒谬至极。进化是偶然发生在生物体上的，是一个没有明确方向的过程，有时后代的机能因它而变得复杂，有时却因它而简化，或者没有明显变化。但我们陶醉于自我进化和完善的想法里无法自拔，因此我们无法接受这种观点。生活在马达加斯加岛一带的腔棘鱼的外观与其3亿年前的祖先非常相似，几乎没有“进化”，但并没有人因此而指责它破坏了某种定律。有人认为腔棘鱼的进化速度不够快，进而推论它们没有进化为人类，是进化的失败者。这个观点很容易就被驳斥了。就像达尔文观察到的，人类已经戏剧化地干预并加快了进化的脚步——从吉娃娃犬到圣伯纳犬，人类在很短的时间内就人工繁殖出数百个品种的狗。这一点就证明了进化并没有达到它速度的极限。其实，腔棘鱼的进化非但不是一种失败，反而相当成功。它就像大众甲壳虫汽车一样，保持着原有的风貌。可见，进化不是目的，而是解决问题的一种手段。

魏斯曼的跟随者，尤其是罗纳德·费舍尔(Ronald Fisher)爵士和赫尔曼·穆勒(Hermann Muller)争辩道，进化虽然不是预先设定的，但也是至关重要的环节，因此他们避开了目的论的陷阱。在物种的竞争中，无性生殖的物种处于劣势，难以和有性物种抗衡。为了将基因这一要素融入魏斯曼的理论中，费舍尔和穆勒分别在1930年和1932年出版的专著中貌似无懈可击地阐释了性的优势，穆勒甚至说新的基因科学已经解决了这个问题。有性物种可以在个体中分享新发明的基因，而对于无性物种来说这却是一件很困难的事情。有性物种就像一群发明家汇集了他们的资源。如果有人发明了蒸汽机，有人发明了铁路，那么这两种发明就可以结合在一起。与此不同的是，无性物种就好像一群互相嫉妒的发明家，不愿意分享自己的发明成果，于是，火车在马路上跑，马车却在铁轨上拉货。

1965年，詹姆斯·克罗(James Crow)和木村资生(Kimura Motoo)把费舍尔—马勒的观点用现代数学模型的方式进一步展示出来，即在有性物种中同时发生基因突变的机会微乎其微，而无性物种的情况却大不相同。有性物种无须等待同一个体中同时出现两种突变，它可以把不同个体的突变结合在一起。只要有性物种中有1000多个体存在，那么有性物种的优势将远远超过无性物种。现在一切都圆满了。性被解释为进化的助力，现代数学也为此提供了精确的数据，这场争论应该可以告一段落了。

人类最大的对手是自己

要不是苏格兰生物学家V. C. 韦恩·爱德华兹(V. C. Wynne Edwards)在1962年出版了多部有影响力的著作，这场争论可能真的会就此结束。爱德华兹指出了一个重大的谬论，自达尔文时代以后，这个谬论一直系统地影响着进化理论的核心问题。这一发现在生物学界产生了巨大的反响。爱德华兹揭露谬论并不是为了推翻它，而是因为它真实且重要，他首次把这个要点阐释得清晰而透彻。

这一谬论的问题在于它始终以非专业人士的角度来谈进化。我们可以不假思索地说，进化就是物种生存的问题。我们认为物种之间存在激烈的竞争。达尔文的生存竞争观点在恐龙和哺乳动物之间、兔子和狐狸之间以及人类和尼安德特人之间，都体现得淋漓尽致。这就好比国家之间或球队之间的竞争，比如德国对阵法国，主队对阵客队。

达尔文偶尔也会陷入这种思维方式，他的著作《物种起源》的副标题就是“适者生存”。虽然如此，他还是重点研究个体而非物种。每种生命体都彼此不同，有些繁衍迅速，留下众多子孙后代。如果这些改变源自遗传，那么一些逐渐产生的变化也是不可避免的。后来，格雷戈尔·孟德尔（Gregor Mendel）发现遗传的特征都来自基因。达尔文的观点与孟德尔的发现相融合，从而形成了一套新的理论，以解释基因中的变异是如何在一个物种内迅速蔓延的。

但这个理论的背后隐藏着一个未经检验的二分法：既然适者生存，那“适者”和谁竞争？是和同物种中的个体还是其他物种中的个体呢？

在非洲大草原上，羚羊躲避着危险的猎食者——猎豹，同时也要在猎豹袭击时设法超过自己的同伴，以确保自己的安全。对于羚羊来说，至关重要的是它要跑得比其他羚羊快，而不是跑得比猎豹快。（有一个古老的故事，讲述的是一位哲学家和他的朋友遭遇了熊的攻击，这时哲学家拼命地向前跑，他的朋友说：“你这样跑是没用的，你永远跑不过熊。”哲学家回答说：“我不用跑得比它快，我只需要超过你就好了。”）同样地，心理学家也时常纠结于一个问题：人类为什么能读懂哈姆雷特的内心或解析微积分呢？人类的智力始于原始社会，而在原始社会这些本领对于人类来说可谓一无是处。如果讲到捕捉犀牛，恐怕爱因斯坦和我们一样无能为力。剑桥大学的心理学家尼古拉斯·汉弗莱（Nicholas Humphrey）首先看清了这个问题的症结，即我们的智力并不是为了解决实际问题，而是为了在同类中以智取胜，比如用来制造骗局、识破谎言、了解别人的动机、操控他人等。所以真正的关键，不在于你有多么聪明狡诈，而在于你聪明狡诈的程度是不是比其他人更胜一筹。智力的价值是无限的。物种内部的竞争永远要比物种间的竞争更激烈。

现在看来，这好像是一个错误的二分法。因为总的来说，每个动物个体为自己种族所做的最大贡献就是生存和繁衍。然而，这二者之间往往存在矛盾。试想，一只母老虎的地盘闯进来另一只母老虎，她会欢迎入侵者的到来吗？她会与之商量如何共享地盘并且分享猎物吗？当然不会，她会拼死奋战。这对于整个种族的发展来说绝非好事。又比如，一种稀有品种的小鹰经常在巢穴中残杀年幼的弟弟妹妹，自然资源保护主义者每每看到这种场景都焦虑不已。对于小鹰个体来说，这是好事；而对于这个稀有的物种来说，这就是灭顶之灾。

在动物世界里，不论是同一种族内部还是不同种族之间，个体之间的残杀经常发生。事实上，最近的敌人往往来自同一物种内部。自然选择不会挑选那些有助于种族繁荣却有损个体生存机会的基因，因为这样的基因在它显示出优势之前就会消失殆尽。可见，物种间的战争并不是敌对国间的战争，而是成员内部的战争。

爱德华兹执着地认为动物经常会为了自己的种群或至少为他们的种群做点儿事情。例如，海鸟会在数量增多的时候停止生育，以此缓解食物危机。他的著作导致了两个派别的出现——群体选择论者推崇动物的大部分行为都是为了维护种群的利益；个体选择论者则认为，个体的利益总会占据上风。群体选择论很有吸引力，因为我们总是沉浸在团队合作和与人为善的道德之中，而且这也可以解释动物的利他行为。蜜蜂不惜牺牲自己去蜇入侵者来拯救蜂巢；当猎食者来临时，鸟类之间会守望相助，发现敌人后会互相示警，有时还会帮助喂养非亲生的幼鸟；人类也有舍己为人的心理。然而我们发现，表面的这些现象是有误导性的。动物的利他行为其实只是神话。其实最感人的无私行为，也只不过是动物为了延续基因的一种自私表现罢了，只是有时为形势所迫，不得已才牺牲生命而已。

对个体的重新探索

如果你在美国某处参加一个进化生物学研讨会，幸运的话，你也许会看到一位身材高大、满脸胡须、面带笑容、外表很像林肯的人站在人群后方。他周围总是簇拥着很多崇拜者，他们全神贯注地倾听着他的每个字，因为他总是惜字如金。出席的人们会悄悄地耳语：“乔治在这里。”从人群的反应你便可以感受到这个人的伟大与魅力。

刚才我们谈到的这个人叫乔治·威廉姆斯（George Williams），是纽约州立大学石溪分校的生物学教授，有点儿书呆子气并且极其安静。他没有什么卓越的实验成果，也缺乏惊人的发现，但他却是进化生物学革命的先驱，这场革命几乎可以与达尔文革命相提并论。1966年，他被爱德华兹以及群体选择拥护者的说法激怒了，于是利用一个暑假的时间写了一本名为《适应与自然选择》（*Adaptation and Natural Selection*）的书。在书中，他阐述了他对于进化运作方式的理解。这本书直到今天仍在生物学领域享有很高的地位，犹如喜马拉雅山一样伟岸。它对于生物学来说，就好比亚当·斯密（Adam Smith）之于经济学。书中解释了集体效应是如何从自私的个体行为中产生的。

在书中，威廉姆斯简明扼要地指出群体选择论的逻辑缺陷，也证明了那些一直坚持个体选择说的进化论者，如罗纳德·费舍尔爵士、J. B. S. 霍尔丹（J. B. S. Haldane）和休厄尔·赖特（Sewall Wright）等人的观点是正确的。那些混淆物种和个体概念的进化学家，如朱利安·赫胥黎（Julian Huxley）等人的理论因此黯然失色。在威廉姆斯的书出版后的几年内，爱德华兹的理论就失去了立足点，几乎所有的生物学家都认为任何生物都不可能进化出以牺牲自身为代价去帮助其物种的能力。只有当于公和于私两种利益一致的时候，无私的行为才有可能出现。

这一结论令人有些不安，它听起来有些残忍、冷酷，最初让人难以接受。特别是在十年里，经济学家欣喜地发现，帮助社会的理想可以说服人们心甘情愿地缴纳重税以支持社会福利事业。用经济学家的话来说，社会不需要满足个人的自私贪婪，而是要尽量挖掘人性至善的一面。但对于动物行为的研究，生物学家却得出了截然相反的结论，他们认为在一个残暴的社会中，没有动物会为了种群的利益而牺牲自己的野心。鳄鱼即使濒临灭种之灾，也会吃掉同伴的幼崽来填饱肚子。

其实威廉姆斯的想法并非如此。他清楚地知道动物之间经常会互助合作，人类也不是完全的无情无义。但他同时也看到这些合作往往只会发生在近亲之间，比如，母亲和孩子、工蜂姐妹之间，直接或间接的结果最终还是会有利于个体，几乎无一例外。这是因为利己主义者得到的回报要远远高于利他主义者，在进化中自私者会留下更多的后代，而无私者却有灭绝的危险。但当被帮助的那方是自己的血亲时，他们是在帮助和自己有共同基因的对象，所以基因会在不知不觉间传承下去。

但威廉姆斯意识到，这个模式有一个令人烦恼的例外，那就是性。传统上对于性的解释，也就是善变的牧师理论，是群体选择派的理念。它要求个体在繁衍过程中无条件地与另一个个体分享基因，如果不这样做，物种将无法革新，那么在千百年后就会被其他物种淘汰。因此依照这种说法，有性物种比无性物种要先进。

但有性生殖个体真的优于无性生殖个体吗？如果答案是否定的，那么以威廉姆斯为代表的“自私”学派就不能解释性的产生。所以，要么威廉姆斯的自私理论存在问题，利他主义的确存在，要么关于性的传统说法有误。威廉姆斯和他的支持者越深入研究，就越觉得性不是为个体创造的，而是为种族创造的。

加利福尼亚科学研究院的迈克尔·吉瑟林（Michael Ghiselin）一直致力于研究达尔文的理论，他对达尔文强调个体竞争而非物种竞争的观点印象深刻。吉瑟林也开始思考，性是如何成为进化中的一个例外的。他列出了以下问题：有性生殖的基因是如何以牺牲无性生殖基因为代价传播的？假设某一物种的所有个体都是无性的，但突然有一天其中一对发明出性，那么有性生殖会带来什么好处呢？如果它没有带来任何好处，为什么又会流行开来呢？如果有性生殖无法传播，为什么会有那么多物种是有性的呢？吉瑟林不明白为什么新生的有性物种比原有的无性物种生育的后代更多。的确，有性生殖的后代应该少才对。因为有性生殖需要在寻找配偶上浪费时间，而且雄性一方无法产下幼崽。

约翰·梅纳德·史密斯原本是一名工程师，后来改行在英国苏塞克斯大学研究遗传学。他思想深邃又不乏幽默，深受新进化论者霍尔丹的影响。他回答了吉瑟林的问题，但也没有解决吉瑟林的困惑。他说有性基因只有当个体的后代数量翻倍增加时，才可以传播开来，这听起来好像很荒唐。他说，如果我们把吉瑟林的想法反过来考虑，未来的某天有性的生命体决定放弃性，把自己的基因如数传给自己的后代，完全不用配偶的基因。这样的话，它们遗传给后代的基因数量就是对手的两倍。那么，它肯定处于优势地位，因为它给后代提供了两倍基因，其后代很快就可以成为该物种的基因遗产的唯一继承人。

我们遐想一下，在石器时代的一个洞穴里面，居住着两个男人和两个女人，其中一个女人是处女。某一天处女以无性生殖的方式生出了一个和她一模一样的女儿（孤雌生殖）。无性生殖的方式有很多种，比如“自体受精”，通俗地说，就是卵子间相互授精。山洞中的这个女人两年后以同样的方式生了另外一个女儿。与此同时，另一个女人用正常的生殖方式生下了一儿一女。现在山洞里就变成了八个人。接下来，三个年轻的女孩儿，每个人都生下了两个孩子，第一代人也都过世了。所以，现在的十个人中，六名是自体受精的后代。在仅仅两代的时间里，基因以孤雌生殖的方式将其所占人口总数的比例从1/4扩展到了1/2。男人不久就会相继消失。

这就是威廉姆斯所说的“减数分裂的代价”，或者是梅纳德·史密斯口中的“雄性的代价”。对于洞穴中采取有性生殖的人来说，半数都是男人，男人不会生孩子。当然我们不否认男人在养育孩子、捕获猎物的过程中，起到了一定的作用，但即使这样也不能完全解释男人为什么是必不可少的。我们假设无性生殖的女人最初也是有性生殖的产物。这是有先例的。有些杂草只有被近缘种群的花粉授精后才会结籽，但籽中却不会蕴含花粉中的基因。这种生殖方式叫作“假受精”。在这种情况下，洞穴中的男人无法意识到孩子的基因和自己没有任何关系，他们会把这个孩子视为己出，并为孩子寻找食物。

这种遐想式的实验，让我们看到无性生殖在基因繁衍的数量上占据优势地位。这一逻辑推论使梅纳德、吉瑟林和威廉姆斯等科学家开始思索有性生殖具有哪些优点可以弥补繁衍数量少这一缺陷，因为毕竟哺乳动物、鸟类以及大部分无脊椎动物、植物、菌类和原生动物都采用有性生殖方式繁衍。

有些人认为谈论“性的代价”只能证明我们现在变得极为荒谬而拜金，也有些人认为这一逻辑论证完全是似是而非的。为此，我将引用下面的实例来说明一切。首先说一下蜂鸟，但我并不想解释它们是如何工作的，而是探寻它们存在的本质原因。如果性是免费的、不用付出代价，那蜂鸟就不会存在。为何这样说呢？蜂鸟以花蜜为生，而花蜜是花为了引诱昆虫和鸟类为它们传播花粉所制造的诱饵。植物用来之不易的糖酿成花蜜，作为礼物送给蜂鸟，因为蜂鸟会把花粉传递给另外的植物或花类。为了和另外的植物产生性联系，植物必须首先用花蜜贿赂花粉散播者——蜂鸟。因此花蜜是植物为了追求性而付出的代价。所以，若性没有代价，这世上就不会有蜂鸟。

威廉姆斯认为他的逻辑也许行得通，但对于人类的现实问题却又难以解释清楚。换言之，从有性生殖转变为无性生殖肯定是有优势的，然而却难以实现。就在这个时候，社会生物学家开始落入一个陷阱，即过于轻易地迷恋上了“适应论”的说法——就像哈佛大学的斯蒂芬·杰·古尔德(Stephen Jay Gould)所说的那样，那只是一个故事。他指出，有些时候，事物之所以成为现在的样子，是由意外造成的。古尔德举了一个例子：教堂里拱门之间的三角形空间，叫“三角拱腹”，它本身没有任何作用，只是在四个拱门上建造圆屋顶时的副产品。威尼斯圣马可教堂的三角拱腹不见了，是因为有人偷走了它。三角拱腹的出现是因为两个拱门之间必然会有这种空间。人类的下巴就像是教堂里的三角拱腹，它的存在不可避免，是颌骨接合的结果。同样的，血液呈红色是光化学的偶然结果，并非刻意设计的。也许性就是一种装饰品，一种服务于某种目的的时代进化遗迹。它就像人类的下巴、脚趾和盲肠一样，已经没有作用，却很难简单地去除。

但这个关于性的辩解实在不具说服力，因为有很多动物和植物都已经放弃了有性繁殖的方式，或者只是偶尔为之。我们以再普通不过的草坪为例，小草从来不知道性是何物，除非你忘记修剪让它长出了头状花序。再来看看那些水蚤，世世代代以来它们都采用无性生殖的方式繁衍：所有的个体都是雌性的，产下的后代也是雌性的，从不交配。当池塘里的水蚤过多时，它们中的一些就开始繁育雄性后代，雄性水蚤和雌性水蚤产下的“休眠卵”会沉到池底，到池塘再一次溢满的时候，孵化繁殖。可见水蚤可以在无性生殖和有性生殖之间来回转换，这似乎证明了性除了帮助进化之外，还有其他直接的目的。至少在特定的季节，水蚤个体采取有性生殖的方式是有必要的。

到现在为止，这似乎还是一个未解之谜。性服务于种群但却以牺牲个体为代价。个体可以放弃性，然后在竞争中迅速战胜有性繁殖的对手。但它们并没有放弃性，那么，性一定以某种神秘的方式为个体和物种“支付代价”。它是怎么做到的呢？

直到20世纪70年代中期，威廉姆斯挑起的这个争论还是处于晦涩难解的状态。那些参与争论的学者对于解决这个两难的困境却很自信。但在20世纪70年代中期，两本至关重要的书彻底改变了这种局面，对于其他生物学家来说，这是一个致命的打击。一本来自威廉姆斯本人，另外一本的作者是梅纳德·史密斯。威廉姆斯戏剧化地写道："进化生物学界将面临一场狂风暴雨般的危机。"威廉姆斯在《性和进化》（*Sex and Evolution*）一书中巧妙地描述了几种与性相关的理论，试图化解这场危机。梅纳德·史密斯在《性的进化》（*The Evolution of Sex*）一书中的态度却截然不同，他提出了一个充满绝望和困惑的建议。他一次又一次地重提有性生殖的昂贵代价，它的劣势很明显——两个单性生殖的处女所生的子代数目是一对男女所生子代数目的两倍。他认为以现有的理论还无法解决这个问题。他写道："可能读者会认为现在这些例子不堪一击，也不尽如人意，可这是我们现在所能拥有的最好的例证。"他在另一份论文中写道："我们也许忽视了某些关键的基本特征。"梅纳德·史密斯一再强调问题并没有得到解决。他这种谦逊而诚实的姿态，在当时产生了深远的影响。

有关性的各种解释可谓百家争鸣、百花齐放，为科学的观察者提供了不同寻常的氛围。在大多数时间里，科学家都在无知中摸索，试图寻找前所未有的事实、理论或模式。但他们忽略了一点：

性是如此的众所周知，单独去解释它，赋予它一个优势是不够的。人们所提出来的解释一定要优于其他的解释版本，就好像羚羊要生存下来不是要比猎豹跑得快而是要快过同类，就这么简单。有关性的理论多如牛毛，大多数也都在逻辑上符合规律，但哪一种理论最正确呢？

下面我将谈及三类科学家。第一类是分子生物学家，他们整天嘴里念叨的不是酶就是外切核酸降解等。他们很想知道组成基因的DNA到底发生了什么。在他们的世界里，性就是DNA修复的过程或者某种分子工程，他们不懂方程式，但绝对是超长单词的粉丝，尤其是他们自己创造出来的长单词。第二类是遗传学家，他们只谈基因突变和孟德尔遗传学。他们痴迷于性过程中发生的一切基因变化，并且热衷于实验。比如，剥夺数代有机生物的性功能，看看会发生什么。除非遭到阻止，否则他们就会开始写方程式并且谈论“连锁失衡”。最后一类是生态学家，谈论的完全是寄生虫和多倍性，他们热衷于比较各种证据，哪种物种有性，哪种物种没有，并且知晓许多与研究无关的有关北极与热带地区的事情。他们的思考方式没有那么严谨，语言比较生动。他们整日埋首于自然栖息地的图形之中，用电脑模拟生物的生活。

不同类别的科学家分别支持一种性解释。分子生物学家本质上是在讨论性为什么会产生。这与性目前所取得的成就并不一定是同一个问题，却是遗传学家更喜欢解决的问题。生态学家却在探讨着另一个问题：哪种情况下有性生殖会比无性生殖强？这有些类似剖析发明电脑的原因。历史学家（如同分子生物学家）会坚持说发明电脑本是为了破译德国的潜水艇密码，今天却挪为他用。电脑在做重复性工作时比人工更为高效、快捷（遗传学家会这么回答）。生态学家感兴趣的是电脑为什么取代了接线员而不是厨师。从不同的层面来看，三种解释似乎都有合理之处。

超级副本理论

分子生物学家中的领头人物——亚利桑那大学的哈里斯·伯恩斯坦（Harris Bernstein）的观点是，性是为基因修复而服务的。第一个证据是突变的果蝇基因无法进行修复与重组，而基因重组是性的必不可少的过程，即混合来自两代人的精子和卵子中的基因。若基因修复一旦停止，性也会戛然而止。

伯恩斯坦发现，细胞用于处理性行为所使用的工具和用于修复基因所使用的工具是一样的，但他却无法使遗传学家或生态学家相信：修复功能只是最原始的性功能的目的。遗传学家说性的确是由基因修复进化而来的，但这并不代表它今天的存在也是为了修复基因。就好像，人类的腿是从鱼类的鳍演变来的，但现在我们的腿不是用来游泳而是用来走路的。

此处我要对相关的分子知识稍作说明。DNA是组成基因的物质，它形态瘦长，携带着由四种化学基础物质组成的信息，就好像莫尔斯电码是由两种点和两种线组成的。我们把这四种基础化学元素称为A、C、G和T。DNA的美妙之处在于每个字母与其他字母都有互补性，这意味着它们喜欢和与之相对应的字母配对。例如，A和T配对，反之亦然；同理，C和G配对亦是如此。这就意味着复制DNA是一种机械的方式，即一个分子链中的字母找到互补的字母并与之配对，从而形成新的分子链。与AAGTTC互补的链子为TTCAAG，复制该互补链而后又可得到原始的分子链。每个基因在正常情况下都包含一串DNA以及它的互补链，二者紧密缠绕，形成了我们熟知的双螺旋结构。特殊的酶在基因链上上下移动，遇到有损伤的地方，它们会利用互补链来修复它。DNA经常因为日晒和化学物质的侵蚀而受损，如果没有这种修复酶，它就会迅速地变成毫无意义的废品。

但如果两个链子在同一个地方受损了怎么办？这是一个很常见的问题——比如，两个链子有时会紧紧地缠绕在一起，就好像在闭合的拉链上又涂了一摊胶水一样。这些修复酶不知该如何去修补DNA，它们必须借助一个基因模式的原始样本，而性则恰恰提供了这个样本。它可以从另一个生命体上得到同一个基因的副本（异型杂交），或者从同一个生命体的其他染色体中提取（重组），从而使修复工作可以依照新样本进行。

当然，新样本也有可能在同一个地方受损，但概率已经大大降低。就像店主在算账时一般会把所有的价目加起来再重新计算一遍，以确定第一次计算的结果是否正确一样，因为相同的错误连犯两次的机会毕竟不多。

修复理论也得到了一些间接证据的支持。例如，如果生命体受到了紫外线的侵害，在有重组功能的条件下，它可以很好地保护自己；如果细胞中有两个染色体，情况会更好；如果突变株出现，回避了重组，它就更容易受到紫外线的伤害。而且伯恩斯坦可以深入地解释一些相关的细节，这是他的对手做不到的。比如，在染色体对一分为二，准备生成卵子之前，细胞数量会增加一倍，但之后会处理掉其中的3/4。在修复理论中，这就是发现错误并加以修补的过程。

尽管如此，修复理论仍有不完善之处——它对异型杂交避而不谈。的确，如果性单单是为了得到备用的基因，那么它理应从血亲而非陌生人中获取。伯恩斯坦认为异型杂交只不过是掩饰基因突变的一种方式，但这似乎只能说明近亲交配不可行；性是近亲繁殖的原因，而不是结果。

而且，支持修补观点的人们所提出的重组理论，只不过是为了保留备份基因，而且比在染色体之间随机交换基因更简单的办法并非没有，它就是“二倍体”。卵子或者精子是“单倍体”，每个基因只有一个副本。细菌或者原始类植物，例如藓类，也有同样的特点。但大部分动植物都是二倍体，这就意味着每个基因都是两个副本，分别来自父母双方。一些生命体，尤其是自然杂交或是人工培育的植物都属于“多倍体”，例如，大多数杂交小麦是“六倍体”，也就是每个基因都有六个副本；在山药中，雌性是“八倍体”或者“六倍体”，雄性是“四倍体”；虹鳟和家鸡是“三倍体”——还有几年前出现的一种鹦鹉也属此类。生态学家已经开始怀疑植物中的多倍体是性的替代品，生长在高海拔地区的许多植物似乎都选择了放弃了性，转而选择无性多倍体繁殖。

现在提生态学家还是有些为时过早，因为问题的焦点在于基因修复。如果二倍体生物习惯于通过染色体组进行细微修补，那么当身体在生长期发生细胞分裂，它便有相当多的机会去修复，然而它们却没有这样做。重组一般只会发生在最特殊的分裂阶段，叫“减数分裂”，这个过程使得精子和卵子最后成形。对此，伯恩斯坦有自己的看法，他认为在普通的细胞分裂期进行修复比这更经济，这样一来，最合适的细胞可以继续生存。但分裂期无须修复，因为完好的细胞将自然胜过受损的细胞。只有生产生殖细胞时，才需要检查错误，因为它们需要走出去，独自面对外面的世界。

伯恩斯坦的这种观点尚未经过检验。不容置疑的是，性所用的工具来自修复工具，而且重组的过程也能够修复基因。但这就是性的目的吗？也许未必如此。

相机和棘轮

遗传学家们也同样痴迷于研究受损的DNA。然而分子生物学家关注的是可以修复的损伤，遗传学家关注的则是那些无法修复的损伤，他们称之为“突变”。

科学家曾经认为突变是非常偶然的事件，然而最近几年他们逐渐意识到突变发生的概率很高。在哺乳类动物中，每个基因组平均每代大约发生100次突变，也就是说，子女和父母之间大约有100个不同之处，也许是由于随机复制基因时产生了错误，也许是由于宇宙射线引发了卵巢和睾丸突变。这些不同之处，大约99%都无关紧要，它们被称为沉默突变或中性突变，不会对基因产生影响。在人体的7.5万对基因中，这些改变可谓微不足道，也没有什么危害，但逐渐累积就会演变成严重的缺陷。当然，一些新思想也会应运而生。

谈到突变，公众就会认为大部分的突变都是有害的，而且许多突变会造成基因突变者和突变遗传者死亡（癌症就是始于一个或多个突变），但偶尔也会有好的突变，这是一个真正的进步。比如，镰状细胞性贫血症的突变对于那些拥有两个副本的人来说可能是致命的，但这种突变却在非洲某些地区有所增加，这是因为它对疟疾有免疫作用。

遗传学家多年来致力于研究正向的突变，他们觉得性是传播突变的方式，就像大学之间或企业之间的交流合作一样。正如科技需要向外界输出创新思维一样，动植物也需要性来创新，而那些只依赖自己去创新的动植物就会相对落后。为了改变落后的现状，一些动植物就会想方设法从别的动植物那里乞讨、借用或者盗用创新的基因，正如某公司剽窃同行的发明成果一样。植物育种家试图培育高产、短茎和抗病能力强的水稻种子，正如生产厂家与众多的发明家都有合作一样。而无性植物的育种者就必须耐心等待同一谱系中新发明的缓慢累积，这就是300多年间蘑菇没有多大变化的原因，它属于无性生殖的植物，因此无法进行选择繁殖。

“借”基因最显著的成效是生物可以把他人的长处拿来为己所用，从而获益。性可以集结突变，不断地重组基因形成新的突变，直到偶然的协同作用产生结果。比如，在长颈鹿的祖先中，可能有的脖子修长，有的腿部修长，两者的结合成就了现在更为优秀的长颈鹿。

但这个论点的问题在于，它混淆了原因和结果。借用基因的优势要在几个世代以后才能显现，这未免过于遥不可及，到那时无性物种早已在数量上远远超过了有性生殖的竞争对手。与此同时，性如果对于拼凑优秀基因如此在行，同理可推断，它在破坏基因重组方面也不会太差。但是，可以确定的是，有性物种的后代与父辈之间会有所不同，如恺撒、波旁王朝、安茹王朝也出现了许多令人失望的后代。植物育种家更偏爱生产无性种子的小麦或玉米的变异，因为这样可以确保优秀的基因如数遗传给下一代。

性几乎可以被定义为破坏基因结合的事物。遗传学家大声疾呼性减少了“连锁不平衡”。他们指的是，若没有基因重组，原来在一起的基因（像蓝眼睛和金头发）就应该永远捆绑在一起，不会有人同时拥有蓝眼睛、棕头发或者金头发、棕眼睛。多亏有性，传说中的协同增效作用一经发现，就立刻消失得无影无踪。性违背了“没受损，就不要修复”的原则。同时，性增加了随机性。

20世纪80年代末期，关于好的突变理论的热潮最后一次复苏。马克·柯克帕特里克（Mark Kirkpatrick）和谢里尔·詹金斯（Cheryl Jenkins）关注的并不是两项单独的发明，而是两次发明同一个事物的能力。试想，如果蓝眼睛双亲的生育能力翻倍，那么蓝眼睛双亲的后代在数量上会是棕眼睛双亲后代的两倍。假设最初所有人都是棕眼睛，首次突变后产生蓝眼睛，但因为蓝眼睛属于隐性基因，无法发挥作用，居主导地位的棕眼睛基因会掩盖它的特征。只有当双亲都具有蓝眼睛的隐性基因时，蓝眼睛的特点才会凸显，这时性就起了关键作用，只有性可以使人类交配，使基因相遇。这个被称为“性隔离理论”，它合乎逻辑，毋庸置疑。这的确是性带来的益处之一。然而，遗憾的是，它的效力太弱，不足以有效解释性为什么会普遍存在。相关数学模型表明，好的突变真正奏效大约需要5000个世代，而到那时，无性物种早已赢得了这场比赛。

近些年来，遗传学家厌倦了对好的突变的研究，转而开始思考恶性突变。他们提出，性是摆脱恶性突变的一种方式，这种想法可以追溯到20世纪60年代，由诱导突变第一人——赫尔曼·穆勒最先提出。他在1911年发表了第一份关于基因的科学研究报告，在其后的数十年中，又提出了许多观点，进行了无数次的实验。1964年，他又提出了性研究史上最具洞察力的理论“穆勒的棘轮”。我们用一个简单的例子来解释该理论：水缸中有10只水蚤，只有1只完全没有突变，其他的或多或少都受到突变影响出现缺陷，平均每代只有5只水蚤会在被鱼吃掉之前生育繁衍，健康的水蚤生育的概率仅有1/2，有缺陷的水蚤也无一例外，但二者之间是存在差别的。一旦健康的水蚤意外身亡，想要重新创造一个健康的水蚤，唯一的途径就是在有缺陷的水蚤身上再次突变，以此来更正其恶性突变，当然这种可能性微乎其微。但两种单一的恶性突变一旦相遇，就可以创造出具有两种恶性突变的水蚤。换言之，系谱中拥有正常基因的后代如果死亡，就会导致基因缺陷概率上升，这就好比棘轮，可以轻易向前转动，却无法逆转，因此遗传缺陷必然会逐渐累积下来。阻止棘轮转动的唯一办法，就是健康的水蚤在死去之前，通过性，把无缺陷的基因传给后代。

如果你会使用复印机复印文件，你就会发现穆勒的棘轮理论在此也同样适用。如果每次用新复印出来的文件当作底稿继续复印，复印的效果会越来越差。只有用原始无瑕疵的版本复印出来的文件才最清晰。但假设你将原始文件和复印文件存放在一起，开始复印时，你选择的可能是原始文件，也有可能是复印文件。一旦原始文件丢失，你得到的最好的复印文件也不如原始的那张清晰，但如若复印的是效果不好的复印件，那之后的复印件也会越来越差。

在世纪之交，麦吉尔大学的格雷厄姆·贝尔在生物学界发起一场空前激烈的辩论，即性是否具有恢复活力的作用。引发争端的问题是，水槽中原生动物有充足的食物，却没有交配的机会，致使其活力、体型大小和生育率（无性生殖）都呈逐渐下降的趋势。通过重新分析实验过程，贝尔发现了穆勒的棘轮效应在发生作用的证据。原生动物在没有性的情况下，恶性突变的基因逐渐在物种中累积扩散。而原生动物中的纤毛虫虽保留了种系基因，但只使用复制品，会加快恶性突变累积的过程。这种复制的方法草率又有失精准，所以缺陷的积累会更为迅速。而在有性生殖过程中，生物会舍弃副本，并从原始的种系基因中创造出新的基因。贝尔认为，纤毛虫的复制过程就好比木匠在仿制一把椅子，他一直参照的是他所做的上一张椅子，故而所有的错误也都照搬了过来，他只是偶尔才看一看初始设计图。这么说来，性的确具有恢复活力的作用。它使体型较小的动物每当发生性行为时，都能快速消除无性生殖在棘轮效应下累积的错误。

贝尔的结论有些奇特。如果物种数量偏少（少于100亿个）或生命体中基因数量庞大，无性的谱系就会深受棘轮理论的影响。因为若物种总数太少，健康的基因就比较容易消失。因此，基因组较大而总数较小的生物，很快就会陷入棘轮效应的泥潭，而基因组较小、数量庞大的物种则会幸免。贝尔还猜测，有性生殖是体型庞大生物（因此数量相对少）的先决条件，反之，对于体型较小的生物来说，性就不是必需品了。

贝尔计算了阻止棘轮效应所需的性数量，或者，更确切地说，是重组的数量，他发现生物越小，越不需要性。水蚤每隔几代才会进行一次有性生殖。而人类世世代代都要依靠有性生殖繁衍。威斯康星大学的詹姆斯·克罗则提出，穆勒的理论也解释了为什么芽殖是一种较为罕见的繁殖方式——动物中很少见。为什么大多数无性物种会不厌其烦地以单细胞（卵子）繁衍？克罗认为，这是因为单细胞中致命的缺陷可以轻易转移到胚芽中。

若是棘轮效应只存在于大型生物中，为什么那么多小型生物也会有性呢？另外，要阻止棘轮效应，只需要偶尔进行有性生殖就可以了，不需要那么多动物都放弃无性生殖。在莫斯科附近的计算机研究中心工作的阿列克谢·康德拉肖夫（Alexey Kondrashov）意识到了这些问题，他在1982年提出了一个几乎是反棘轮效用的理论。他指出，在无性种群中，一旦生物因突变而死亡，突变也会随之消失。在有性种群中，有些生物天生带有很多突变，有些则携带的较少。若突变较多的个体死亡，性会不停地反转棘轮，清除突变。由于多数突变都是无益的，这就为彰显性的优势提供了新的证据。

但为什么要用这种方式清除突变而不是通过更严密的检查模式呢？康德拉肖夫给出了一个巧妙的解释：这种精密的检查模式越接近完美，其制造的成本就越高，用经济学术语说就是“收益递减律”。允许错误发生，然后通过性清除恶性突变，则更为经济。

著名的分子生物学家马修·梅塞尔森（Matthew Meselson）拓展了康德拉肖夫的想法，马修认为普通的突变只是改变了基因密码中的某个字母，基本无害，因为它们可以被修复。但插入——整段DNA跳入基因中——就很难修复。这些“自私”的插入物会像传染病一样散播开来，而性会把它隔离在特定个体之中，随着特定个体的死亡，它们就会被清除。

康德拉肖夫打算用实验来证实他的观点。他说，如果恶性突变在每代的每个生命体中至少出现一次，那么情况尚为乐观，但若少于一次则对他的观点不利。目前的数据显示，恶性突变的发生率在边缘徘徊，即大多数生物每一代的个体都会发生一次恶性突变。即使发生率很高，这也只能说明性具有清除突变的作用，却不能解释性为什么持续存在。

与此同时，我们必须认识到这个理论本身也存在缺陷，它无法解释细菌（多数细菌属无性生殖，有性生殖的细菌很少）为什么在没有性的同时保持低突变的发生率，并且在复制DNA过程中也很少犯校对错误。康德拉肖夫的批判者对此也颇有微词，认为进化为管家角色的性是“一种烦琐而奇怪的工具”。

康德拉肖夫的理论和所有的基因修复理论以及善变的牧师理论存在同样的问题：有性生殖的优势需要很长一段时间才能显现。和克隆版的无性生殖竞争时，有性生殖的繁衍速度很难超越无性生殖的复制速度，除非无性生殖的遗传基因缺陷及时出现，否则有性生殖必败无疑。这是一场和时间的比赛，问题是需要多久呢？印第安纳大学的柯蒂斯·莱弗利（Curtis Lively）通过计算认为，物种数量每增长10倍，有性生殖就能多出6个世代的时间来展示它的优势，否则就会输掉比赛。若个体总数为100万，那么有性生殖就可以多出40个世代的时间来展示优势；若个体总数是10亿，那就可以多出80个世代的时间。然而，所有的基因修复理论都需要历经数千个世代才能被证实。康德拉肖夫的理论所需的时间最短，然而仍需要漫长的时间来证明。

迄今为止，依旧没有一个得到广泛认可的纯粹的遗传学理论来解释性行为。越来越多的进化学派研究者相信性这个谜团的谜底藏在生态学中，而非遗传学里。

第三章

寄生物的力量

象棋如世界，
一个棋子就是宇宙的一个现象；
比赛的规则就是自然法则。
对手隐身不见，
但我们知道他一向公平有耐心；
沉痛的经历也告诉我们，
他从不忽视任何一个错误，
对于无知也是严惩不贷。

——托马斯·亨利·赫胥黎

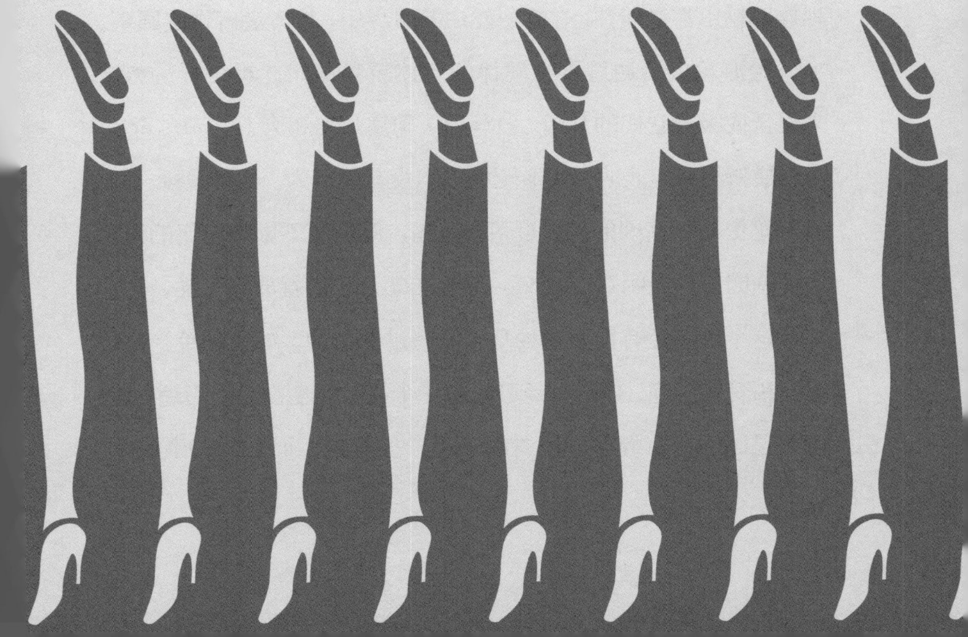

即使对于微生物来说，蛭形轮虫也很特殊。它们生活在淡水中，从家中的水槽到死海边的温泉再到南极的冰冻水池都可以找到它们的身影。它们看起来就像生动的逗号，靠身体前面的水轮状物体带动向前。当水体干涸或冰封的时候，它就变成了撇号的形状并开始休眠。这种撇号被称为“休眠囊”(tun)，它有惊人的耐受力。你可以把它放在沸水中煮一个小时，或放在接近绝对零度(-273℃)的环境中冷冻一个小时，它不会分解更不会死亡。休眠的蛭形轮虫像灰尘般充斥着地球，它们常年在非洲和美洲之间游走。一旦温度适宜，它就迅速变身为蛭形轮虫，游弋在池塘中，捕食着细菌，仅仅几小时后，它们便开始产卵并孵化成新的蛭形轮虫。只需两个月，蛭形轮虫繁衍的后代就可以溢满中等大小的湖泊。

除了超常的耐力和生殖力以外，蛭形轮虫还有一个奇怪的特点，即没人见过雄性蛭形轮虫。据生物学家所知，世界上的500多种蛭形轮虫都是雌性。在蛭形轮虫的世界中，根本没有性这回事。

蛭形轮虫会通过吞噬同伴的尸体或者诸如此类怪异的方式，来混合或吸收它们的基因。但马修·梅塞尔森和大卫·韦尔奇(David Welch)最新的研究表明，蛭形轮虫根本没有性行为。他们发现，两个蛭形轮虫同一基因的差异度可达30%，但这并不影响它们的繁殖。这种基因差异表明它们在4000万～8000万年前就放弃了性。

这个世界还有很多物种从来没有过性行为，如蒲公英、蜥蜴、细菌和变形虫等，但唯有蛭形轮虫这个物种完全没有性习惯。这也可能是因为所有蛭形轮虫看起来都一模一样。而它们的亲戚——

单巢类蛭形轮虫却形态各异，几乎具有所有标点符号的形状。尽管如此，蛭形轮虫的存在有力地反驳了生物教科书中的传统观点——没有性，进化就不可能发生，物种也不可能适应任何变化。蛭形轮虫的存在，犹如梅纳德·史密斯所说的，这是“进化的丑闻”。

略有不同的艺术

除非基因发生错误，否则蛭形轮虫的幼虫和其母亲长得一模一样。人类的孩子从来不会和自己的母亲一模一样，这是性造成的第一个结果。确实正如许多生态学家所说的那样，这也是性的目的。

1966年，威廉姆斯揭露了教科书中关于性的解释的核心逻辑错误。他指出，性要求动物为了促进物种的生存和进化而放弃短期的自身利益，这种自我约束的形式只有在极端特殊的情况下才会演变出来。他不确定该把这个观点置于何处，但他意识到性和传播似乎有所关联。比如，杂草生成的无性种子在本地播种，但却让有性生殖的种子随风传播到远方。有性的蚜虫有翅膀，而无性的蚜虫却没有翅膀。这让我们得出一个结论——假如生物的后代要去海外发展，它最好有所变化，因为异乡不同于故乡。

20世纪70年代研究性的生态学家的主要任务就是阐述这个观点。但就在1971年，梅纳德·史密斯首次抨击了该观点，他认为只有当两个不同的生命体同时移居到新的环境中时，才需要用性来结合二者的特点。两年后，威廉姆斯也加入了辩论。他指出：假设大部分长途旅行的后代都会死去，那么幸存下来的一定是最适应环境的那一个。因此，不必在意大部分后代都很平庸，最重要的是，必须有几个特别出色的后代。如果你想让自己的儿子成为教皇，那就不能生一群完全相同的儿子，而要生一群各有特色的儿子，如此一来，其中那个最聪明、最优秀而且有强烈的宗教信仰的孩子才有可能成为教皇。

威廉姆斯所描述的情况就如同购买彩票，无性生殖拥有一堆一样号码的彩票，想要中奖，必然需要不同的号码来提高获奖概率。因此，当后代有可能面对变化的、不寻常的环境时，性对个体而不是物种更有用。

威廉姆斯对蚜虫和单巢类蛭形轮虫很感兴趣，它们都是每隔几代，偶尔进行一次有性生殖。在夏季，蚜虫会在玫瑰丛间成倍繁殖，单巢类蛭形轮虫会在街头水坑中扩大队伍，然而当它们熟悉的夏季即将结束时，最后一代蚜虫和单巢类蛭形轮虫会全部转变为有性生殖，雌性和雄性彼此寻觅，交配，繁育出更强壮的下一代。下一代会变成坚硬的囊，以度过严冬或干旱季节，当环境较为适宜时，它们就以无性生殖的方式继续繁殖。威廉姆斯认为该过程就像中彩票的过程。当条件有利并可以预测时，就采用无性生殖的方法尽快繁衍后代。当情况变坏，蚜虫或单巢类蛭形轮虫的后代需要寻找新家园或等待有利环境再次出现时，采用有性生殖繁衍有差异的后代才是明智之举，因为只有这样才可能生出一两个出色的后代。

威廉姆斯把“蚜虫—蛭形轮虫”模型与“草莓—珊瑚虫”和“榆树—牡蛎”模型进行比较，草莓和珊瑚虫终生都待在同一个地方，但它们不断伸展着根部或枝芽，因此个体逐渐在周围区域传播；当它们派后代去远方寻找新的理想栖息地时，草莓生出有性的种子，而珊瑚虫则产出有性的幼虫——浮浪幼虫。草莓种子由鸟类携带传播，浮浪幼虫在大海上随波漂流。对于威廉姆斯来说这就像是无法预测的彩票，远行的它们更有可能面对不同的环境，因此最好的方式就是后代要有所变化，也只有这样或许其中的一两个才能够适应新的环境。榆树和牡蛎利用有性生育，繁殖出成千上万的后代，随着风或海浪漂流，有几个幸运儿可以到达合适的地点，开始新的生活。它们为什么要这么做呢？威廉姆斯认为，榆树和牡蛎的生存空间早已经饱和，所剩无几的空间充斥着无数的竞争者。所以，重要的是后代是否出类拔萃。性带来多样性，它可以制造出少数几个能力超常、深不可测的后代。而无性生殖只能复制出一群平庸的后代。

纠缠的河岸

多年来，威廉姆斯的主张以各种形式、各种名目巧妙地展现。总体而言，数学模型表明，只有中了头奖且奖金极为丰厚时，彩票理论才有意义。同样，只有当少量流亡异地的物种，真正存活下来并继续繁衍时，性才会得到回报，否则，它就没有意义了。

由于这样的局限性，也由于大多数物种都不需要让后代移居异地，因此很少有生态学家真正地认可彩票理论。但直到蒙特利尔的格雷厄姆·贝尔像“国王和金鱼”故事中的国王那样，要求看到彩票理论的事实依据时，整个理论才彻底坍塌。贝尔根据物种生态和性习惯对物种进行分类，试图找出生态环境中的不稳定因素与性的关联，此前威廉姆斯和史密斯都或多或少地假定该关联存在。贝尔推测，高纬度、高海拔地带的天气状况不稳定，而且条件也很艰苦，因此生长在那里的动植物，有性生殖的概率更高；较海洋地区而言，淡水地区的生物更有可能采用有性生殖（海洋地区相对稳定，而淡水地区有很多不确定因素，有时会发洪水，有时会干涸，冬天会结冰，夏天则消融等）；生长在复杂环境中的植物以及小型生物进行有性生殖的情况也更为普遍。但贝尔却发现了截然相反的事实。无性生物反而体型较小，生存于高纬度、高海拔地区，在淡水地区和多变的陆地上，由于生存环境恶劣、情况难以预测，物种的数目无法达到饱和状态。性和艰苦环境的关联在蚜虫和蛭形轮虫身上也行不通了。它们变成有性生殖，不是因为受到严冬或干旱的威胁，而是因为数量过多、食物匮乏。在实验室中，只要过度拥挤，蚜虫和蛭形轮虫的繁衍方式立刻就会转换成有性生殖。

贝尔对彩票模式的评判可谓一针见血：“即使彩票模式作为一种理论基础，为研究性功能的学者所接受，但它仍然经不起比较分析的考验。”

彩票模式预测在多变的环境中，高产的小型生物大多采用有性生殖繁衍，然而事实却恰恰相反，有性生殖居然极为稀少；而生活在稳定环境中的那些大型、长寿且生育频率较慢的动物则普遍采用有性生殖的方式繁衍。

这种说法对威廉姆斯来说有些不公平，因为他的榆树—牡蛎模式至少预测出榆树采用有性生殖的方式是源于榆树苗对于空间的激烈竞争。迈克尔·吉瑟林在1974年进一步拓展了这个观点，并指出其与经济趋势有很多类似之处。他说道："在饱和的经济中，多样化是有好处的。"他认为大部分生物都会和兄弟姐妹竞争，所以如果每个个体都略有不同，那么存活个体的数量也将大大增加。说得通俗一点儿，如果父母已经把一桩生意做大、做强了，那么他们的子女最好去谋求新的发展。因为在当地，父母的朋友或亲戚也在做同样的生意。

贝尔参照达尔文的《物种起源》中的最后一段，提出了所谓"纠缠的河岸理论"："凝视纠缠的河岸，真是一件有趣的事情。各种植物在河岸上繁茂地生长，鸟儿在灌木丛中歌唱，各种昆虫飞来飞去，虫子在潮湿的土壤中爬来爬去。这些精致的物种形态各异却又互相依赖，归根结底，这都是某种定律的产物。"

贝尔做了一个形象的类比。一位纽扣制造商根本没有竞争对手，并且已经独占了当地市场。那他接下来该做些什么呢？他可以继续销售纽扣的替代品，或者研发多样化的纽扣种类，并鼓励消费者购买不同种类的纽扣，从而拓展市场。同理，在饱和的环境中，如若能产生有变异的后代，其后代就有希望适应新的环境，从而避免在饱和的空间中竞争。贝尔详尽研究了动物界的有性生殖和无性生殖，研究结果表明，纠缠的河岸理论是有关性的生态学理论中最有发展前途的理论。

纠缠的河岸理论的支持者找到了一些间接证据来论证该观点的正确性。大麦和小麦一类的农作物，杂交植株的产量一般要高于单一品种的产量。而当植株被移植到新的环境后，其产量一般要低于原产地的产量，从遗传角度来说，该植株好像更适应原产地的土壤。若在新环境中互相竞争，插条或移植的植株远不如播种的植株，性好像提供了某种可变的优势。

但麻烦的是，竞争对手的理论也预测出了同样的结果。威廉姆斯曾写道："若两个理论的推论互相矛盾，那说明命运的确是仁慈的。"这是辩论中最尖锐的问题。一位科学家说，这就像一个人要找出车道潮湿的原因——是因为雨水，还是因为草坪洒水车，抑或因为附近泛滥的河水？用启动洒水车或观察雨水如何淋湿车道来确定淋湿车道的原因，并不奏效，因为这些做法都陷入了哲学家所谓"肯定后项"的谬误之中。草坪洒水车可以淋湿车道，但这并不意味着车道潮湿就是由它造成的。纠缠的河岸理论符合事实，但这并不能证明它就是这种现象的起因。

目前，热衷于研究纠缠的河岸理论的学者已经寥寥无几。他们的困惑众人皆知——若基因没有受损，性为什么要修补它呢？就牡蛎而言，若它能够长大、生育，就是巨大的成功，因为大部分牡蛎的后代都早早地死去。若正如纠缠的河岸理论的支持者所言，基因与此有关，那我们为什么要不假思索地认定在这一代的竞争中胜出的基因组合，在下一代就会一败涂地呢？对于这一难题，河岸派的支持者有多种解释，但听起来却有点儿像特殊的诡辩。我们很容易在个案中确定性的优势，但若把它上升为适用于每一种哺乳动物、鸟类和针叶树的通则，并能够有力地驳斥无性生殖的繁衍能力是有性生殖的两倍这一论断，恐怕很难让人信服。

对于纠缠的河岸理论，也存在一种更具实证意义的反对意见。该理论预测，后代体型较小、数量众多又彼此竞争的动植物对于性的兴趣要远远大于后代体型庞大、数量较少的动植物。从表面来看，对性的投入与后代体型大小无关。世界上最大的动物蓝鲸，产下的幼崽体型也相当庞大，重达5吨；最大的植物巨杉，种子却很小，种子的重量与巨杉树的重量之比等同于巨杉树与地球的重量之比。蓝鲸和巨杉都是有性物种。与之相反，变形虫采用无性生殖方式，以分裂的方式繁衍，其“后代”却与它一样大。

贝尔的学生奥斯丁·伯特（Austin Burt）以现实世界为参照物来研究纠缠的河岸理论是否符合实际情况。他关注的不是哺乳动物是否采用有性生殖方式，而是基因重组的数量。他通过计算染色体交叉的数量来判断基因重组的程度。染色体互相交换基因的现象也确有发生。伯特发现，在哺乳动物中基因重组的数量与后代的数量无关，与体型也鲜有关联，但与成熟年龄密切相关。换言之，不管体型或繁殖力如何，长寿、晚熟的动物基因混合的频率要高于早熟、短命的动物。伯特的研究结果显示，人类约有30次染色体交叉，兔子有10次交叉，老鼠有3次交叉。而纠缠的河岸理论预测的结果恰恰与之相反。

纠缠的河岸理论也与化石证据相冲突。在20世纪70年代，进化生物学家意识到物种并没有发生太大的改变。成千上万个世代以来，物种基本保持着原来的风貌，然后突然间被其他生命形态取代。纠缠的河岸理论所持的是一种渐进的观点：若该理论是正确的，那么物种会逐渐迁徙至理想的栖息地，每一代都有些许的改变，而不是成千上万个世代都一成不变。物种的逐渐演化发生在小岛上或总量较小的物种中，因为它有些类似穆勒的棘轮效应——偶发的物种灭绝或突变引发的偶发繁盛。在数目庞大的物种中，性阻止了这一过程，因为变异会产生并扩散到整个物种。在岛屿种群中，性无法发挥作用，原因在于种群都是同系交配的。

威廉姆斯首次指出，大部分流行的进化理论，其核心都存在一个错误的假设。阶梯式进步的老观念，依然以目的论的形式存在。进化对物种有利，因此物种竭尽全力地加快进化的进程。然而，进化的特点是停滞，而不是改变。性、基因修复以及高等动物为了确保只使用无缺陷的精子和卵子繁衍下一代而采用的复杂的筛选机制，都是防止改变的发生。遗传系统的胜利者不是人类，而是腔棘鱼。因为纵然经历了数百万个世代，纵然携带其遗传特质的化学物质一再遭受攻击，腔棘鱼依然保持着原貌。“善变的牧师”性模式认为性有助于加快进化，这意味着有机体更喜欢保持较高的突变率（因为突变是多样性的来源），继而把不好的变异筛分出去。但正如威廉姆斯所言，目前的证据表明，物种所做的事情只是在设法保持尽可能低的突变率。零突变率是物种的奋斗目标。进化所依赖的就是这种努力的失败。

从数学的角度来说，纠缠的河岸理论只有在变异的优势足够明显时才会发生作用。其危险之处在于，在这一代中有成效的变异，并不会在下一代中发挥作用，而且一个世代的时间越长，情况越是如此。这意味着周围的环境是不断变化的。

红皇后

红皇后开始发挥作用了。40多年前，这位特殊的君主红皇后成为生物理论的一部分，在接下来的几年中，其地位日益重要。

芝加哥大学一间昏暗的办公室里，摆放着成排的书架，随处可见由书籍和纸张堆砌而成的金字塔和巴别塔，这真是一座迷宫。挤在两个文件柜中间的是一个扫帚间大小的空间，里面坐着一位身穿格子衬衫、胡须灰白的老人。他的胡子比上帝的长，比达尔文的短。他就是红皇后效应的倡导者——利·范·瓦伦（Leigh Van Valen），一位专门研究进化的学者。1973年某天，他在研究海底化石时有了一个新的发现，然后他用恰当的词汇把新发现表述出来，即物种是否灭绝，与它们生存的时间长短无关，也就是说物种的生存能力不会因为生存的年代久远而逐渐增强（也不会像个体那样，因为年龄增长而削弱）。物种灭绝的概率是随机形成的。

这个重要的发现没有让瓦伦感到一丝轻松，因为它代表了进化中一个重要的真理，连达尔文都未曾完全理解。生存竞争永远都那么激烈。无论物种适应环境的能力有多强，它们从不会因此而放松，因为竞争者和敌人们也适应了环境，生存就是一场零和游戏。成功的物种只会招来更多的竞争者。

瓦伦的思绪回到了童年，似乎看到了故事中的爱丽丝在镜中世界的奇遇。红皇后，一个令人敬畏的女人，她的速度快如风，但看起来却永远纹丝不动。

“在我们国家，”爱丽丝上气不接下气地说，“如果你跑得够快，时间够长，你就可以到达目的地。”

“真是一个慢吞吞的国家，”红皇后说，“在这儿，你必须竭力奔跑才能待在原地不动，如果你想前进一步，那么奔跑的速度至少还要加快一倍。”

瓦伦写了一篇文章《新的进化法则》(*A New Evolutionary Law*)，他把手稿发给了所有知名的科学期刊，但都被拒绝了。然而他的观点却出人意料地得到了公众的认可。红皇后成了生物界的著名人物，她在性理论方面也赢得了较高的荣誉。

红皇后效应认为，整个世界充满至死方休的竞争，世界在不停地变化。然而我们不是刚说到物种在很多世代里都很稳定，不会发生很大的变化吗？是的。红皇后效应指出，红皇后跑得飞快，但依然停留在原地。世界不断地回归到起始的位置，虽然有变化，但没有进步。

根据红皇后效应，为适应无生命的世界所做出的改变——无论是体型增大，或更善于伪装，或更耐寒，抑或更善于飞翔——都与性无关。性只与竞争对手有关。

对于夭折现象，生物学家过于强调身体上的原因，而忽视了生物原因。实际上，在进化的进程中，干旱、霜冻、风暴、饥饿都是生命的大敌。所谓生存竞争就是适应这些环境。身体适应环境的奇迹——骆驼的驼峰、北极熊的毛、蛭形轮虫的耐热能力，都是进化过程中的伟大成就。第一批关于性的生态理论，都集中于解释这种对物理世界的调适。但随着纠缠的河岸理论的发展，一个截然不同的主题出现了，红皇后效应开始占主导地位。造成生物死亡或阻碍生物繁衍的原因，很少是物理因素，更常见的理由则涉及其他生物——寄生物、猎食者和竞争对手。水蚤在拥挤的池塘中挨饿，不是由于食物短缺，而是由于同类太多；猎食者和寄生物是大部分生物死亡的直接或间接原因；树林中枯死的树木是因为各种霉菌削弱了它的生命力；鲱鱼几乎都沦为大鱼的腹中餐或落入了渔网中。两个世纪以前，是什么杀死了人类的祖先？天花、肺结核、流感、肺炎、鼠疫、猩红热或是痢疾。饥饿和意外事故会使人变得虚弱，而传染病却会使人丧命。有些富人死于衰老、癌症或心脏病，但并不多。

在1914年至1918年的第一次世界大战中，2500万人丧生，而随后的流感在4个月内，又夺走了2500万人的生命。流感只是文明诞生后毁灭人类的一系列的致命恶疾中的最新的一个。爆发自公元165年的麻疹、251年的天花、1348年的黑死病、1492年的梅毒和1800年的肺结核，都曾经使欧洲荒无人烟。而这些只是流行病，地方性疾病也夺走了无数人的生命。正如植物不断地受到昆虫的袭击一样，动物也随时被贪婪的、数目庞大的细菌包围着。在你引以为傲的身体上，细菌的数目也许比细胞还多，甚至就在此时此刻，你身上的细菌数目可能比全世界的人口总量还要多。

近几年来，进化生物学家一次次地重提寄生物。正如理查德·道金斯在文章中所指出的："偶尔听到有人谈论当前主要的进化理论时，寄生物成了出现频率最高的词汇，它们被视为性进化的主要推动者，并有望最终解决这个问题中的问题。"

寄生物比猎食者更加致命，原因有二：其一，寄生物的数目众多。人类的猎食者只有大白鲨等大型动物和人类本身，但寄生物的数量却不胜枚举。兔子的猎食者众多，如白鼬、黄鼠狼、狐狸、秃鹰、狗以及人类，而它身上的寄生虫数量更多，从跳蚤、虱子、蚊子、绦虫到各种原生动物、细菌、菌类和病毒，数不胜数。被多发性黏液瘤病毒杀死的兔子的数目要远远多于被狐狸吃掉的兔子。其二，也就是第一个原因的因，是寄生物通常小于寄主，猎食者大都大于猎物。这意味着寄生物的寿命更短暂但在给定时间内会繁殖更多的世代。你肠道中的细菌在你的体内所经历的世代，是从猿进化到人所经历世代的6倍。因此，寄生物的繁殖速度快于寄主，可以控制或减少寄主的数量，猎食者却是随着猎物的数量而不断调整的。

寄生物和它的寄主被锁在进化链中，彼此影响。寄生物的攻击越成功（它感染的宿主越多，或者它从宿主那里获得的资源越多），寄主的生存能力就越受制于它自己的防御能力。寄主的防御能力越好，自然选择就越能促使寄生物增强击溃其防御的能力。因此，优势经常在二者之间摇摆。形势越危急，处于下风的一方就越发努力地战斗。这就是真正的“红皇后的世界”。在这里，你永远无法获胜，只能获得暂时喘息的机会。

智力的斗争

这也是个变化无常的性世界。寄生物是每个世代改变基因的诱因，而性好像也需要这种改变的诱因。上一代成功防御了寄生物的基因，在下一代就会被淘汰，因为在下一代中，寄生物肯定会进化出能攻克上一代防御的技能。这有点儿像体育竞技比赛，在国际象棋或足球比赛中，最有效的战术会立刻成为对手防堵的重点。每个创新的进攻很快就会遭到对方针对性的防守。

当然，这种情况与军备竞赛也极为相似。美国制造出了原子弹，苏联就会紧随其后；美国发明了导弹，苏联也不甘落后。之后是坦克、直升机、轰炸机、潜水艇，两个国家彼此追逐，却似乎仍然停留在原地。20年前战无不胜的武器，如今已然淘汰。其中一个超级大国越强大，另外一个超级大国就会越发努力追赶。只要可以支撑下去，没有一方愿意退出比赛。直到苏联经济衰退，军备竞赛才结束。

军备竞赛的比喻，虽然是随意之谈，但也带来一些有趣的启示。理查德·道金斯和约翰·克雷布斯（John Krebs）把从军备竞赛中得出的观点上升到一个原理的层次，叫“活命——一餐原理”。兔子逃离狐狸的追赶，是为了活命，因此快速奔跑成为进化的动机。而狐狸只不过是为一顿晚餐而奔跑。那羚羊逃脱猎豹的追赶，又是为何呢？狐狸吃兔子，但也吃其他的动物，而猎豹只吃羚羊。一只行动迟缓的羚羊也许运气好，遇不到猎豹，但一只猎豹若奔跑速度太慢就会被饿死。所以，对猎豹来说，奔跑速度更加生死攸关。就像道金斯和克雷布斯所说的那样，专家通常会赢得比赛。

寄生物就是超级专家，但军备竞赛的比喻对它们而言不太准确。长在猎豹耳朵中的跳蚤和猎豹被经济学家称为“利益共同体”，如果猎豹死了，跳蚤也会随之死去。加里·拉森（Gary Larson）曾经画过一幅漫画：一只跳蚤穿行在狗背的毛发中，手中举着一块标牌，上面写着“这只狗的末日快到了”。狗的死亡对跳蚤来说是一个坏消息，即使跳蚤也加速了狗的死亡。

寄生物是否可以通过损害寄主而获利的问题，多年来一直困扰着寄生物学家。当寄生物初遇新的寄主时（如欧洲兔子的多发性黏液瘤病、人类的艾滋病、14世纪欧洲的鼠疫），具有很强的杀伤力，随后杀伤力逐渐减弱。一些寄生物依然很致命，而另一些则变得无害。原因很简单，传染性越强的寄生物，就越少有寄主能够抵抗，寻找新寄主也就越容易。所以在没有抵抗力的物种中流行的病毒，可以毫无顾忌地杀死寄主，因为它们不担心找不到新的寄主。而当大多数潜在的寄主已经感染或具有抵抗力时，寄生物就难以变换寄主，它们就必须要小心了，不能轻易毁灭寄主从而断了自己的后路。工厂老板也会遭遇相同境况。他对员工说："请你们不要罢工，否则工厂就要破产了。"若当时正值经济不景气、失业率偏高，这句话会很有说服力，但当大多数工人都有了新的去向时，就没人理会他。

然而，即使病毒的杀伤力减弱，寄主仍然会受到侵袭，提高自身防御能力的压力仍然很大。与此同时，寄生物也在不断牺牲寄主的利益，设法突破防御，为自己争取更多的资源。

人造病毒

关于寄生物和寄主陷入进化军备竞赛中这一说法，有一个意外的证据来源：电脑的内部。在20世纪80年代末期，进化生物学家注意到在电脑高手中出现了一门新学科——人造生命。它是一种计算机程序，可以模拟真实生命的复制、竞争和选择的过程。从某种意义上来说，这可以证明生命是一种信息的集合形式，也可以证明其复杂性可能来自无目的的竞争或随机的设计。

如果说生命是由信息组成的，而生命又布满了微小寄生物，那么我们应该可以推断出，信息也会受到寄生物的干扰。计算机历史上第一个可以被称为"人造生命"的程序可能只是一个看似简单的由200行代码编写的程序。该程序由加州理工学院一位叫作弗雷德·科恩（Fred Cohen）的研究生于1983年完成。这个程序是一种“病毒”，它可以复制自己，迂回进入其他程序。这与真实病毒复制自己并进入其他寄主体内的方式是一样的。从此，电脑病毒成了一个全球性的问题。看起来，寄生物在任何生命体系中都是不可避免的。

但科恩的病毒以及之后的病毒都是人造的。直到特拉华大学的生物学家托马斯·雷（Thomas Ray）对人造生命产生了兴趣，计算机病毒才第一次自发出现。他设计了一套名为蒂拉（TIERRA）的系统，它是由相互竞争的程序组成。系统可以不断地修补由细微错误引发的突变，各个程序以牺牲其他程序为代价来壮大自己。

效果相当惊人。在蒂拉系统中，程序开始进化出自身的缩短版，79个指令长的程序开始取代原始的80个指令长的程序，而后突然出现了只有45个指令长的程序。它们所需的编码有一半是从较长的程序中借来的，这些是真正的病毒。不久某些程序就对这些病毒产生了托马斯·雷所说的免疫力，通过隐藏一部分字节来保护自己，但病毒并没有被击败。在困境中，突变的病毒出现了，它可以找到隐藏的字节。

至此，进化军备竞赛也逐渐白热化。托马斯·雷使用电脑时，也会不时地偶遇自主出现的超级病毒，有的擅长社交，有的擅长欺诈，这一切都源于可笑、简单的进化系统。他发现寄主—寄生物军备竞赛是进化最基本、最不可避免的结果之一。

这个军备竞赛的比喻，还是有缺陷的。在真实的军备竞赛中，过时的武器是不会有翻身机会的，弓箭时代一去不复返。但在寄生物和寄主的竞争中，旧武器才最具杀伤力，因为对手已经忘却了对付过时武器的方法。因此红皇后可能不是停留在原地，而是回到了出发地，如同被惩罚将巨石推上山的西西弗斯，不论他怎么推石头，石头总会再次滚落。

动物对抗寄生物的方式有三种。第一种方法就是快速成长、分裂，从而把寄生物甩在身后。植物育种者都熟知这一点，比如，植物的尖端迅速成长，聚集了植物体内所有的能量，一般还没有受到寄生物的侵袭。一种较为新颖的理论认为，精子非常小，为的就是不为细菌预留空间，如此也就不会影响卵子了。人类的胚胎在受精后迅速进行细胞分裂，也许是为了让病毒和细菌没有立足之处。第二种防御手段就是性，它的作用比较迅速。第三种防御方法是免疫系统，只有爬行动物的后代才会采用。植物、昆虫和两栖动物有另外一种防御方式：化学抵御。它们制造出的化学物质，可以毒死害虫。而有些害虫在进化中破解了这种毒液，军备式的竞赛再一次开始。

抗生素是从真菌中提炼出来的一种能消灭细菌的化学物质。但当人类开始广泛使用抗生素后却发现，细菌发展演变出了抵抗抗生素的能力。人们从致病菌对抗生素的耐药性中发现了两个惊人之处：第一，这种抵御基因似乎可以由一个物种转移到另外一个，从无害的肠道细菌转移到致病菌，这种传递方式与性转换基因的方式相近。第二，很多微小细菌的染色体已经具有这种抵御病毒的基因，唯一需要的是开发出一个可以开启此功能的机关。细菌和真菌的军备竞赛，使许多细菌具备了对抗抗生素的能力，若细菌进入了人类的肠道，那么它们就不再需要这种能力了。

相对于寄主，寄生物的生命太短暂，因此寄生物会迅速地进化并适应新环境。艾滋病毒基因在10年间的改变相当于人类在1000万年间的基因变化。对于细菌来说，一生的时间可能只有半小时；而人类每隔30年才会产生一个世代，所以人类是进化史上的"乌龟"。

撬开DNA之锁

不过，乌龟进化过程中的基因混合还是比野兔的多。奥斯丁·伯特发现生物寿命的长短和基因重组的数量有关系，这也正是红皇后效应起作用的证据。一个世代的时间越长，就越需要更多的基因混合来抵御寄生物的侵袭。贝尔和伯特还发现，只要存在一种代号为"B染色体"(超数染色体)的寄生物染色体，就会引发物种额外的重组(更多的基因混合)。因此，性似乎是对抗寄生物的武器，但是，它又是如何对抗的呢？

暂且把跳蚤和蚊子放在一边，让我们先看看那些致病的病毒、细菌和真菌。它们是大部分疾病的起因，也是侵入细胞的高手。真菌和细菌的目的是吞噬细胞，病毒的目的是破坏遗传机制以制造新的病毒。不管怎样，它们必须侵入细胞。为此，它们利用蛋白质分子侵入细胞表面的其他分子，即所谓“结合蛋白质”。寄生物与寄主之间的竞争都和结合蛋白质相关。当寄生物配上了新的钥匙，寄主就换锁防盗。这是群体选择论者关于性的一个说法，即任一时间，有性物种都有很多把不同的备用锁，而无性物种的锁却是同一模式的。有了正确的钥匙，寄生物就可以迅速地消灭无性物种，但却无法如此对待有性生物。引申到农业生产，若我们在田地里单一种植同系交配的小麦和玉米，就容易招致作物流行疾病，必须大量使用农药才能制止。

红皇后的例子比它更微妙也更有力度。有性生殖的后代比无性生殖复制出来的个体生存概率大，性的优势在一个世代中就可以体现。同一世代的无性生殖个体因为拥有共同的门锁，一旦被寄生物找到正确的钥匙，很快就会攻破门锁，因此可以确定的是，这种锁在几世代之内必须废弃。稀有的东西才最珍贵。

有性物种可以依赖某种锁库，这是无性物种无法做到的。锁库有两个意思大致相同的学名：杂合性和多态性。当近亲繁育时，它们就会随之消失。这就意味着在整个物种（多态）和每个个体（杂合）中，任何时刻都有不同版本的相同基因。西方人蓝眼睛和棕眼睛的多态性就是个典型的例子，多数棕眼睛的人都携带着蓝眼睛的隐性基因，他们是杂合体。对于忠实的进化论者来说，这种多态性和性一样令人困惑，因为这说明两种基因都很好。当然，如果棕眼睛比蓝眼睛有微小的优势（或者说得更确切一些，如果正常基因比镰状细胞性贫血的基因好），其中的一种基因就会逐渐消灭另一种基因。那为何我们身上还存在各种各样其他版本的基因呢？为什么会有这么多的杂合基因？就镰状细胞性贫血的例子来说，因为镰状基因可以帮助攻击疟疾病毒，因此，我们可以说在疟疾高发地区，杂合基因（具有一个镰状基因和一个正常基因）要比正常基因好，纯合体（具有两个正常基因或两个镰状基因）则会遭受疟疾和贫血的折磨。

这个例子经常出现在过去的生物教科书中，因此人们很难意识到它不只是个趣闻，而是个常见的论题。该例子指出，许多声名狼藉的多态基因，如血型和组织相容性抗原等，都是影响抗病性的基因，也就是基因之锁。而且，许多多态基因都非常古老，经历了许多世代。例如，人体内有多个版本的基因，牛的体内也有多种版本的类似基因。奇怪的是，人类和牛的基因版本中居然有相互重合之处，这就意味着你的某些基因可能和牛的基因是一样的，其相似程度可能高于你和配偶的基因的相似程度。语言也有相似的情况，比如，世界各地用来表述“肉”的词语，英美国家用“meat”一词，法国用“viande”，德国用“Fleisch”，而在新几内亚一个与世隔绝的石器时代的村落里“viande”也是指肉，但相邻的村落却使用“Fleisch”一词。相比语言上的相似性，基因中的相似性要惊人得多。似乎有一种强大的力量在发挥作用，从而确保基因的各种版本都能生存，并且变化不大。

我们几乎可以肯定这个力量来自疾病。一旦基因锁变得稀少，那么寄生物的基因钥匙必定也会变少，这样一来基因锁就会占据优势地位。在这种稀有至上的情况下，每个基因都在强盛与衰败中徘徊，基因不会灭绝。诚然，还有许多机制有利于多态性，这将使稀少的基因较普通基因更具有选择优势。就连猎食者也常常选择普通的而忽略稀少的。科学家曾经做过一个实验：他们在鸟笼子中藏了一些食物，并将多数食物染成红色，少数染成绿色，鸟儿很快就发现了红色的食物可食，从而忽略了绿色的食物。霍尔丹首次认识到，寄生比捕食关系更能帮助生物种群保持基因的多态性，尤其是在寄生物侵犯新物种的成功概率增加、侵犯旧物种的成功概率降低时，情况更是如此。这就是所谓钥匙与锁的案例。

锁和钥匙的比喻值得我们深入分析一下。比如，亚麻的5种基因中有27个版本可以抵御锈菌的侵蚀，这也就相当于5把锁有27种变化。锈菌也有相应的钥匙去攻破亚麻的每一把锁。锈菌的攻击力度取决于它的5把钥匙与亚麻的5把锁的契合度。这与真正的钥匙和锁有所不同，因为它们只是部分契合。锈菌不必打开所有锁就可以传染亚麻，但它打开的锁越多，毒性就越大。

性和接种疫苗的相似之处

读到此处，一定会有人忍不住提醒我：你忽略了免疫系统。他们认为，抵抗疾病的正常方式是通过接种疫苗或其他方法来产生抗体，与性无关。免疫系统是新近才出现的专业名词。大约3亿年前，它首次出现在爬行动物中。蛙类、鱼类、昆虫、龙虾、蜗牛和水蚤都没有免疫系统。即便如此，目前一个创新的理论把免疫系统和性有机结合在包罗万象的红皇后效应中。加利福尼亚的汉斯·布雷默曼(Hans Bremermann)提出了该理论，并为二者的互相依赖关系提出了一个有趣的理由：他认为没有性，免疫系统就发挥不了作用。

免疫系统中包括约1000万种不同类型的白细胞，每种都配有一个蛋白质门锁，叫作“抗体”。抗体又对应着细菌钥匙，即“抗原”。倘若一把钥匙打开了人体细胞的一个门锁，白细胞就会疯狂地繁殖，以便组建一支白细胞的部队，吞噬入侵者，不管它是流感病毒、结核细菌还是移植心脏的细胞。但是，身体还存在一个问题，那就是它无法准备好所有的抗体锁以禁用所有的钥匙。人体的空间实在有限，无法容纳包含数百万种不同类型、每种又由数百万的个体细胞组成的整套抗体系统，因此人体只保留了每种白细胞的几个副本。一旦其中一个白细胞遇到开锁的抗原时，它就开始大量繁殖，从而在病毒进攻和免疫系统回应的间隙治疗疾病。

每把锁都是由某种随机装配的设备生成的，并试图保持较多的版本，虽然有的锁，寄生物尚未发明与其配套的钥匙，但多备一些锁总是好的。因为细菌经常变换钥匙，以打开寄主不时变换的锁，所以免疫系统经常处于备战状态。但随机组合意味着寄主一定会生产出攻击自身细胞的白细胞。为了尽量避免不幸的发生，寄主体内的细胞会配有相应的密码。这个密码的学名叫“组织相容性抗原”，它可以有效地阻止内讧的发生。

寄生物如果想取胜，就必须要做到以下几点之一：在免疫系统回击前，转移侵袭目标（像流感病毒那样），或把自己隐藏在寄主细胞内（像艾滋病毒），或不断更新自己的钥匙（如疟疾），或者仿制寄主自身细胞携带的密码从而令白细胞战士们敌我不分。血吸虫病寄生虫正是从寄主的细胞中攫取密码，并黏在寄主全身的各个部位，从而突破白细胞的防线。锥体虫会引发昏睡症，它会不停地更换基因的钥匙。而艾滋病毒是最狡猾的一个。有一种理论认为，艾滋病毒不断地发生突变，所以每一代都有不同的钥匙。寄主虽然不断地变换门锁，抑制病毒，但大约10年后，艾滋病毒随机突变，终于制造出适合解锁的钥匙。此时，病毒已经获胜。病毒发现了免疫系统的缺陷。根据这一理论，其实质是艾滋病毒不断演化，最终发现了免疫系统的漏洞。

其他寄生物则致力于仿制寄主细胞携带的密码。生存的压力迫使病原体不断地仿制寄主的密码，与之相对地，寄主也在不停地设置新的密码。根据布雷默曼的观点，这是性介入的好时机。

这种组织相容性基因具有多态性，它可以确定密码，但也是感染疾病的原因。小小的老鼠身体里都有上百种组织相容性基因，人类身体里这种基因的数量也就可想而知。每个人身体里的基因组合都大不同，除非使用特殊的药物，否则人与人之间（双胞胎除外）的器官移植都会受到排斥。如果没有性的远系繁殖，就无法维持多态性。

这种说法到底是单纯的推测，还是有确凿的证据？1991年，阿德里安·希尔（Adrian Hill）和他的同事在牛津大学首次发现了有力的证据，即组织相容性基因的多样性是由疾病造成的。他们发现一种名叫HLA-Bw53的组织相容性基因在疟疾高发区很常见，但在其他地方却很少见，而患有疟疾的儿童一般没有HLA-Bw53基因。因此，这也许就是他们患病的原因。佛罗里达大学的维恩·波茨（Wayne Potts）有了一个伟大发现，即家鼠都会用嗅觉寻觅拥有不同组织相容性基因的配偶。这种偏好使得家鼠后代的基因多样化，并且具有更强的抗病能力。

威廉·汉密尔顿和寄生物的力量

很多前辈大师认为性、多态性与寄生物存在或多或少的关联。其中，霍尔丹的贡献最为突出。1949年，也就是在DNA结构公之于世的4年前，他提出："杂合性在抵御疾病方面有一定作用，某些细菌和病毒适应了特定生化体质的个体，而其他生化体质的个体对此仍具有一定的抵御能力。"几年后，他的同事苏瑞士·贾亚克尔（Suresh Jayakar）又进一步阐述了这个说法。之后，这种说法却被人们淡忘了。直到20世纪70年代后期，先后有5个人在几年内独立地重提这个观点，他们分别是：罗切斯特的约翰·捷尼克（John Jaenike），蒙特利尔的格雷厄姆·贝尔，伯克利的汉斯·布雷默曼，哈佛的约翰·图比（John Tooby）以及牛津的比尔·汉密尔顿（Bill Hamilton）[1]。

1　Bill是英文名William的昵称，比尔·汉密尔顿即威廉·汉密尔顿。另如美国前总统威廉·杰斐逊·克林顿，通常称比尔·克林顿。

其中研究性和疾病关系最为深入的非汉密尔顿莫属。从外表来看，汉密尔顿是一位典型的心不在焉的教授。当他漫步在牛津街头时，常常会陷入沉思，眼镜随意地悬在胸前，眼睛紧盯着前方的地面。他谦逊的态度、轻松的写作方式和讲故事的风格极具欺骗性，他总能够在恰当的时间爆出生物界的惊人发现。在20世纪60年代，汉密尔顿创建了"亲缘选择理论"，他指出基因的成功可以使动物照顾近亲，因为它们分享了许多相同的基因。这恰恰可以用来解释动物的合作关系和利他行为。1967年，他无意间发现基因之间的互相残杀行为，具体内容我会在第四章中详细阐述。到了20世纪80年代，他预见同行们将大力宣扬互惠原则是人类合作的关键。在本书中，我们会一次次地发现，我们正是沿着汉密尔顿的足迹探寻世界。

在来自密歇根大学的两名同事的帮助下，汉密尔顿建立了性和疾病的计算机模式，一种人造生命。该程序始于200种虚拟的生物，它们都像人类一样，从14岁开始生育，持续到35岁左右，而且每年生育一次。但计算机会随机让它们中的一些进行有性生殖，其他的进行无性生殖。死亡是随机发生的。不出所料，计算机模式每次启动，有性生殖的个体都会面临灭绝的危险。在其他条件不变的情况下，有性生殖和无性生殖的竞赛，每次都以无性生殖获胜而告终。

接下来，他们引进了几种不同的寄生物，每种各200只。寄生物的威力取决于"致病基因"，这恰好与寄主体内的"抗病基因"相对应。在每一个世代中，抗病性最弱的寄主和毒性最弱的寄生物都会遭到淘汰。于是，无性物种不再具有先天的优势，有性物种常常在竞争中获胜。若每种生物中都有大量的抗病基因和致病基因，有性生殖的优势将更加明显。

与我们预想的一样，在这种模式中，抗病基因越变越常见，而致病基因也随之趋于常见。因此抗病基因越来越少，而致病基因便乘机而入。正如汉密尔顿所说："对抗寄生物的模式正在不断地落伍。"但无性物种的情况则与此截然不同：无性物种不受欢迎的基因并不会被淘汰，基因的数目一旦变得相对稀有，就不会继续减少，反而会逐渐恢复。汉密尔顿写道："在我们的理论中，性的本质在于储存目前没有用的基因，但在将来的某个时候它可以派上用场。性不断地尝试将基因重组，等待不利条件消失。"永恒、理想的抗病能力并不存在，瞬息万变才是常态。

汉密尔顿做了一个模拟实验：计算机屏幕上有一个红色透明的立方体，里面有两条线，一条是绿色的，另一条是蓝色的，它们像慢镜头中的烟火一样在彼此追逐。到底发生了什么呢？实际上，这是寄生物在利用基因空间追逐寄主，说得更具体一点儿，立方体的每条轴线都代表相同基因的不同版本，寄生物和寄主都在不停地改变基因组合。大约过了一半的时间，寄主最终停在了立方体的一个角落里，它已经耗尽了基因的多样性。突变错误可以有效地防止这种情况发生，即使没有突变错误，它也会自发地出错。虽然起始条件是确定的，但接下来发生的一切都是完全不可测的，偶然因素完全可以忽略。有时两条线沿着立方体的边缘，以稳定的速度彼此追逐,50个世代改变一个基因，接下来再改变另一个基因，如此往复，有时会出现奇怪的波浪和圆圈，有时就是纯粹的混乱。两条线在立方体中彼此追逐，就像彩色的意式面条，很是奇特。

当然，这个模式并不等同于真实的世界。它没有解决问题的争端，只是建立了一个战舰模式，证明真正的战舰的确可以漂浮在水面上。但它帮助我们确定了红皇后不停奔跑的环境。一个极度简化版的人类和一个怪异简化版的寄生物，不断地以周期或随机的方式改变着基因。双方一直在改变，从未停止，但也从未离开，只要性存在，二者最终都会回到原点。

高海拔地区的性

汉密尔顿的疾病理论和康德拉肖夫的突变理论做出了许多相同的预测。就像草坪洒水车和暴雨都会淋湿车道，但哪个才是真正的原因呢？近些年诸多生态证据支持汉密尔顿理论。在某些栖息地，突变很普遍，而疾病却不多见。在高山上，强紫外线照射会破坏基因并导致突变。若康德拉肖夫的说法是正确的，那么性应该在高山地区很普遍，但事实恰恰相反。高山花卉一般都采用无性生殖方式繁衍。有些花，若生长在山顶地区采用的是无性生殖繁衍，而若生长在山脚下，则采用有性繁衍。在五种高山雏菊中，无性生殖品种的生长地海拔都高于有性生殖品种。在只生活在非常高海拔地区的黄石地雏菊中，发现过一个有性群体，这是距离海平面最近的地雏菊。

之前对此现象的所有解释几乎都不涉及寄生物。海拔越高，气候越寒冷，昆虫授粉的机会就越少。若康德拉肖夫的观点是正确的，这些因素便都不再重要了。海拔效应也反映在纬度效应上。用教科书上的话来说，如果你从热带地区去往两极地区，你就会发现蜱虫、虱子、臭虫、苍蝇、飞蛾、甲虫、蚱蜢和千足虫等的雄性都消失了。

另外一种观点也符合寄生物理论，即大多数无性的植物都是一年生植物。寿命长的树木会面临更为严峻的问题，因为寄生物有充分的时间去适应树木的基因防御功能。例如，受到介壳虫侵扰的北美黄杉，其老树的被侵蚀程度要比小树苗严重。当两位科学家把介壳虫转移到另一棵树上时，他们发现老树之所以受侵蚀程度严重并不是因为老树衰弱而是因为介壳虫的适应能力太强。繁殖完全相同的后代，对树木来说不是一件好事，因为适应能力强的昆虫会迅速在树苗上繁殖。相反，如果树木采取有性生殖的方式，就可以繁衍出不同的后代。

疾病限制了生物的寿命，过长的生命也只会让寄生物有足够的时间去适应环境，没有太大的意义。至于紫杉、狐尾松、巨杉如何侥幸存活了数千年，目前还无据可查，但它们的树皮和树干中的化学物质具有显著的抗腐化能力。在加州的内华达山脉，枯倒的红杉树干虽然部分被数百年前的巨大的松树根覆盖着，但它的树干依旧坚硬、鲜活如初。

以此类推，同步开花的竹子大概也和性、疾病有一定关联。有些竹子每隔121年在世界各地同时开花一次，然后死亡。这种做法让子孙后代获得了许多好处。它们不需要和父辈竞争。当父辈死后寄生物也随之消失了。（对猎食者也会造成一定威胁，竹子开花的时节，熊猫会面临食物危机。）

另外，更奇特的是，就连寄生物本身也多为有性生物，尽管这会给寄生物本身带来巨大的不便。人类血管里面的血吸虫不能到外界寻找交配对象，可是一旦在人体内偶遇拥有不同基因的血吸虫，它们就会进行有性生殖。因此可以说，为了和有性生殖的寄主竞争，寄生物也需要性。

无性的蜗牛

上述种种都来自自然历史的提示，并没有任何严谨的科学实验可以证实。当然，我们也发现了少量支持寄生物有性繁殖理论的直接证据。研究红皇后效应最为透彻的是定居新西兰的美国生物学家柯蒂斯·莱弗利。当他还是学生时，一次关于性进化的论文作业让他对这个理论产生了浓厚的兴趣。从那以后，他便放弃了其他研究，下决心要解决性的问题。他前往新西兰，研究当地溪流和湖泊中的水蜗牛，他发现许多水蜗牛种群只有雌性，是处女生殖，但也有一些种群采用有性生殖，雌雄交配，并产下有性的后代。因此他选定这些蜗牛作为实验对象，通过计算雄性的数量，大概估计出性在这个物种中的优势。他的假设是，如果善变的牧师理论正确，蜗牛需要用有性生殖来适应变化，那么溪流中的雄蜗牛的数量应该大于湖泊中雄蜗牛的数量，因为溪流是变化多端的栖息地；如果纠缠的河岸理论正确，蜗牛间的竞争是性的起因，那么湖泊中的雄蜗牛的数量应该大于溪流中雄蜗牛的数量，因为湖泊是稳定、拥挤的栖息地；如果红皇后效应是正确的，那么应该在寄生物多的地方发现更多的雄蜗牛。

实际上，湖泊中生活着更多的雄蜗牛。湖泊中的蜗牛大约12%为雄性。相比之下，溪流中的雄蜗牛平均只占2%。如此说来，善变的牧师理论就被排除在外。但湖泊中寄生物的数量明显较多，所以红皇后效应依旧适用。柯蒂斯·莱弗利越深入研究，就越觉得红皇后效应有发展前景。没有寄生物，就不会有高度发展的有性种群。

但此时，柯蒂斯·莱弗利还不能完全排除纠缠的河岸理论。之后他再次回到新西兰，重复上述实验，试图查明蜗牛和寄生物在基因方面的适应度。他从一个湖中取出寄生物，设法让阿尔卑斯山另一边湖中的蜗牛感染。结果发现，寄生物在原来的湖中更容易感染蜗牛。最初，这听起来好像对红皇后效应不利，柯蒂斯·莱弗利却意识到事实并非如此。期望原来湖中的蜗牛具有较强的抵抗力，这是一种以寄主为中心的观点。寄生物不断地设法攻破蜗牛的防御，很可能寄生物“新移民”开启蜗牛之锁的钥匙只是稍微慢了一步而已。而另一片湖中的蜗牛却拥有完全不同的防御措施。一种名为“微茎”(Microphallus)的微生物，可以使蜗牛节育，从而使拥有新锁的蜗牛获得了巨大成功。目前，柯蒂斯·莱弗利正在实验室潜心研究，试图确定寄生物的存在真的能够阻止无性生殖的蜗牛取代有性生殖的蜗牛。

新西兰的蜗牛实验在很大程度上满足了红皇后效应批评者的需求，但柯蒂斯·莱弗利的另一项研究——墨西哥鲦科鱼的研究，对他们的影响则更为深远。这些小鱼有时会和相似种类的鱼杂交生下三倍体杂交鱼（独揽三种不同基因的鱼）。这种杂交鱼无法进行有性生殖，但每只雌性处女鱼只要接收到正常鱼的精子，就可以克隆出和自己一样的小鱼。柯蒂斯·莱弗利和新泽西罗格斯大学的罗伯特·维里詹霍克（Robert Vrijenhoek）分别从三个池塘中抓取鲦科鱼，然后计算由黑斑病引起的囊肿数目。第一个池塘中，杂交鱼的黑斑数量远大于有性繁殖的鲦科鱼，其中体型越大的鱼，黑斑越多。第二个池塘中，两种无性克隆后代共同存在，那些较为普通的克隆鱼黑斑较多，而其他那些罕见的克隆品种及有性繁殖出的鱼几乎都对感染有免疫力。正如柯蒂斯所预测的那样，寄生物不断地调试钥匙，以适应池塘中最普遍的锁，即池塘中最常见的克隆体。因为寄生虫与普通克隆体相遇的机会最多。而其他罕见克隆体和有性鲦科鱼拥有不同的门锁，所以相对安全。

最有意思的是第三个池塘中的情况。这个池塘在1976年曾一度干涸，两年后重新进驻的鲦科鱼屈指可数。因此，到了1983年，这里面几乎所有的鲦科鱼都在进行近亲交配。在同一个池塘中，有性生殖的鲦科鱼比无性克隆个体更易感染黑斑病。没多久，该池塘95%以上的鲦科鱼都由无性克隆产生。这就完全符合了红皇后效应，即没有基因变异，性就没有什么用处。若只有一种门锁可用，那么改变门锁就毫无意义。后来柯蒂斯和罗伯特又在池塘中放入一些有性生殖的雌性鳉科鱼，这样又生成了一些新品种的门锁。在仅仅两年的时间内，有性后代对黑斑病都具有了免疫力。黑斑病开始转而攻击杂交的克隆品种。最后80%以上的鱼都成了有性繁殖个体。由此看来，性要克服双重不利的情况，只需要将小部分基因多样化就可以。

对鳉科鱼的研究，完美地展示了在寄主陷入困境时，性是如何帮助寄主击退寄生物的。正如约翰·图比所言，寄生物没有选择或不选择的权利，它们只能不停地选择。在竞争过程中，他们必须不断地追逐最普通的寄主，同时也促进了稀少品种寄主的发展。寄生物的钥匙越符合寄主的门锁，寄主就越要迅速更换门锁。

性让寄生物不断地猜测。在智利，引进的欧洲刺藤植物如灾害般蔓延，于是锈菌被引入以控制其野蛮生长。无性繁殖的荆棘的后代很快被控制住了，而锈菌却对有性繁殖的品种无效。不同品种杂交的大麦或小麦的长势要明显好于纯种的，这种优势大概有2/3是因为霉菌在杂交品种中更不易存活。

寻求不稳定性

历史上红皇后效应对性的解释是科学综合不同的方法来解决问题的典范。汉密尔顿等人提出的寄生物和性的观点并不是凭空而来，他们是三条不同研究路线的受益人，如今三条线的调查终于合并成了一条主线。第一个就是发现寄生物可以控制物种的数量，并引起物种循环。阿尔弗雷德·洛特卡（Alfred Lotka）和维托·沃尔特拉（Vito Volterra）早在1920年间就发现了端倪。到了20世纪70年代，罗伯特·梅（Robert May）和罗伊·安德森（Roy Anderson）对该观点进行了具体的补充说明。第二个就是霍尔丹等人于40年代发现了丰富的多态性，这是一种奇怪的现象，即每个基因都有非常多的版本，而且似乎有种神秘的东西阻止其中一种基因驱逐其他的基因。第三个就是沃尔特·博德默（Walter Bodmer）和其他一些医学科学家发现了抵御寄生物的系统是如何运作的，基因抵御寄生物的方式类似锁和钥匙系统。汉密尔顿综合了以上三条发现后认为：寄生物和寄主之间不断对抗，抵抗基因不断地变换、升级，于是出现了一整套不同版本的基因。如果没有性，这一切就不会发生。

这三项研究的突破性进展在于它们放弃了稳定性的观念。洛特卡和沃尔特拉比较关注寄生物是否能够稳定地控制寄主的数量，霍尔丹则着眼于多态性是如何长时间保持稳定的。汉密尔顿与他们的不同之处在于：别人希望寻求稳定，他却为了研究性理论力求看到更多的变化和动力。

该理论的主要弱点在于，它要求染病率和抵抗力必须循环往复，也就是说，优势常常像钟摆一样在二者之间左右摇摆。自然界中存在许多有规律的循环。旅鼠和一些其他啮齿类动物，每三年会有一个繁殖高峰，其他时间则处于繁殖低谷；苏格兰松鸡也会经历固定的繁盛和稀缺的循环周期，大约每四年有一次繁殖高峰，这些变化都是由寄生物引起的。但偶尔出现的蝗灾和人口的稳步增长或衰退，才是正常的现象。抗病性基因的版本本身就有周期性变化，但似乎人类一直没有注意到这一点。

蛭形轮虫之谜

虽然性存在的原因已经讨论过了，现在我们还需要回到蛭形轮虫的例子中看一看。蛭形轮虫是一种生长在淡水中的微小生命体，从来没有性行为，梅纳德·史密斯把这一现象称为“丑闻”。若红皇后效应是正确的，蛭形轮虫一定有某种免疫疾病的方法以及抵御寄生物的机制。这样一来，它们即便是例外，也不会削弱红皇后效应，反而可以证明这一效应。

也许蛭形轮虫的“丑闻”会成为解决问题的关键所在。但在传统的性科学中，它仍然是双向的。目前解释蛭形轮虫无性状况的两种理论的观点截然不同。

第一个理论来自马修·梅塞尔森，他认为基因插入对蛭形轮虫来说不是问题，它们不需要性来净化基因。这个理论比较符合康德拉肖夫的想法，和汉密尔顿的理论也有所关联。第二个理论是传统的汉密尔顿式的解释。牛津大学的理查德·雷德（Richard Ladle）意识到，有些动物种群可以让自己脱掉90%的水分却不会死亡。这需要惊人的生化技能，它们不采用有性生殖，比如缓步类动物、线虫和蛭形轮虫。有的蛭形轮虫脱水后变成细小的微粒，混在尘土中随风四处飘荡，这一点是有性生殖的单巢蛭形轮虫无法做到的（尽管它们的卵可以）。雷德认为脱水也许就是抵御寄生物最有效的策略，可他却不能解释为什么寄生物比寄主更加介意这种脱水的状态，不管怎样，病毒只是分子颗粒，因此即便脱水，它也可以存活。然而，他似乎有了新发现。线虫和缓步类动物是不会脱水的，它们都属于有性生殖的物种，能够脱水的个体，一律都是采用无性生殖方式的雌性。

红皇后效应至今还没有征服所有的反对者，社会中还存在一些零星抵抗的声音。在亚利桑那州、威斯康星州和得克萨斯州仍然活跃着一些坚持基因修复理论的顽固分子。康德拉肖夫的观点也不时会吸引一些新的追随者。几位纠缠的河岸理论支持者还偶尔会从实验室中找出一些反驳的例证。梅纳德·史密斯坚称自己仍然是一个多元论者。格雷厄姆·贝尔放弃了纠缠的河岸理论中的统一论调，这一观点曾在他的《大自然的杰作》（*The Masterpiece of Nature*）一书中有所体现，但他还是不能完全信服红皇后效应。乔治·威廉姆斯认为性是人类无法摆脱的历史偶然事件。乔·费尔森斯坦（Joe Felsenstein）更是认为整个争论和假设本身就是个错误，就像争辩为什么碗里加入金鱼后，水的重量依然不变一样荒谬。众说纷纭中，奥斯丁·伯特提出了一个惊人的观点，即红皇后效应和康德拉肖夫的突变理论只不过是魏斯曼理论的详细论证而已。魏斯曼认为性支持加速进化所需的变异，而且循环已经完成。汉密尔顿也承认，纯粹的红皇后效应也许需要一些时间和空间的变化，才能真正地发挥作用。1992年汉密尔顿和康德拉肖夫第一次在俄亥俄州会面，他们达成共识，除非发现更多的证据，否则他们将各持己见。但科学家认为，提出理论的人永远不会承认失败。我相信，一个世纪之后，生物学家回顾这段历程，一定会宣告善变的牧师理论败给纠缠的河岸理论，并且被红皇后效应砍倒在地。

性与疾病相关。它主要用于对抗寄生物。生物体需要性以保证自己的基因领先于寄生物一步。男人毕竟不是多余的，他是女人预防子女感染流行性感冒或天花的保险单（如果这算是一种安慰的话）。女人需要精子与卵子结合，否则后代都会受到获得了基因钥匙的寄生物的侵袭。

男人不要忙着为抵抗病毒的新角色欢呼雀跃，因为他们存在的目的正遭遇新的威胁。这一噩耗又让他们不寒而栗。比如很多真菌都是有性繁殖，但却没有雄性。真菌有成千上万种不同性别，但形态相同，都能够在平等条件下交配，但不能自我交配。动物界也有许多类似的生物，例如雌雄同体的蚯蚓。所以采用有性生殖的方式并不意味着需要性，更遑论只有男女这两种不同的性别了。的确，乍一看，只有两种性是最愚蠢的繁衍方式，因为这意味着物种中一半的个体不能成为其生育的伴侣。如果人类也是雌雄同体，其他所有人都会成为我们潜在的生育伴侣。如果人类像毒菌一样，有10000种性别，那么99%的同伴都会成为我们的生育伴侣。如果人类有3种性别，那么生育伴侣可能占总数的2/3。如此说来，红皇后效应对于人类为什么有性别的解释，只是万里长征的第一步而已。

第四章

基因变异与性别

乌龟藏身于龟甲中，
性也随之隐藏起来。
乌龟真是聪明无比，
在困境中却能多产。

——奥格登·纳什

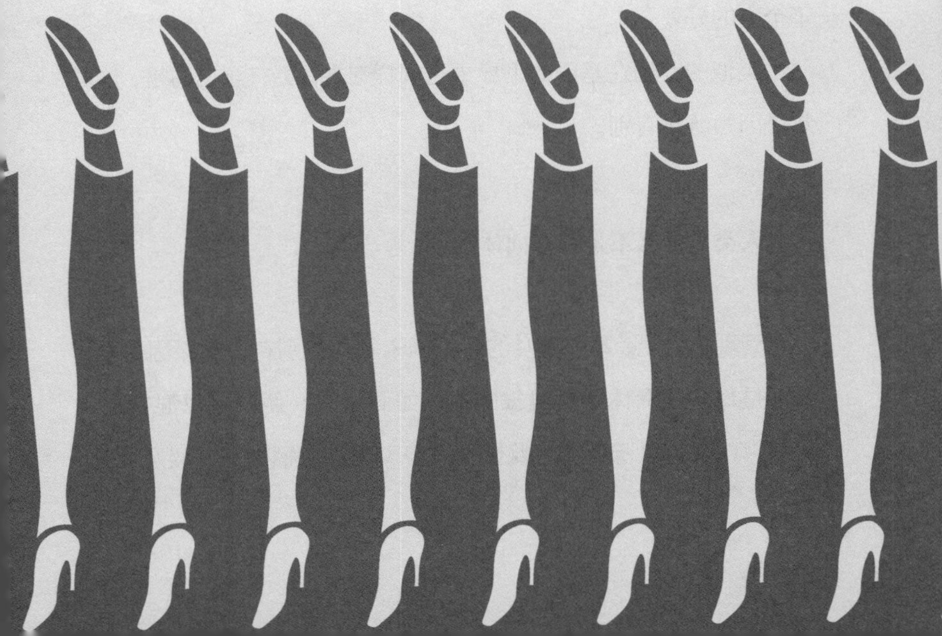

中世纪时，英国的村庄都有一块专门用于放牧的公地。村民可以随便到这里放养牲口，但过度放牧致使土地贫瘠，所产的牧草仅能供给几头牛羊食用。如果每个村民都能有所节制的话，那这片土地可以供养更多的家畜。

“公地悲剧”在人类发展史上无数次地重演。每个渔场开发不久就会出现捕捞过度的现象，而渔民则陷入贫困的深渊。同样，鲸鱼、森林和土地蓄水层也出现了同样的问题。公地悲剧，从经济学家的角度来看，这是一个所有权的问题：公地或渔场往往没有单一的所有权，过度放牧和过度捕捞的恶果也将由大众均摊。但现实却是，过度放牧或过度捕捞的人从中获得了更多的利益。结果导致利益归个人私有，代价却由公众均摊。这是一张个人致富的单程票，也是一张村落变穷的单程票。个人的合理行为造成集体的不合理后果。随心所欲的人以牺牲遵纪守法的公民的利益为代价，赢取了个人的好处。

类似的问题在基因的世界中也同样存在。更有意思的是，这竟然是因为雌雄有别。

人类为什么不是雌雄同体？

到现在为止，本书涉及的理论尚未解释性别存在的原因。为什么不是每种生命体都是雌雄同体？如此一来，便既可以混合别人的基因，又可以避免身为雌性却不得不为雄性牺牲呢？谈及此处，那世界上为什么非得有两种性别，即使是在雌雄同体的生物中也是如此呢？为什么不能让两性都具有相同的基因？若不先解决“为何要有性别”的问题，“为何要有性”的问题便无从说起。

事实上，这个问题是有答案的。本章节所涉及的是红皇后效应中最奇特的部分，它有一个很乏味的名字——基因冲突，说得直白些，就是探讨和谐与自私、体内基因之间的利益与冲突、自行其是的基因和违法乱纪的基因。该理论认为，许多有性生物的特质都是对这种冲突的反应，而不是为了便利个体，它“赋予了进化过程一种不稳定、相互反应的历史特性”。

实际上，人类身体里的30000对基因，就好像居住在村庄里的75000个村民一样，各自扮演着它们的角色。在人类社会中，私有企业和社会合作之间总是矛盾重重，人体内的基因活动也是如此。没有合作，社会也就不能成其社会。若每个人都为了个人利益而牺牲他人的利益，甚至不惜说谎、诈骗、偷盗以获取财富，那么一切商业活动、政府活动、教育活动以及体育活动都会因遭遇信任危机而不得不停止。同理，如果基因间没有合作，它们所居住的人体就不能将基因传给后代，因为没有合作，就无法形成人体。

上一代的大部分生物学家还不能理解其中的“玄机”。他们会认为基因又没有意识，当然不会合作。在人们眼中，它们只是一群听从指令、毫无生命可言的分子，促使它们井然有序地工作、创造人体是神奇的生化过程，并不是民主决策。但是，在威廉姆斯和汉密尔顿引领的革命中，越来越多的生物学家认为，基因类似积极而又精明的个体。不过这并不是说，基因会思考或者会为了未来的目标而奋斗，起码稍微严谨一些的生物学家不会这么认为。但不寻常而又符合目的论的事实告诉我们，进化是自然选择的过程，而自然选择意味着只有强大的基因才能够增强自身存活的机会。因此，现在的基因就是最初适合传给后代的基因的后裔。那么，能够增大自身存活机会的基因，是为了生存而从事这些工作的。通力协作来组成完整的人体是基因有效的生存策略，正如通过精诚合作来经营一个城镇是人类成功的社会策略一样。

然而人类社会并没有达到理想的互相合作的状态，私有企业之间的竞争是不可避免的。苏联的共产主义模式就恰恰说明了这一点，它的构想简单而美丽——社会成员各尽所能，按需分配。但构想和实际总是相差甚远。人们想不明白为什么在这种体制中，自己付出了艰辛的劳动，却得不到应有的奖励，反而要与他人分享自己的劳动成果。而且，苏联共产主义模式下的强制合作极易受到个人自私和野心的影响。同样，若体内的某种基因可以增加个体的生存机会，但却阻止了人类的繁衍，或这种基因并不能通过繁衍遗传下去，那么该基因必定灭亡，它的功能也会随之消失。

在合作与竞争中寻找平衡点，一直是西方政治几百年来的目标。经济学家亚当·斯密认识到，适度释放个人的野心比计划经济更能满足个人的经济需求。然而就算是推崇自由经济的亚当·斯密，也不能宣称自由市场会创造出理想社会“乌托邦”。当今自由主义的政治家都会倡导对个人行为采取管理、监督和征税等措施，以防止一些商人为了满足个人私利而伤害别人的利益。史密斯热带研究所的生物学家埃格伯特·利（Egbert Leigh）指出："人类文明尚需利用智力创造一个社会，容许为社会公益服务的人，进行自由竞争。"基因世界也面临着同样的问题，每个基因都会尽其所能，把自己延续到下一代。基因之间的合作很明显，竞争也同样明显。但正是竞争导致了性别的产生。

几十亿年前，生命从太古浑汤中出现。牺牲他人来无限复制自己的分子越来越多，其中的一些分子发现了分工合作的好处，于是它们开始组装成染色体来管理细胞，细胞帮助它们更有效地完成了染色体的复制。以同样的方式，一小批农民、铁匠和木匠组成了合作单位，我们现在将之称为"村庄"。染色体逐渐发现有几种细胞可以结合成超级细胞，就如同一些村庄逐步发展成为部落。一组各不相同的细菌就这样进化成为现在的细胞。那些细胞逐步结合进而演变成了如今的动物、植物和真菌等大的基因聚合体，正如部落发展成诸侯国，诸侯国又进一步发展成帝国一般。

社会若没有法制来保护公共利益，自私自利之风势必盛行。基因世界亦是如此。后代对于某基因的评价标准只有一个：它是否成了其他基因的祖先。在很大程度上它必须牺牲其他的基因以达到自己的目的，就像大部分人为了获取财富都会试图劝说（合法或非法的）别人舍弃应得的利益一样。如果基因没有同盟，所有其他基因都会成为它的敌人。假如基因一旦结盟，由于拥有共同的利益，它们就会一同攻击敌对的同盟，分享胜利成果。这种情况正如波音公司的员工因公司业绩超过空中巴士而获利一样。

病毒和细菌的世界也大致如此，它们像是基因队伍中可随意调遣的车辆。基因队伍之间竞争相当激烈，但成员之间却十分团结。但当细菌融合成细胞，细胞融合成了有机体时，这种和谐就会被打破，其原因下面就会谈到。它必须由“法律”和“官僚机构”重新规定。

即使在细菌的层面，上述情况也不一定完全适用。我们思考一下，在细菌群中出现一个新的增压突变基因，它比同类其他基因优秀，但它的命运还是取决于整个团队的质量。更通俗地说，就像优秀的工程师就职于一个没有发展的小公司中或杰出的运动员被困在二流队伍中，他们当然会选择跳槽。所以我们也预期细菌基因会发明一种方式，把自己从一个细菌个体转移到另一个细菌个体中。

基因的确这么做了，我们称之为“接合”，人们普遍认为它是性的一种形式。两种细菌由狭窄的管子连接，交换一些基因的副本。与性不同的是它不会产生新的基因，这很罕见。但从其他任何方面来看，它就是性，是基因的交易。

渥太华大学的唐纳尔·希克利(Donal Hicrey)和加利福尼亚大学的迈克尔·罗斯(Michael Rose)在20世纪80年代初首次提出细菌的性不是为了细菌，而是为了单个基因出现的，即为了球员而不是整个球队。这就是说，基因为了个人的利益而牺牲了队友的利益，离开现有的团队转入了更优秀的队伍。他们的理论不能全面地解释为什么性在动物界和植物界如此普遍，也不足以挑战之前所讨论的理论。但他们却指出整个性过程是如何开始的，也就是说，揭开了性起源的面纱。

从个体基因的角度来说，性可以横向或纵向拓展。如果基因可以使它的载体产生性，对它自身来说就是一种优势（更恰当的说法是，它更有可能为自己留下后代），即使这对个体来说也许是一种伤害。正如狂犬病毒使狗见什么咬什么，这样一来，病毒就可以传播到其他狗的身上。基因也是如此，它使载体拥有了性，那么它便可以进入别的谱系。

希克利和罗斯对所谓转座子或跳跃基因十分感兴趣。跳跃基因能够从染色体中分离再黏合到其他染色体上。1980年，两组科学家同时得出一个结论，转座子以牺牲其他的基因为代价来传播自己的复制版本，它是“自私”或寄生DNA的典型例子。科学家没能找出跳跃基因对个体有利的原因，而是指出它不利于个体却有利于跳跃基因。行凶抢劫者和违法乱纪之徒对社会都是有害的，他们自私自利，是损人利己的。这种跳跃基因在理查德·道金斯眼里就是一种“非法基因”。希克利注意到跳跃基因一般出现在远交系繁殖的有性生物中，在近亲繁殖和无性生殖中则极为少见。他利用数学公式进行计算，结果表明寄生基因即使对寄主个体有不良的影响，但它依然大有用处。他还发现一些酵母菌寄生基因在有性生殖中传播迅速，而在无性生殖中则较为缓慢。这类基因大多在质体或单独的DNA链上。事实证明，细菌中的质粒可以引发接合作用，并依靠接合作用传播。这种情况恰似狂犬病毒促使狗乱咬一气，从而使病毒得到扩散。此种流氓基因与感染病毒之间似乎没有明确的界限。

没有后代的亚伯

尽管有一些叛逆，但细菌的团队还是比较和谐的。即使稍微复杂一些的变形虫也是由远古时代各种原始的细菌队伍组成的，团队利益和个体成员利益没有明显的区别。但在更为复杂的生物体中，基因牺牲同伴来发展壮大自己的概率就会大大增加。

动植物的基因常发生不利于整体的叛变，但叛变往往会遭到阻遏，成功的机会不大。在某些雌性面粉甲壳虫中存在着一种基因，能够杀死那些没有遗传它的特质的后代。就好像基因在所有雌性后代身体里都埋下了暗雷，只有确认是服从者时雷管才会被拆除。自私的B染色体的全部生存意义就是侵入昆虫的每个卵中，以确保基因都传给了下一代，除此之外，别无他用。有种介壳虫拥有更奇异的寄生基因，卵子受精时，有时穿透卵子的精子不止一个，当这种情况发生时，其中一个精子会和卵子以正常的方式结合，而剩余的精子会陪伴在受精卵左右，随着受精卵的分裂而开始分裂。当介壳虫长大之后，寄生的精子细胞便会吞掉它的生殖腺，然后取而代之。因此，介壳虫生产的精子或卵子与它本身并无关联，这是一种令人惊讶的基因“绿帽子”。

性发生之际是自私基因出现的最佳时机。大多数动植物都是二倍体，它们的基因是成双成对出现的。但在两组不同的基因之间，二倍体是一种不稳定的伙伴关系。当伙伴关系结束时，情况就会变得紧张起来。这种伙伴关系随着性的发生而结束。减数分裂是性的主要遗传程序，成对基因被分开变成单倍体的卵子和精子，从而每一个基因都有机会牺牲同伴的利益而获利。如果它垄断了卵子或精子，就有繁殖兴旺的机会，但这是以剥夺伙伴的机会为代价的。

近年来，一群年轻的生物学家就这个问题进行了深入探索。其中较为杰出的是加利福尼亚大学的史蒂夫·弗兰克（Steve Frank）、劳伦斯·赫斯特（Laurence Hurst）、安德鲁·波米安可夫斯基（Andrew Pomiankowski）、大卫·海格（David Haig）和牛津大学的艾伦·格拉芬（Alan Grafen）。他们的理论是这样的：女人怀孕时，她的胚胎只能获得她的一半基因，这一半是幸运的，而不幸的另一半只有苦苦地等待女人下一次怀孕了。人体23对基因组，其中一半来自父亲，另一半来自母亲。当一个个体在制造精子或卵子时，它会从自身的每对基因中选取一个，精子或卵子中的23条基因可能全部来自个体从母亲那里继承来的23条，也可能全部来自父亲，当然更有可能是二者都有。自私的基因因为表现良好，抢到了大半进入胚胎的机会。它们会为此杀掉敌对的基因——来自另一个祖辈的基因。

事实上，这种基因确实存在。某种果蝇的染色体带有“分离变相因子”基因，当它们遇到含有不同版本染色体的精子时，就会将其一网打尽。如此一来，这种果蝇制造的精子只是正常数量的一半，并全部带有分离变相因子基因，因此垄断了果蝇的后代。

我们把这种基因称为该隐。该隐和亚伯是一模一样的双胞胎，它杀死兄弟的同时也会伤害自己，因为它用来对付亚伯的武器是一种释放到细胞内的破坏酶—— 一种化学武器。为此，该隐只有做一套保护自己的“防毒面罩”（实际上，面罩是由击退破坏酶的基因组成的）。该隐设计的面具保护自己不被自己所释放的毒气伤害，结果该隐成了祖先而亚伯却绝了种。因此兄弟相残的基因会传播开来，就像杀人者最终占领了地球一样。分离变相因子与其他自相残杀的基因被称为“减数分裂驱动”，因为它们促成了减数分裂的过程，即伙伴关系的破裂，产生有偏见的结果。

这种减数分裂驱动基因存在于苍蝇、老鼠和其他少数生物之中，但相对较少。为什么？这与在人类社会里杀人者呈少数是同一个道理。其他基因的权利是受法律保护的。和人类一样，除了相互残杀，基因还有更重要的事情要做。带有亚伯染色体的基因随着亚伯死去而消亡，当然，亚伯基因如果能发明一种扰乱该隐基因的技术，它们还是会正常延续下去的。换句话说，能够阻遏减数分裂驱动的基因，必定也有和减数分裂驱动一样的扩数机会。红皇后的竞赛就是这个结果。

大卫·海格和艾伦·格拉芬相信这种现象是普遍存在的，它含有基因混杂，是整段染色体的交换。如果亚伯的染色体突然和该隐的染色体交换了位置，那么该隐的面具可能就会从该隐的染色体上转移到亚伯的染色体上。该隐就会痛不欲生而自杀，而亚伯则从此过上了幸福生活。

这种交换被称为“混杂交叠”。几乎在所有的二倍体的动植物染色体中，都会发生混杂交叠的情况。大部分科学家都认为这种混杂交叠除了能让基因更加彻底地融合之外，没有任何实际意义。而大卫和艾伦则提出了与之相反的观点，他们认为混杂交叠不需要提供任何此类功能，它仅仅是细胞内需要执行法律的形式。在理想世界里不需要警察，因为人们不会犯罪，警察的意义在于维护社会秩序，不在于修饰社会。那么，根据大卫和艾伦的观点，混杂交叠就充当了警察的角色，即维持染色体分裂的秩序，确保其公平。

就其性质而言，这种理论实在难以证实。大卫说，交叠是驱象剂，看不到大象，就可以认定驱象剂确实有效果。

该隐基因紧抱面具，不会因混杂交叠而分离，因此在老鼠、苍蝇体内还能得以存活。但性染色体更容易受到该隐基因的骚扰，因为性染色体不参与混杂的过程。

人类和许多动物的性别都是由遗传彩票决定的：如果从父母那里得到了一对X染色体，就是雌性；若是X和Y，就是雄性（鸟类、蜘蛛和蝴蝶的情况与之相反）。Y染色体含有决定成为雄性的基因，它既不能与X染色体共存也不能与之混杂。结果导致在X染色体上的该隐基因可以放心地抹杀Y染色体，而不会危及自身。这就扰乱了下一代的性别比例，造成了雌性数量偏多。这个后果由整个物种承担，但独占子代的好处却由该隐基因独享，正如前文所述的随心所欲的人导致公地悲剧的情况一样。

赞扬单边解除武装

总体而言，基因的公共利益超越了非法之徒的野心。正如埃格伯特·利所说的那样，“基因议会”能够贯彻它的意志，他指出，这个细胞官僚机构的旅程虽然有点儿滑稽，却最有利于我们解决在本章开头所提的问题：为什么有两种性别？对此，读者肯定不会满足。

耐心一点儿，本书选择的途径是寻找基因之间的冲突，这可以帮助我们找到答案。性别可以视为细胞官僚的规定。雄性产生精子或花粉，数以万计，个头矮小，极富活力；雌性则产生少量体积较大的，较为稳定的卵子。大小不是雄性和雌性配子之间唯一的区别，更显著的区别在于一些基因固定来源于母亲。1981年，哈佛大学的科学家勒达·科斯米德斯（Leda Cosmides）和约翰·图比（John Tooby）拼凑出对抗“基因议会”的基因叛变史。这种对抗迫使动物和植物的进化进入新的方向，从而导致了两种性别的形成。

到现在为止，我仍认为所有的基因都具有相同的遗传模式，但事实却并非完全如此。当精子使卵子受精时，它只是把自己的一堆细胞核贡献给了卵子，其余的部分则遗留在卵子外部。但并非所有父系基因都在细胞核内，一些细胞器中也含有少量父系基因，因此，这一小部分基因就被遗漏在受精卵之外了。细胞器可以大致分为两种——线粒体和叶绿素。线粒体利用氧气来吸取食物中的能量；叶绿素则可以通过阳光从空气和水分中提炼食物。这些细胞器显然都是生活于细胞内部的寄生物的后代，这些寄生物的生化技能可以充分被宿主本身利用，所以都被驯化了。作为原先自由生活的细菌的后代，细胞器拥有属于自己的基因。比如人体中的线粒体有37个自己的基因。我们问“为什么有两种性别”，就等于在问“为什么细胞器基因要通过母系遗传”。

为什么不干脆让精子的细胞器一起进入卵子？进化似乎在想方设法把父系的细胞器排除在外。在植物中，有一个狭长的管道阻止父系细胞器进入花粉囊；在动物中，精子进入卵子之时，会有更加严密的搜查程序用于去除细胞器。那么，为什么要这么做呢？

答案就隐藏在这个例外的案例里面——有一种叫作衣滴虫的藻类有两种类别，正性和负性，而不是雌雄两性。在这个物种中，当植物双亲的叶绿体进行消耗战的时候，摧毁了95%的叶绿体，而仅剩的5%叶绿体都来自正性。正性在数量上以绝对优势压倒了负性。但在这场劳民伤财的争斗中，整个细胞的能量都被严重削弱了。细胞核基因认为细胞的前途暗淡。它们之间的战争很像《罗密欧与朱丽叶》中亲王的两名下属相互争斗的情景：

> 目无法纪的臣民，扰乱治安的罪人，
>
> 你们的刀剑都被你们邻人的血玷污了——
>
> 他们不听我的话吗？喂，听着！你们这些人，你们这些畜生，
>
> 你们为了扑灭你们怨毒的怒焰，

不惜让殷红的血泉从你们的血管里喷涌出来；
若畏惧刑罚，赶快从你们血腥的手里丢掉你们的凶器，
静听你们震怒的君王的判决。
凯普莱特，蒙太古，
你们已经三次为了一句口头上的空言，
引发了市民械斗，扰乱了我们街道上的安宁，
……要是你们以后再在街市上闹事，
你们将付出生命的代价。

亲王很快发现就连严厉的谴责也无法压制他们之间的争斗，但如果他按照细胞核基因的方式去做，直截了当地消灭蒙太古一族，问题不就迎刃而解了吗？父系和母系细胞核却达成了关于屠杀来自父系的细胞器的协议（此举有利于雄性细胞核，而不是雄性细胞器），从而生产出能够存活的后代。所以负性中那些甘于牺牲自己的、温驯的细胞器主人就会迅速繁衍。这种模式还自动快速地矫正了杀手和被害者失衡的比例，使两种性别更加均衡。由此，两种性别就产生了，一种是提供细胞器的杀手，另外一种是不提供细胞器的被害者。

牛津大学的劳伦斯·赫斯特利用这一论点断言两种性别是性融合的结果。换而言之，在衣藻和大部分的动植物中，只要性包含融合的两个细胞，就会有两种性别。只要包含接合作用——两个细胞之间形成导管，沿着导管交换基因的细胞核——但不发生融合，

如此一来，既不会产生矛盾也不用杀死其中的一种性别。那些通过接合的方式来孕育后代的物种，如单细胞纤毛虫、蘑菇类，都具有许多不同的性别，而采取性融合的物种通常只分两性。还有一个特别令人满意的情况：有一种多细胞纤毛虫，在它的身上我们可以观察到两种性的形式，当它以性融合的方式孕育后代时，它就会变成两种性别；以接合的方式孕育后代，就会产生多种性别。

1991年，当劳伦斯准备对他的研究工作进行收尾的时候，他遇到了一个与他结论相悖的案例：一种拥有13种性别的黏菌却以性融合的方式繁衍后代。但在进一步深入研究中，他发现这13种性别有严格的等级排列。第13种性别不论与谁交配，都会贡献细胞器，而第12种性别只有与第11种及以下的性别交配时，才会贡献细胞器。这样一来它似乎跟两种性别的性的运作方式没有区别，但其程序却复杂得多。

精子的安全性技巧

和大多数动植物一样，人类也是有两种性别，并且进行性融合。但这种融合方式是经过修正与提升的。男人没有提供专供消灭的细胞器，精子只携带细胞核、线粒体引擎和鞭毛推进器。制造精子的细胞竭尽全力地剥离其余的细胞质，当精子与卵子相遇以后，线粒体和推进器都会被抛弃，只有细胞核得以长驱直入。

劳伦斯·赫斯特再次以疾病来解释这种现象。细胞中离经叛道的基因不止细胞器一个，还有众多的寄生物和细菌。适用于细胞器的理论也完全适用于它们。当细胞融合时，敌对的细菌会产生激烈的争斗。如果在卵子中幸福生活着的细菌群突然发现，有一群来自精子的细菌群要和它们抢占地盘，它们就必须为保卫自己的家园而奋起反抗。这很有可能意味着它们要放弃潜伏状态，以疾病的形式出现。关于感染敌对的细菌可能唤醒蛰伏疾病的案例有很多。例如，引起艾滋病的HIV病毒感染了人类大脑细胞后会潜伏其中，但如果巨细胞病毒侵袭感染了艾滋病的大脑，HIV病毒就会顿时从沉睡中清醒过来，并且迅速繁殖。所以感染了HIV病毒的患者若受到并发感染，就更容易引发艾滋病。艾滋病的另一个特点就是，它可以使原本在体内无害并且相安无事的各种细菌或病毒，如巨细胞病毒、带状疱疹等，在艾滋病发病期间变得极其活跃且攻击性很强。部分原因在于艾滋病是一种免疫系统疾病，所以人体对这些疾病的监控就会解除，但这也具有进化的意义。寄生物感觉寄主的生命即将结束，所以它们需要快速地繁衍生息。这也就是人为什么在身体虚弱的时候更容易受所谓机会性感染的侵袭。顺便说一句，一位科学家指出免疫交叉反应有可能是寄生物把竞争对手拒之门外的一种方式。

若敌人出现时，寄生物全力以赴对抗是有好处的，那么寄主阻止两种寄生物的交叉感染也是有好处的。发生性关系时是产生交叉感染最严重的时候。当精子与卵子相融合的时候，有可能带来许多细菌和病毒，它们的到来会唤醒卵子中的寄生物，并引发一场地盘争夺战，导致卵子受损或是死亡。因此，为了避免此类事件的发生，精子会避免把那些有可能携带病毒或细菌的物质带入卵子中。只有细胞核才会进入卵子，这就是安全的性。

关于这种理论我们很难找到现实依据，单细胞生物草履虫却可能间接支持了这个理论。草履虫之间是以接合的方式进行繁衍的，凭借窄管交换细胞核。这个过程非常卫生，因为只有细胞核才能通过导管。因为两个草履虫性交的时间不会超过两分钟，时间过长会增加细胞质进入导管的机会。这根导管很狭窄，细胞核刚好勉强通过。只有草履虫和它的近亲才拥有这种极其微小的细胞核（只用来储存基因，日常生活所需的较大细胞核都是复制品），可能绝非偶然。

做决定的时刻

性别就是用来解决双亲各自携带的细胞质基因冲突的产物。为了不让这种冲突危害子孙后代，一个理性的协议达成了——所有的细胞质基因都来自母系，因此父系的配子灵活小巧，数目众多，擅长移动，有利于找到卵子。性别是一种反社会习惯的官僚主义解决方案。

这虽然解释了为什么有两个性别并且其中一个配子稍大、另一个却较小的问题，但它并没有解释为什么无法同时具备两种性别，或者说为什么人类不是雌雄同体。植物或许就没有这个问题，因为大多数植物都是雌雄同体的。生物界有一个普遍的模式，具备行动能力的生物多为雌雄异体，而相反，那些固着植物如无柄植物或藤壶等多为雌雄同体。这个现象具有某种生态学的意义。花粉比种子轻，所以生产种子的花只能繁衍地区性的后代；而同时又生产花粉的花，却能诞下分布范围较大的后代。收益递减律只适用于种子，不适用于花粉。

然而这并没有给动物另辟蹊径的行为做出解释。其实，答案就藏在被遗落于卵子大门之外的那些细胞器里面。雄性细胞器的基因陷入了绝境，因为它们最终会被精子遗弃。人体的所有细胞器及其基因都来自母系，这对基因不利，因为它们生存的唯一目的就是繁衍遗传。每个雄性都是细胞器基因的终点，难怪这些基因会绞尽脑汁，自谋生路。对于雌雄同体的细胞器基因来说，最有效的解决办法就是利用宿主的所有资源，全力复制雌性，放弃雄性。

这并不是纯粹的幻想。雌雄同体的植物在不停地与那些试图毁坏雄性部分的叛逆细胞器基因进行斗争。迄今为止，科学家们在140多种植物中发现了“雄性杀手”的基因。它们会开花，但雄性花药[1]发育不良或无故凋谢，只产种子，不产花粉。导致这种现象的是细胞器中的基因，而不是细胞核的基因，无一例外。杀死花药，反叛基因可以把更多的基因信息转移到雌性种子里，从而得以传承。细胞核并没有偏袒雌性。的确，如果反叛者在大多数物种内成功地实现了这一目标，细胞核反而会作为唯一可以使植物产生花粉的

1　雄蕊的花粉囊。——编者注。

部分而得利。所以无论它们在哪里出现，雄性杀手基因都会遭受细胞核的“生育力恢复者”的包围。比如，玉米的细胞器中有两种断绝雄性细胞器基因，每个都会分别对应一个压制它们的细胞核恢复基因。类似的基因在烟草中至少存在8对。通过杂交不同的玉米品种，雄性细胞器的基因会免受细胞核的压制，因为来自亲代一方的监控者无法辨识来自另一亲代的叛徒。农民之所以希望采用杂交的方式，是因为整片没有雄性的玉米地无法自行授粉，植入一棵具有雄性的植株，可以获取高质高产的杂交种子。向日葵、高粱、甘蓝、番茄、玉米和其他农作物的雄性杀手/雌性生殖植株，是全球农民的主要经济来源。

我们很容易察觉雄性杀手是否在发挥作用。植物有两种类型：雌雄同体或者雌性，这种植物群叫作雌花两性花异株群，而雄花两性花异株（只有雄性和雌雄同株）还未被发现。粗略地说，约有一半植物是雌性，一半是雌雄同株。它们为什么会在单行道上中途停止呢？大概唯一的解释就是细胞器的雄性杀手基因和细胞核的生育恢复基因之间的持久斗争。在一定条件下，斗争形成了僵局，任何一方前进一步，另一方就会得利，从而迫使前者后退。雄性杀手基因越常见，恢复基因就越受欢迎，反之亦然。

相同的理论似乎不适用于动物界，因为许多动物不是雌雄同体。只有使被杀的雄性的姐妹获得额外的能力或资源，细胞器基因杀死雄性才有意义，因而雄性杀手的数目越来越少。在众多雌雄同体的植物中，如果雄性的作用消失，雌性功能就会增强，并且产出更多的种子。但雄性杀手基因——以老鼠为例——杀死一窝老鼠中的全部雄性，对于同窝的雌性小鼠毫无帮助，如果只因为在进化过程中雄性是细胞器的死穴而消灭雄性，这将是纯粹的积怨报复而已。

因此动物完结这场战争的方式和植物大相径庭。以一群雌雄同体的老鼠为例，因为突然发生变异，损伤了全部雄性性腺(睾丸)；因为拥有这种基因的雌性繁殖顺利，所以这种变异迅速蔓延开来；又因为不需要浪费多余的时间和精力制造精子，这群老鼠可以以两倍的速度繁衍。不久，老鼠种群中就演化出两类：雌雄同体和雌性。正如许多植物的做法一样，通过抑制雄性杀手基因，整个族群仍然可能恢复到雌雄同体的状态。但在这种抑制效应产生之前，其他突发情况可能已经发生了。

雄性在此阶段变成了稀有产品，而唯一可以产生精子的两性老鼠此时更具优势，因为只有它们能够制造所有雌性老鼠需要的精子。这时消灭雄性杀手的突变已不再有回报，反其道而行，才有利。此时如果出现雌性杀手基因，使得雌雄同体的雌性完全失去作用，集中贩卖精子，对于细胞核基因最为有利。如果情况真的变成这样，其余的雌雄同体由于既无雄性杀手又无雌性杀手，既要和纯粹雄性做斗争，又要和纯粹雌性做斗争，身份地位急剧下降。这时，大多数精子都带有雌性杀手基因，而等待受精的卵子又都带有雄性杀手基因，所有的后代都将被迫特殊化，于是就出现了性别的分化。

"你愿意为了避免付出雄性的代价而维持雌雄同体吗？"这个问题的答案很简单："愿意。"但这是一件非常难以实现的事情，我们都深陷两性的困惑之中。

纯种火鸡

动物通过区分性别，平息了细胞器的第一次叛变。但这仅仅是一次暂时性的胜利。不久，细胞器基因就重新开始了它们的反叛，这次它们准备杀死所有的雄性，只保留雌性。这看起来就像自杀，因为没有雄性的有性物种在一代之内就会全部灭绝，一切基因也会随之消逝。但细胞器并没有为之烦恼，原因有以下两点。第一，细胞器可以把所有的物种变为孤雌生殖，即不需要精子的处女生殖——事实上，这就等于完全消灭了性。第二，如同那些捕鲸者或者是捕鳕鱼的渔夫，也像公地的放牧人那样行动，即使从长远看这也是一种自我毁灭，但它们依然会寻求短期的竞争优势。一个理智的捕鲸人不会放过最后一对可以延续后代的鲸鱼，他必须在其他捕鲸人之前杀死它们才能获利。细胞器也是如此，它们不会为了避免灭种而放弃杀掉最后一个雄性，反正已经面临灭种的命运，死亡只是迟早的事。

让我们看看瓢虫的生育过程。当雄性卵子死后，雌性卵子会吃掉它们，就像在享受免费的午餐一般。迄今为止，研究发现在瓢虫、苍蝇、蝴蝶、黄蜂和甲虫等近30种生物中存在雄性杀手基因，它们都是在幼崽彼此竞争时出现的。那些雄性杀手基因并不存在于细胞器内，而是存在于这些昆虫细胞内的细菌里，这些细菌和细胞器一样，都被排除在精子之外。

在动物中，这种基因叫作“性别比例破坏者”。在至少12种被称为赤眼蜂的小型寄生蜂中，一种细菌感染可以让所有雌性生出来的后代均为雌性，即使未受精的卵也一样：这种蜂有一个特殊的性别决定系统可以使未受精卵孵出雄性幼蜂，从而保证了它们的后代延续。这种细菌也可以通过卵的细胞质进入下一代。因此，只要细菌存在，这种黄蜂祖祖辈辈就会保持孤雌繁殖的状态。当科学家用抗生素治疗黄蜂后，下一代又分化出了雌雄两性，盘尼西林居然治愈了孤雌生殖症。

20世纪50年代，马里兰州农业研究中心的科学家们发现，一些没有受精的火鸡蛋居然开始发育了。虽然他们竭尽全力，但这些火鸡蛋很少能发育超过正常的胚胎阶段。不过，在这期间，科学家却发现，给火鸡接种活的鸡痘病毒，可以使这种未受精火鸡蛋的比例从1%～2%增加至3%～16%。然后经过选种，并利用三种病毒，他们成功制造了名为波佐·格雷（Pozo Gray）火鸡的变种，这种火鸡所生的蛋几乎有一半不必受精就能开始发育。

如果火鸡可以，那么人类为什么不可以呢？劳伦斯·赫斯特潜心研究人体内可以改变性别的寄生物。1946年，法国一本不知名的科学周刊登出一则令人震惊的故事：一个女人引起了南溪地区一位医生的关注。当时她正怀着第二胎，她的第一个女儿在婴儿时期夭折，当她得知第二胎还是女儿时，她并不惊讶。对此，她解释说，她的家族中从没有生育过男孩。

她的故事是这样的：她是母亲的第9个女儿，而母亲是外祖母的第6个女儿。她的母亲没有兄弟，她也是如此。她的8个姐姐生育了37个女儿，没有儿子。她的5个阿姨生育了18个女儿，也没有儿子。她的家族，两代人都没有诞育下一个男孩，而是生下了72个女孩。

这种偶然事情，是有可能的，但它发生的概率微乎其微。调查这个事情的两名科学家，R. 林哈特（R.Lienhart）和H. 韦尔默兰（H.Vermelin）也都排除了有选择性打掉男孩的可能。这个家族的女人无一例外都有着较强的生育力，其中一个生养了12个女儿，有两个育有9个女儿，还有一个有8个女儿。科学家们推测她们的基因中可能存在某种细胞质，不论性染色体如何，都可以使每个胚胎变成女性。（顺便说一句，这个案例并没有处女生育的证据，因为这位女士的大姐是修女，没有生育。）

这个案例极大地激发了人们的兴趣。她的女儿和侄女们是否也只生育女孩？堂姐妹呢？南溪地区是否还有同样的家庭，这个地方的性别比例会因此改变吗？医生给出的解释正确吗？如果正确，那么是什么基因呢？那种所谓基因究竟在哪里？是在寄生物或者细胞器上吗？它是如何运作的？人们无从得知。

旅鼠的字母角逐游戏

除了南溪地区少数女性外，一般人类的性别是由他们的性染色体决定的。女性受孕前，有两种精子追逐卵子，分别携带X和Y染色体，那个先追上卵子的精子上的染色体决定了婴孩的性别。哺乳动物、鸟类、大部分动物和很多植物都是通过性染色体来决定性别的。一个X和一个Y染色体为雄性，两个X染色体为雌性。

制造性染色体、成功抑制叛逆细胞质基因，并没有真正达到让基因社会和谐的终极目标，因为性染色体决定了后代的性别。人类控制性别的基因是Y染色体，但携带X染色体和Y染色体的精子各占一半。如果想生女儿，男性必须以带X染色体的精子使女方受孕，这时受精卵就得不到Y基因。从Y染色体的角度来看，女儿似乎与父亲无关。因此，一个Y染色体若能杀死所有携带X染色体的精子，让自己独领风骚，必能繁殖兴旺。因此造成所有的后代都是男性并终将导致灭种，缺乏远见的Y染色体基因对这样的结果毫不在意。

汉密尔顿在1967年第一次提出这种“Y驱动”的现象。他预估出这种力量的危险性，很可能造成突如其来的种族灭绝。他开始好奇是什么样的原因阻止了灭种情况的发生。一种解决办法是钳制Y染色组，除了性别的决定作用外，剥夺它的其他权利。事实上，在大多数情况下，Y染色体组是遭受软禁的，只有少数基因能表达，其他绝大多数都静寂无声。很多物种的性别并不是由Y染色体决定的，而是由X染色体的数量和普通的染色体的数量的比率决定的。比如在鸟类中，一个X染色体不足以让小鸟雄性化，而两个X染色体就可以让它成为雄性，多数鸟类中的Y染色体已经完全消失了。

此时，红皇后效应正在发挥作用。大自然缺乏一个公平、合理的方法来确定性别，它不得不面对一系列无穷无尽的反叛事件。而压制了一个反叛却为另外一个反叛埋下了伏笔。所以用科斯米德斯和图比的话说，性别决定的过程就是一个充满毫无意义的复杂性，表现为不确定、脱序和（从个体角度来看）浪费的机制。

如果Y染色体具有冲力，那X染色体也有。肥硕的极地旅鼠因漫画家虚构其成群结队地从悬崖上跳下而闻名，在生物界它们是以数量突然暴增及当食物不足时数目又暴减而出名。不过它引发关注还有另外一个原因：决定性别的奇特方式。它有三种性染色体：W、X和Y。XY是雄性；XX、WX和WY均为雌性。YY则是一种不能存活的组合方式。具有冲力的X染色体突变为W，超越Y染色体抑制了雄性的功能，结果雌性泛滥。如此一来，稀少的雄性会迅速获得某种优势，有机会进化出某种能力以生产更多携带Y染色体的精子，但雄性却没有这么做。为什么呢？最开始，生物学家认为这与物种的数量暴增有关，在种群数量暴增时多生雌鼠应该是个好办法。然而近年来他们发现事实并非如此：保持雌性数量偏多是为了遗传而并非为了生态。

只生产Y染色体精子的雄性可以和拥有XX染色体的雌性交配，所生下的全部都是雄性（XY）的后代；或者和拥有WX染色体的雌性结合，生下的后代会是一半雌性一半雄性；抑或与拥有WY染色体的雌性结合。最后一种情况，只能获得WY的雌鼠，因为带有YY染色体的雄鼠是存活不下来的。所以，如果它与各种雌性交配，雄鼠和雌鼠的数目比例会是1：1，然而所有的雌鼠都是WY染色体，WY只能生育雌鼠。综上所述，只让精子生产Y染色体的行为，不能使性别比例平衡反而只会导致雌性过多。就旅鼠来说，即使出现新的性染色体也不能阻止反叛的染色体改变性别比例。

是运气还是选择？

并不是所有动物都有性染色体，因此我们也很难解释许多动物拥有性染色体的原因。它们的出现使性别分配变成了抽签：在一种武断的规则掌控下，性别比例保持了基本平衡。如果携带Y染色体的精子与卵子结合，生育的后代就是雄性；如果携带X染色体的精子与卵子结合，生育的后代就是雌性。然而，至少还有三种更好的决定性别的方式。

第一种，对于活动力较小的生物，选择适合性的机会性别。例如，选择与邻居拥有不同的性别，因为邻居很有可能成为它未来的伴侣。帽贝生下来的时候是雄性，在结束了艰辛游离的旅程、定居在岩石上的时候，就变成了雌性，而当另一只雄性定居在它的上面，这只雄性逐渐变成了雌性，第三只雄性亦是如此……渐渐地，大约十只或者更多的帽贝叠加在一起，位于底部的都是雌性，顶部的是雄性。类似的方式也出现在一些暗礁鱼身上，鱼群中大多数都是雌鱼，只有一条体型庞大的雄鱼，当唯一的雄性死后，体型最大的雌鱼就会变成雄性。蓝头濑鱼也会在长到一定大小的时候由雌性变成雄性。

从鱼的角度看，变性确有好处，因为雄性或雌性各有好处。体型较大的雌鱼产卵的数量只是比体型小的略多一点，而体型较大的雄性却可以打败情敌，赢得众多的妻妾，从而生下更多的后代。但小雄鱼比小雌鱼的情况要惨些，因为它不能赢得雌性伴侣。所以在多偶的物种中就出现了这种策略：体型小就当雌性，体型大就当雄性。

这种策略的优势很明显。以雌性的身份长大，并繁殖了一些后代，等到自身大到可以坐拥妻妾之时再转变为雄性。但奇怪的是，大多数哺乳类动物及鸟类并不采用这种策略，例如，未成年的雄鹿必须独身数年等待繁殖的机会，而它的姊妹却能每年怀孕生子。

第二种决定性别的方式是交由环境决定。一些鱼类、虾和爬行类动物的性别是由孵化时的温度决定的。温暖的环境会使龟蛋发育为雌性；而同样的温度却会令短吻鳄的蛋孵化为雄性。过冷和过热的温度都会令鳄鱼的蛋孵化成雌性小鳄鱼，只有在温度适中的环境中，它们才会变为雄性。（爬行动物的性别决定方法最具冒险精神。许多蜥蜴和蛇采用基因的方法，对于美洲蜥蜴而言，XY是雄性，XX是雌性，但对蛇类而言，XY是雌性，XX是雄性。）最奇特的则是大西洋中的银边鱼，大西洋北部的银边鱼和人类一样用基因来决定性别，而大西洋另一端的银边鱼胚胎的性别却是由周围的水温决定的。

环境决定性别是一种难以理解的方式。偏高的气温会导致雄性短吻鳄过多，而雌性过少。这样就会导致“雌雄间体”，动物变得既不像雄性也不像雌性。为什么短吻鳄、鳄鱼及乌龟会采取这种方式呢？至今，生物学家对此还没有一个完美的解释。最好的解释是，这和体型有关。通常偏高的温度孵出的子代会比低温下孵出的子代体型更大。如果说大体型对于雄性的好处大过雌性（大鳄鱼更容易战胜情敌），或情况相反（大型雌陆龟的产卵量较高，小型雄陆龟照样能使大型雌陆龟受精），那么依据温度决定有利性别的益处更大。寄生于昆虫幼体内的线虫是一个更显著的例子。它的大小会受到宿主体积的限制，因为一旦它吃掉宿主和自己的住所之后，它自己也会死掉。但大型的雌线虫可以产下更多的卵，而大型的雄性却不能跟更多的雌性交配。因此体型较大的毛毛虫都是雌性，而体型小的则为雄性。

第三种决定性别的方式是母亲的选择。这种方式在蜜蜂、单巢蛭形轮虫和黄蜂中都很常见。它们当中只有受精卵可以变为雌性，而未受精的卵子则孵化成雄性（这意味着所有雄性都是单倍体，而雌性是二倍体）。从某种角度上说，这个方式也是有一定道理的。即使雌性从未遇到过雄性，她也可以建立一个王朝。因为大多数黄蜂都是以寄生的方式寄住在其他昆虫体内，这种方式有助于单身雌性在宿主体内独立建立的殖民地。然而这种单个二倍体易遭受基因叛变。例如，在一种被称为金小蜂的黄蜂中，产生了一种罕见的超数染色体PSR，它主要遗传自父亲，这种染色体可以使任何被它发现的卵子抛弃除自身以外的所有父系染色体，退化为单倍体的染色体，发育成雄性。在雌性占优势且因稀少珍贵而成为被追逐的性别的物种中，就有PSR染色体的踪迹。

简单来说，这就是性别分配理论：动物一般会选择匹配自己生活环境的性别，除非在万不得已的情况下，它们才会用抽签的方式选择性染色体。但近年来，生物学家开始意识到这种抽签式的基因选择和性别分配并非不相容。如果动物能够区分X和Y染色体，那鸟类和哺乳类也可以分配后代的性别比例，就是和鳄鱼或线虫一样，生产更多有优势的大型后代。

嫡长子和灵长目动物学

20世纪60年代和70年代的新达尔文革命时期，英国和美国分别产生了梅纳德·史密斯和乔治·威廉姆斯两位巨擘，其影响力至今未退。这两个国家也各自诞生了一位顽童，其早熟的智力在生物界如烟花般绽放。英国的奇才是汉密尔顿，前面我们已经提到过他了。美国的奇才是罗伯特·特里弗斯（Robert Trivers），他是哈佛的一名学生，早在20世纪70年代他就提出了一系列新颖、超前的想法。他是生物界的传奇人物，完全不受传统观念的束缚。他将时间一半用在到牙买加观察蜥蜴，另一半时间则在加州的红木森林中苦苦思考。1973年，他和同学丹·威拉德（Dan Willard）提出了一个令人震惊的观点，这可能是理解人类所问过的最有力但最简单的问题之一的关键：是男孩还是女孩？

如果把美国第43任总统的女儿芭芭拉·布什和詹娜·布什算在内，43位美国总统一共生了90个儿子和61个女儿。这是一份有趣的统计数据。60%为男性的性别比例与男性在整个人口中的占比明显不同。至于其中的原因，没人知道，或许可以被认为是纯粹的偶然事件。然而，据统计，类似的事件不光发生在总统身上，从皇室、贵族到富商都有生育更多儿子的倾向。有意思的是那些肥硕的负鼠、仓鼠、河狸鼠和高阶层的蜘蛛猴也有这种倾向。特里弗斯—威拉德理论把这些不同的事实联系了起来。

特里弗斯和威拉德意识到，线虫和鱼类的性别分配基本原则也适用于那些不能改变性别却需要照料子代的生物。他们推测动物也有某种控制子代性别比例的系统。

我们可以把它想象成是一场争取最多子孙的比赛。若在一夫多妻的社会中，一个成功的儿子比女儿带来的子孙多，而不成功的儿子往往比不成功的女儿还要糟糕，因为他有可能一直是个落魄的单身汉。所以相比于女儿，儿子是一个高风险、高回报的选择。健康的母亲可以给后代提供一个健康的开端，增加儿子成年以后娶妻妾的概率，而身体较弱的母亲所生下的孱弱的儿子，也许就找不到妻子了，所以如果生育的是女儿，纵然情况不甚理想，但仍然有交配生育的机会。因此，当你有把握让后代过上富足的生活时，生儿子是个好的选择，否则就应该多生女儿。这种所谓富足，是相对于族群其他成员而言的。

因此特里弗斯和威拉德提出，尤其是一夫多妻的动物，状况良好的父母就有多生雄性子代的倾向；而条件较差的父母则有多生雌性子代的倾向。刚开始，这一理论被视为一种牵强的猜测，后来此理论逐渐获得了一些实证支持，也赢得了一些同行的勉强认可。

哈佛大学的史蒂夫·奥斯塔德（Steven Austad）和梅尔·桑奎斯特（Mel Sunquist）为了推翻特里弗斯—威拉德的理论而设计了一个负鼠实验。委内瑞拉负鼠是一种有袋动物，看起来像肥硕的老鼠，居住在洞穴中。他们在委内瑞拉捕捉了40只从未受孕的负鼠，做上记号。每隔两天在其中20只鼠穴的洞口放置125克的沙丁鱼，毫无疑问，负鼠非常高兴也很吃惊。此后，每隔一个月他们抓出负鼠以检查其袋中小鼠的性别，没有喂食沙丁鱼的那20只负鼠生育了256只小鼠，雌雄比例是1：1，而那些喂食了沙丁鱼的负鼠生了270只小鼠，雌雄比例接近1：1.4，可见生活优越的负鼠更可能生育雄性后代。

原因何在？食物充足的负鼠会生下体型较肥大的幼崽，相比之下，体型较大的雄性以后较容易找到更多的配偶，但体型较大的雌鼠生育的子代，不一定比体型小的雌鼠多。由此可见，雌性负鼠投资性别，是为了获得更多的子孙。

这种现象不仅仅发生在负鼠身上。实验室中培育的仓鼠，一旦在青春期或怀孕期间挨饿了，雌性子代数量就会较多。雌性河鼠如果营养充足，雄性子代的数量就会较多，反之就会生育较多的雌性子代。白尾鹿如果生活环境不佳，雌性子代数量就会多于正常情况，有生活压力的老鼠也是这样。而有蹄哺乳类动物却和它们的情况相反，压力或是不良的生活环境可能会导致雄性子代数量增加。

用竞争对手的理论就可以解释其中的一些现象。雄性的体型大于雌性，雄性胚胎发育较快，血统也比较接近母亲，因此那些挨饿的仓鼠或瘦弱的母鹿放弃雄性胚胎、保留雌性胚胎较为有利。然而，根据出生时的实际情况确定性别也并非易事，负面结果也很多，所以科学家将正面的结果归为统计学中的巧合事件。（就如同扔钱币，在次数足够多的情况下，早晚会连续出现20个正面。）无论如何，这两种解释都不能圆满地说明负鼠的情况。20世纪80年代末，特里弗斯-威拉德理论得到了许多生物学家的认可，他们认为这个理论至少适用于某些阶段。

最为复杂有趣的是那些与社会地位有关的研究结果。剑桥大学的蒂姆·克拉顿–布罗克（Tim Clutton-Brock）在苏格兰的拉姆岛上研究红鹿，他发现母红鹿的身体状况对于小鹿的性别影响甚微，但它在族群中的地位却在某种程度上影响孩子的性别。那些处于支配地位的雌性生育雄性小鹿的概率要略大。

克拉顿–布罗克的观察结果提醒了灵长类的动物学家，他们早就怀疑不同种类的猴子也有性别偏好。梅格·辛明顿（Meg Symington）对于秘鲁的蜘蛛猴的调查显示，后代的性别与其母亲的社会地位之间存在着紧密的联系。最低阶层的母猴的21个后代全部是雌性；最高阶层的母猴的8个孩子中，有6个雄性；中等阶层的母猴的子代性别比例是1：1。

当揭秘其他猴子的性别偏好时，另一个惊人的真相被揭开。狒狒、吼猴和两种猕猴的性别偏好与蜘蛛猴的正好相反。高阶层的母猴生育雌性小猴；低阶层的则生育雄性小猴。芝加哥大学的杰恩·奥特曼（Jeanne Altmann）在调查20只肯尼亚狒狒所生的80只小狒狒时发现，高阶层的母狒狒生下雌性幼崽的概率约为低阶层的母狒狒的两倍，但后期研究结论没有如此明确。不过，仍有一些科学家认为这只是偶然的现象，而另一个有趣的线索表明事实并非如此。

蜘蛛猴中地位高的雌性更喜欢儿子，而其他种类的猴子则更喜欢女儿，这种现象其实并非偶然。在大多数猴群中（包括吼猴、狒狒和猕猴），公猴会在青春期离开自己的家族，加入其他猴群，这就是所谓异系交配。蜘蛛猴家族中却有着相反的习俗，母猴成年后会远嫁他乡。猴子一旦脱离出生的族群，就没有机会继承母亲的地位了，因此，地位高的母猴会将幼崽（无论雌雄）留在族群内以便将高位传给它们，而地位低的母猴则会选择放任子代离去，为的是不让后代屈居于低阶。因此，高阶的狒狒、吼猴和猕猴多生女儿，而高阶的蜘蛛猴则多生儿子。

这一事实极大地修正了特里弗斯—威拉德理论，它在业内被称为“地方资源竞争模型”。地位高的母猴更偏爱在青春期不会离开自己族群的性别。这一理论是否也适用于人类呢？

居于支配地位的女人就会生儿子吗？

人类属于猿科。地球上共有5种猿类，有3种形成了自己的社会结构，其中两种是黑猩猩和大猩猩，它们是雌性在成年后离开家族。珍·古道尔（Jane Goodall）研究坦桑尼亚的黑猩猩，发现地位高的雌性猩猩所生的雄性后代比其他雌性猩猩的雄性后代，地位提升得更为迅速。根据特里弗斯—威拉德理论的逻辑，地位高的雌猩猩理应生下雄性，而地位低的则应生下雌性。现在人类社会很少有一夫多妻制，所以对于魁梧的男人来说，没有任何额外的优越待遇。强壮的男人并不一定会拥有众多的妻子，健硕的小男孩随着年龄的增长，也不一定会成为魁梧的大汉。

然而人类是高度社会化的物种，人类社会总是等级分明。正如雄性黑猩猩一样，上层社会的男性，最大的优势就在于他们可以成功地延续自己的血脉。从部落原住民到维多利亚时代的英国人，我们不难发现上层社会的雄性总比其他阶层的雄性的后代多。男人的社会地位大都由儿子继承，女孩一结婚就得离开娘家。我并非有意暗示女孩子结婚嫁入夫家是理所应当、不可避免的事，但我们要意识到这是一个普遍的现象。与之相反的文化习俗并不多见。所以人类社会很像猿类社会，却不像猴类社会。

人类社会是雌性异系交配的父系社会，儿子继承父母地位的情况比较普遍。因此，特里弗斯—威拉德理论指出，居于支配地位的父亲和地位高的母亲生儿子是有好处的，而居下位者生女儿是有利的。事实真是这样吗？

实际情况我们不得而知。美国总统、欧洲贵族、皇室贵胄，还有一些社会名流所生后代有男性偏多的倾向，但有些人对此持怀疑的态度。在有种族偏见的社会中，被歧视的种族，似乎生女儿的概率更高。但由于潜在的复杂因素太多，这种数据未必可靠。例如，重男轻女的民族生下男孩之后就不再生育，如此一来，就会呈现儿子偏多的现象。迄今为止没有任何一个可靠的对比数据显示出了性别偏好比例。新西兰的一份研究报告指出，人类学家和社会学家若深入研究，是可以找到一些线索的。

早在1966年，新西兰奥克兰大学的一名精神病学家瓦莱丽·格兰特(Valerie Grant)观察到一个明显的趋势：那些生男孩的女人与生女孩的女人相比，在情感上比较独立自主，喜欢支配他人。她对85名怀孕3个月的女人进行相关的性格测试，用来区分支配与服从的性格，结果是生女孩的妇女的支配性格指数(0~6)平均为1.35，而生男孩的女人则为2.26，差异颇大。有趣的是，格兰特的测试始于特里弗斯—威拉德理论公开发表之前。“我的结论是完全独立得出的，与有可能引发该观点的其他任何研究都无关。”对此，格兰特还表示：“做这个研究的动力在于我不愿让妇女承担生出‘错误性别’婴儿的责任。”

她的这份研究表明，母亲的社会地位果然像特里弗斯—威拉德理论那样影响子女的性别。如果这个研究结果不是偶然的话，那么就会立刻引发一个问题：人类是如何无意识地实现了他们世世代代都在有意识地努力实现的目标的？

出售性别

几乎没有什么话题比选择孩子的性别更充满神话传说色彩。亚里士多德和犹太法典《塔木德》(Talmud)都建议：想生男孩，就要把床摆放成南北朝向。古希腊哲学家阿那克萨戈拉(Anaxagoras)认为在行房时男性躺在右边会生男孩。这个观点风靡了几个世纪，一些法国贵族甚至把自己左侧的睾丸割除了。而阿那克萨戈拉得到了报应，他最后被一只乌鸦丢下的石头砸死了。这只乌鸦一定是那位法国侯爵的化身——他在割除了自己左侧的睾丸后连续生了6个女儿。

这个话题就像总会招来苍蝇的腐尸一样，引起了无数江湖骗子的关注。这是个荒谬的传说，虽然经常无效，却一直是为人父母者的希望所在。日本性别选择研究机构用增加钙的方法来提高生儿子的概率，效果并不好。1991年，两名法国妇科医生在出版的书中提出了与之相反的观点——怀孕前6周，食用富含钾钠而不含钙镁的饮食会有80%的概率生男孩。美国一个公司为此出售一种名叫“决定性别”的药品(50美元一份)，最后因欺骗消费者被查封，以破产告终。

更现代化、更科学化的方式在某种程度上更可靠。现代方法主要通过在实验室中分离出携带Y染色体和X染色体的精子来完成，其主要依据就是含X染色体的精子比含Y染色体的精子多3.5%的DNA。这项由美国科学家罗纳德·埃里克森(Ronald Ericsson)研发的技术，获得广泛许可，他自称成功率高达70%。这项技术迫使精子游过蛋白质，携带较沉的X染色体的精子因移动迟缓而被分离出来。另外，美国农业部的拉里·约翰逊(Larry Johnson)研发出了另一项更有效的技术(生男孩的准确率达到70%，生女孩的准确率达到90%)，但遗憾的是，这种方法不适用于人类。他用荧光染料将精子的DNA染色，然后让精子排队游过一个监视器，根据精子的闪光程度，监视器会把它们分两个渠道导出，携带Y染色体的精子因为含DNA少，亮度较低。监视器的辨识率高达100000个/秒，而被分离出来的精子会被用来给卵子授精。但只要是正常人，谁会为了要个儿子，就让精子被染色，然后再花费大价钱进行试管授精呢？

如果人类和鸟类一样，选择孩子的性别或许会更容易些，因为鸟类的母亲可以决定胚胎的性别，所以改变性别的工作比人类简单得多。雌鸟有X和Y染色体组，然而雄鸟却有两个X染色组，所以雌鸟可以释放出选定染色体的卵子，之后受精生出雏鸟。鸟类的确利用这种功能来选择下一代的性别。秃鹫和其他鹰类通常会先产雌性，再产雄性，这就确保了雌鹰在巢穴中占据优势，可以长得比雄鹰大。红冠啄木鸟产下的雄性数量是雌性数量的两倍，它们用多出的雄性幼鸟照顾下一批出生的雏鸟。加利福尼亚大学的南希·波利(Nancy Burley)发现，“有吸引力”的雄性斑胸草雀和没有吸引力的雌性交配往往会生出更多的雄性幼鸟，反之亦然。有一种简单的方法可以改变该物种个体的魅力。在雄性的腿上加上红色条纹，会增加魅力，而加上绿色条纹，就无法吸引异性；同样，在雌性腿上加上黑色条纹，也会增加魅力，而加上蓝色条纹，则无法吸引异性。这种方式有助于斑胸草雀在择偶时迎合异性的喜好。

但我们不是鸟，我们生育男婴的唯一方法就是把女婴杀死，再生一个，或者利用羊膜穿刺术来识别胎儿的性别，如果是女孩就打掉。这种令人厌恶的方式充斥世界各地。孟买的一份调查研究显示，印度8000例打胎案中有7997个是女婴。

这种有选择性的流产也解释了许多动物的行为。东安吉利亚大学的莫里斯·高斯林（Morris Goslin）研究河狸鼠发现，雌性河狸鼠如果发现胎儿雌性倾向明显，它会选择流产，然后重新怀孕。斯坦福大学的马格纳斯·诺德伯格（Magnus Nordborg）通过研究“选择性杀婴”的意义，发现偏重性别的流产能够解释狒狒的情况，但这种流产是在浪费资源。

很多能使人类婴孩性别比例出现偏差的自然因素都已得到证明，其中最为有名的是“退伍军人”效应。在几次重大战争之后，参战国家中出生男婴的数量迅速增多，似乎是为了补足那些在战争中死去的男人。（这种说法意义不大，因为战后出生的男性长大后会与同龄的女性结婚，而不是与战争中丧夫的寡妇结婚。）年长男性生女孩的可能性更大，而年长女性则更有可能生男孩。感染肝炎或患有精神分裂的女人生女儿的概率稍高，抽烟或喝酒的女性、在1952年伦敦大雾之后出生的女性以及飞行员、潜水员、牧师、麻醉师的妻子也都有生女儿的倾向。澳大利亚的部分地区以雨水作为饮用水，在暴雨320天之后男婴的比例明显下滑。患有多种硬化症和摄入少量砷元素的女人生儿子的概率会高。

在这个阶段，绝大多数科学家都无法从繁杂的数据中找到逻辑。英国伦敦医学研究院的威廉·詹姆斯(William James)通过多年努力，提出了一个假说，即荷尔蒙可影响到携带X染色体或Y染色体精子成功的机会。有大量证据证明，母亲体内的促性腺激素水平高可以增加生女儿的概率，而父亲体内的睾酮则可以增加生儿子的概率。

瓦莱丽·格兰特以荷尔蒙的观点解释“退伍军人”的效应：在战争期间女人更多地扮演了支配的角色，由此，影响了荷尔蒙的剂量，她们生儿子的趋向才更为明显。在众多种群中，荷尔蒙和社会地位有着紧密的联系，社会阶层与婴孩的性别比例也有密切关系。荷尔蒙是如何起作用的？无人知晓。但它会造成子宫颈中黏液稠度的变化，甚至可以改变阴道中酸性的强度。1932年的实验证实，在兔子的阴道里放入苏打粉可以改变幼兔的性别。

荷尔蒙理论足以应对反对特里弗斯—威拉德理论的论调：性别比例不受基因控制。很明显，动物养殖者无法培育出能够进行性别偏好生育的物种，并不是因为缺乏尝试。理查德·道金斯指出，养牛户可以毫不费力地培育出产乳量高、肉质肥、体型不同、无角、抵抗力强或好斗的品种。假如，能够培育偏向生育小母牛的品种，那乳品从业者必定很感兴趣。遗憾的是，迄今为止所有的尝试都以失败告终。

家禽业者迫切需要培育出只下同一种性别鸡蛋的母鸡。他们雇佣训练有素、能够迅速分辨雏鸡的性别的韩国人，但这些韩国人对于自己的诀窍守口如瓶（尽管电脑不久就可以胜任这项工作），他们在世界各地推广这种生意。韩国专家可以轻而易举做到的事情，自然界却无能为力，这真是让人难以置信。

这种反对意见可以简单地用荷尔蒙理论来解决。一天，特里弗斯向我解释了无法培育性别偏好动物的原因：假设你发现了一头只产母牛的奶牛，你让它与什么样的公牛配对才能延续这种基因呢？当然，我们只有普通公牛，但如此一来，这种基因立刻就减少了一半。

我们还可以用另外一种方式解释这个问题。只生儿子的部分种群，对于只生女儿的部分种群，确有好处。动物都是一对雌性和雄性的后代，如果处于支配地位的动物都多生儿子，这对于地位低的生女儿的同类也同样是有好处的。无论某个部分的性别比例偏差有多严重，整体的性别比例还会维持在1：1。因为一旦偏离了原来的比例，受益的一方自然就会生育更多已经偏少的性别。剑桥大学的数学家兼生物学家罗纳德·费舍尔早在20世纪20年代就首先想到了这一点。特里弗斯相信这便是为什么操纵性别比例的能力从来就不是基因的关键作用所在。

另外，如果社会等级是决定性别比例的主要因素，那么把这功能置于基因之中未免过于疯狂，因为根据定义，社会等级几乎是无法在基因中存在的东西。追求高的社会地位是徒劳的。所有社会等级都是相对的。特里弗斯津津有味地说道：“你无法为一头次等牛繁育，你只能创造新的阶级制度，然后重置恒温器。如果所有的母牛都更加温驯卑微，那么最不温驯的母牛就最具有支配力，荷尔蒙的含量就会自然增加到合适的水平。”事实上，是社会阶层决定了荷尔蒙的水平，而荷尔蒙决定了子代的性别比例。

理性的趋同结论

特里弗斯和威拉德预测，进化将建立一个无意识的机制来调整个体后代的性别比例。但人类自认为是理性动物，是有意识的决断者。理性的人可以获得与进化相同的结论。特里弗斯和威拉德理论最有力的数据支持不是来自动物，而是来自人类文化对同样逻辑的重新发现。

在许多文化中，人们在遗产分配、关心照料、食物供应和情感偏袒等方面都是以牺牲女儿的利益来偏私儿子的。不久以前，这类现象只不过被视作不合理的性别歧视的又一个例子或者儿子就是比女儿更具经济价值的残酷事实。但如今，人类学家通过明确运用特里弗斯—威拉德的逻辑，逐渐发现重男轻女根本不能算是普遍现象，重女轻男也会发生，而且恰恰发生在我们最为期待的地方。

重男轻女不是普遍的现象，这与传统观念似乎背道而驰。事实上，重男轻女的程度与社会地位有着密切的关系。密歇根大学的劳拉·贝齐格(Laura Betzig)发现，性别歧视是上流社会的特质。在封建时期，地主都会偏爱儿子，而普通农民则会选择把遗产留给女儿。封建地主漠视甚至残害女儿，或把女儿交由修道院收留，农民则会让女儿继承较多遗产。

加州大学的莎拉·布莱弗·赫迪(Sarah Blaffer Hrdy)总结指出，当你翻阅历史档案时，就会发现精英贵族比其他阶层——18世纪的德国军人、19世纪的印度种姓制度、中世纪葡萄牙的宗谱以及当代加拿大人的遗嘱——更偏爱儿子。这种偏爱主要体现在土地和遗产的继承上，有时只是单纯的关爱。甚至在今天的印度，女孩得到的牛奶和医疗照顾仍然比男孩要少。

即使在当今社会，有些贫困的阶层仍偏爱女儿。穷人的儿子会被迫单身，而女儿却有嫁入豪门的可能。在现代的肯尼亚，穆科戈多人(Mukogodo)更愿意带着女儿去医院接受治疗，结果在4岁的儿童中，女孩要多于男孩。因为他们期盼女儿有朝一日能嫁入富裕的山布鲁族(Samburu)或马赛族(Maasai)，飞上枝头做凤凰。而儿子却命中注定只能继承贫穷。根据特里弗斯—威拉德理论推算，女儿比儿子更能生育子孙。

当然，这些说法都是以严格的社会等级划分为基础的。加利福尼亚州立大学的米尔德里德·迪克曼(Mildred Dickemann)认为，将资源传给儿子是富人们在高度阶级化的社会中所做的最好的投资。迪克曼研究印度传统婚姻习俗，发现了最清晰的模式。英国曾试图消除印度杀害女婴的习俗，但未能成功。这种情况正好与19世纪印度的社会阶级化相符。高阶层杀害女婴的事件比低阶层要多。富裕的印度锡克教徒一度杀死了所有的女儿，还花光了妻子所有的嫁妆。

这种模式还有其他版本的解释，最为有力的解释是其着眼点不在繁衍，而在于经济，金钱决定性别偏好。它的理由是这样的：男孩可以自谋生路，结婚也不用陪送嫁妆。然而它却没有解释性别偏好和社会等级的关系，所以这个理论得出了低阶层——而不是高阶层——偏爱男孩的结论。其理由是他们难以负担女孩的开销。但如果说繁衍孙辈才是最重要的货币，那么印度的嫁娶习俗就更有意义。在印度，从古至今女人嫁入豪门的例子比男人多，因此穷人的女儿有更多的机会改变自己的阶层。在迪克曼的分析中，陪嫁品是特里弗斯—威拉德理论中女性异系通婚效应的扭曲呼应。他认为儿子继承了成功繁衍所必需的地位，而女儿的社会地位只能靠收买获得。如果没法为女儿留下遗产，就该想方设法为她买个好丈夫。

特里弗斯和威拉德预测社会上部分人偏爱男性，这将会被其他偏爱女性的人所平衡，毕竟繁衍后代需要两性合作才能完成——这又是费舍尔的观点。啮齿类动物似乎是由母体状况来决定这种性别偏好的，灵长类动物则是基于社会等级划分。猩猩和蜘蛛被当作是等级分明的族群，但人类社会却不是如此。那在一个讲求平等的社会中情况又如何呢？

在被称为加州的中产阶级伊甸园里，海迪和她的同事黛布拉至今无法在富人的遗嘱中发现任何与财富有关的性别偏好。也许过去精英偏爱男孩的旧习惯已经被当今的平等言论打破了。

但现代社会中的平等主义也可能导致另一个严重的后果。在某些社会中，偏爱男孩的习惯似乎从精英阶层蔓延到了整个社会。

印度或许就是最好的例子。在印度医院里，得知怀的是女儿，96%的孕妇决定堕胎；而得知怀的是儿子，100%的孕妇会足月生产。这就表明廉价的科学技术让人们可以选择孩子的性别，从而导致人口性别比例失衡。

选择孩子的性别是个人的决定，不会影响他人，但为什么却如此不受欢迎呢？因为这是一种公地悲剧，即自私自利的个人选择伤害了集体的利益。一个人决定只生男孩并不会伤害其他人，可一旦所有人都如此，那么整个社会都会遭殃。我们可以预测，在男性占主导地位的社会中，强奸、违法乱纪以及普遍的冒险精神会进一步增加男性对地位和权势的控制力，但很多男人将会遭遇性挫折。

法律是以牺牲个人利益为代价来维护集体利益的，就像发明“雌雄间体”是为了挫败非法基因一样。如果性别选择的代价极为低廉，那么立法机构就应该强制人民维持1∶1的性别比例，就好像基因议会所制定的减数分裂规定那样。

第五章

孔雀的故事

你欣赏她的美丽，旁若无人，
你的眼中只有她一人。
但今晚的盛宴，
将有一位绝世美女闪亮登场，
届时你用心中的天平来衡量，
就会发现，心中的美人其实也不怎么样。

——莎士比亚，《罗密欧与朱丽叶》

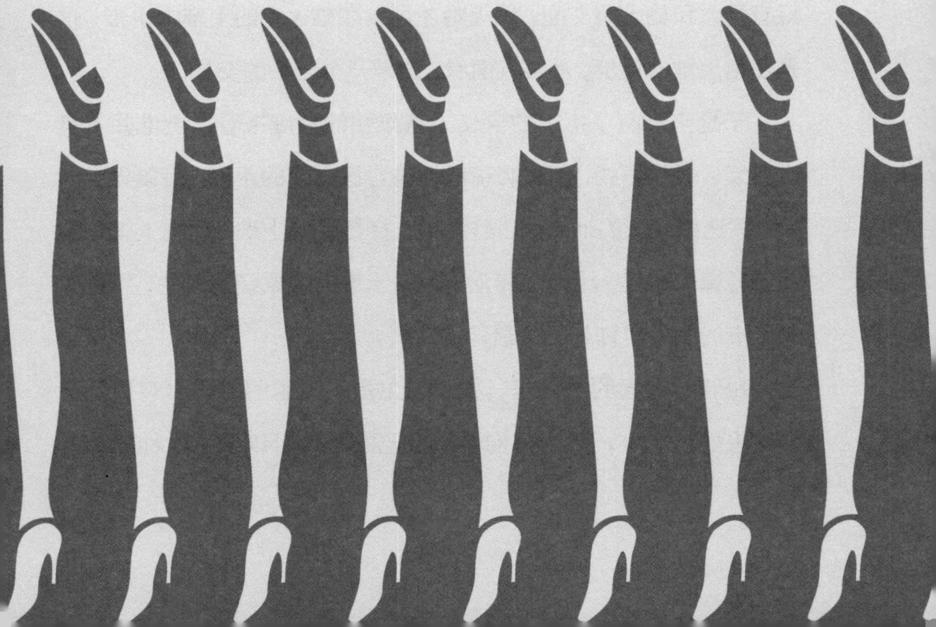

澳大利亚的火鸡可以建造出世界最棒的堆积窝。它们中的每个雄性都会用约两吨重的叶子、枝丫和沙子堆砌土堆。土堆的形状与尺寸正好能够保证适合小火鸡孵化的温度。雌火鸡会造访这些土堆，产下蛋后就离开了。蛋孵化以后，小火鸡慢慢地从土堆里探出头来，爬到上方，开始自己的生活。

塞缪尔·巴特勒(Samuel Butler)曾说，母鸡只是一个鸡蛋制造另一个鸡蛋的工具。这句话可以这样理解：如果说，生蛋是雌火鸡延续后代的方式，那么，堆砌土堆就可以算作雄性繁衍的方式。雄火鸡制造土堆和雌火鸡生蛋都是基因的产物，只是雄火鸡的方式多了一些不确定性因素。它们如何知道自己土堆中的蛋是自己的后代呢？谜底最近由澳大利亚的科学家揭开：雄火鸡并不知道那些蛋大多不是它们的后代。有性生殖的关键意义在于延续自己的基因，而它们筑造如此庞大的土堆却是在为别的火鸡抚养后代？事实是只有同意和雄火鸡交配，雌火鸡才可以在雄火鸡的土堆中生蛋，这是使用土堆的代价。从某方面看，这是一个公平的交易。

于是土堆有了不同的含义。从雄性的角度来看，土堆并不是它延续后代的方式，而是吸引雌性与自己交配的手段。可以肯定的是，在选择生蛋的地点时，雌性会选择最好的土堆，理论上就是选择了最棒的雄性。雄性之间互相侵占土堆的现象经常发生，所以完美土堆的主人也许是一个最佳偷窃者。

尽管在普通的土堆里一样可以生蛋，但聪明的雌火鸡还是会选择最好的土堆，因为它们希望自己的子代可以继承这种建造土堆的手艺或偷窃土堆的手段以及吸引异性的最佳能力。雄性的土堆既对养育后代做出了贡献，也是求爱的真实体现。

这个关于火鸡造窝的故事符合性别选择理论，反映了动物在求偶的复杂演化中，具有惊人的见识，这也是本章的主题。在这之后的几章中，我们将看到性选择是可以用来解释诸多人类特质的。

爱是理性的吗？

就连生物学家有时也会忘记，性不过是基因合资企业而已。选择性伴侣的过程，也就是所谓坠入爱河的过程，是神秘的、经过严肃思考的，并且具有极高的选择性。我们不会把所有异性都看作共同投资基因的恰当人选。我们有时深思熟虑地选择可能的对象，有时会情不自禁地爱上对方，有时却无法爱上深爱自己之人。这真是一件错综复杂又难以解释的事情。

它也不是随机发生的。所有人类都有性冲动，因为我们是拥有这种欲望的人的后代，那些没有性冲动的人不会留下任何后代。男女性交是将自己的基因和性对象的基因融合，并遗传给下一代的冒险过程。难怪女性会认真挑选性伴侣的基因，即便是水性杨花的妇女也不会随便和任何异性发生性关系。

雌性动物选择配偶的目标是选择具有成为好丈夫、好父亲和好祖先的优良遗传品质的雄性伴侣，而雄性动物的目标则是寻找足够多的交配对象，有时选择具有好母亲品质的雌性，很少以寻找好妻子为目标。1972年特里弗斯发现了动物界这种普遍的不对称现象及其原因，而且进一步发现少数的例外情况反而能够证明这个理论的正确性。为了养育幼儿投入时间最多（比如在腹中孕育胚胎长达9个月）的性别，从外遇中获利最少；而付出心血最少的一方，却有充足的时间去寻觅新欢。因此，总的来说，雄性付出较少，追求的是配偶的数量；雌性付出较多，追求的是配偶的质量。

雄性争相吸引雌性的关注，这就意味着雄性比雌性更有可能留下众多后代，但绝后的危险性也因此增大。雄性的行为就如同一个基因的过滤器，只有优秀的雄性才能繁衍后代，低劣的雄性不断遭遇灭种之灾，如此一来，整个物种的劣质基因都将被清除干净。时常有人认为这就是雄性的目的，但这就犯了一个错误，即假设进化设计了对物种最有利的东西。

这种过滤器在某些物种中所起的作用比较突出。象海豹会经过严格筛选，以至于每一代都是由几只雄象海豹包揽下所有的繁衍任务；而雄性的信天翁对唯一的妻子足够忠诚，所以每一只成年的雄性信天翁都有繁殖的机会。然而，公平地说，雄性选择配偶更注重数量，而雌性注重质量。例如孔雀这样的鸟类，如有雌性从面前经过，雄性一定会展示求偶仪式；但雌性只会选择与一只雄性交配，通常是尾巴最漂亮的那只。根据性选择理论，雄孔雀那夸张的尾巴也的确是雌孔雀的过错。雄性长尾巴演化的目的就是吸引雌性，而雌孔雀也演化出被吸引并以其选择最佳雄性的能力。

本章主要讨论一种红皇后竞赛，它导致了美的产生。人类除了那些实用的择偶标准——财富、健康、匹配度和生育力外，剩下的就是美丽的外表，其他动物也是如此。在任意物种中，雌性如果不能从配偶身上得到任何有价值的东西，那么它们就会选择以貌取人。

装饰物和考究

用人类的话说，动物会为了钱、繁衍或者美色结婚吗？性选择理论指出，大多数动物的行为和外表不是为了生存，而是为了获得最好的或最多的伴侣。有些时候，生存和获得伴侣是相互冲突的。达尔文在《物种起源》中首次提及这个观点，后来他在《人类起源及性选择》中又专门探讨了这一话题。

达尔文认为人类种族间彼此不同的原因在于，许多世代以来各种族女人的择偶标准不同。换言之，他无法解释黑皮肤或白皮肤的用处何在，便只好怀疑黑种女人喜欢黑种男人，白种女人喜欢白种男人。他认为这是原因而不是结果。鸽迷会选择培育自己喜爱的品种，动物也会通过择偶达到相同的目的。

他的种族观点和主题毫无关系，但选择配偶的观点绝不是随意之言。达尔文思索雌性的选择是否导致了如此多雄性鸟类和雄性动物的花哨、色彩丰富和装饰华丽的外表。因为外表的装饰物对于生存来说并无益处，雄性有如此的表现，似乎是自然选择的一个特殊结果。但事实却恰恰相反，花哨的雄性更容易被天敌发现。以孔雀为例，雄孔雀的长尾巴布满了五彩的眼睛状的图案，达尔文指出，这是因为雌孔雀只会与长尾巴的雄孔雀交配（那其实不是尾巴，而是遮盖尾巴的长羽毛）。据观察，它们向雌孔雀求爱的时候必须开屏。从此，雄孔雀开屏就成了性选择的一个标准象征和源泉。

至于雌孔雀偏爱长尾巴的原因，达尔文回答得很简单：雌孔雀喜欢长尾巴，源于一种天生的审美观念。可以说，他完全没有回答这个问题。雌孔雀选择长尾巴的雄孔雀，而不是雄孔雀选择长尾巴的雌孔雀，那是因为精子活跃，卵子被动，大千世界中的规律也是如此：男性天生就是引诱的主动方，而女性则较为被动。

雌性选择的论点是达尔文所有观点中最欠缺说服力的一个。自然主义者比较乐于接受的观点是雄性武器，如鹿角，是雄性在斗争中用来击退情敌而进化产生的，但却不愿接受雄孔雀的尾巴也是用来吸引异性的说法。他们想知道的是，为什么雌孔雀认为长尾巴性感，它又能给雌孔雀带来怎样的价值？在达尔文提出这个理论以后的一个世纪里，生物学家毫无头绪，他们一直希望从其他角度去解释这个问题。与达尔文同时代的华莱士最初认为，所有动物的装饰物，包括雄孔雀的尾巴只是为了达成某种目的的伪装。之后他又提出，那是雄性精力过剩的一种表现。朱利安·赫胥黎研究了多年，他认为装饰物和求偶仪式都是吓唬同性竞争者的手段。另外一些人则认为装饰物不过是一种让雌性区别自己种族，从而选择正确品种的配偶的方式。自然学家休·科特（Hugh Cott）对那些有毒昆虫的鲜艳颜色印象深刻，他提出，那些明亮的色彩和华而不实的装饰物是警告猎食者的信号。例如在亚马孙热带雨林中，蝴蝶的颜色如同某种特定意义的代码，黄色和黑色表示不好吃，蓝色和绿色则代表飞行速度快，难以捕捉。1980年发现的这个理论也适用于鸟类，五颜六色的鸟的飞行速度最快，它们以这种方式告诉老鹰和其他天敌“我飞得很快，休想捉住我”。当假的斑姬鹟被放入森林中，首先遭到老鹰攻击的是迟钝的雌性，而那些色彩艳丽的雄性却没有被袭击。似乎所有理论都倾向于雌性偏爱雄性美丽的外表。

看到雄孔雀开屏，我们自然会相信雄孔雀的长尾巴确实具有吸引异性的作用。毕竟，达尔文最初的观点也是由此而生的：雄鸟的华丽羽毛除了用来追求雌鸟外，别无他用。当雄孔雀与同类打斗或逃命时尾巴永远保持收紧的状态。

赢取还是追求？

雌性的性选择理论远远不止这些。以赫胥黎为代表的一系列顽固保守派坚持认为婚恋嫁娶只与雄性间的竞争有关。英国生物学家蒂姆·哈立迪（Tim Halliday）在1983年写道：“在描述雌性选择时，它被当成了一个辅助角色，可能没有雄性之间的竞争那么重要。”雌孔雀只会接受比赛中的胜者做自己的配偶，就像雌鹿会接受战胜对手的鹿群领袖一样。

从某种程度上说，二者之间的区别无关紧要。许多雌孔雀选择同一只雄孔雀，同样，雌鹿也只能接受同一个领袖，雌孔雀和雌鹿都是从多数雄性中选择了同一个对象。雌孔雀做出选择的过程恐怕不如雌鹿那样自主，它们仅仅是被雄孔雀的外貌吸引，并非被它征服。它们只是被雄性的表演所吸引，并不存在有意识的思维，更没有意识到它们所做的事情是“选择”。用人类做一个比喻，一种极端的例子是，两个穴居人为了抢到配偶而进行殊死搏斗。另一种极端的例子是像大鼻子情圣 (Cyrano de Bergerac) 那样用美妙的语言文字去勾引罗克珊 (Roxanne)。在这两种极端之间还有很多其他的方式。男人可以打败情敌，赢得美人，也可以追求到美人，有时甚至两者并用。

这两种技术——追求或赢取——都可以筛选出最佳雄性，区别在于第一种选出了会说甜言蜜语的花花公子，第二种选出的是力拔千斤的壮汉。所以公海豹和雄鹿大都体型庞大、孔武有力，看上去非常危险，而雄孔雀和公夜莺却花枝招展的。

到20世纪80年代中期，累积的证据显示许多物种的雌性在择偶方面的发言权要更多，雄性的成功更多地归功于它跳舞的能力与昂首阔步的气势，而不是打败情敌的能力。

许多北欧国家的科学家证实雌鸟在择偶时的确关注到雄鸟的羽毛。丹麦科学家安德斯·摩勒 (Anders Moller) 做了一个巧妙而完整的实验，他发现拥有人工加长尾巴的雄燕可以更快地找到配偶，生育更多的后代，发生更多的风流韵事。雅各布·霍格伦 (Jakob Hoglund) 则证实雄沙雕在雌性经过时，会展示白色尾羽，只要在它的尾巴上涂上白色的修正液，它就能够吸引更多的雌性。

首创这种实验方法的是研究非洲寡妇鸟的马尔特·安德森(Malte Andersson)。寡妇鸟的尾羽又厚又黑，其长度是身长的数倍。在飞过草坪时，它会骄傲地炫耀长尾。安德森捕捉了36只雄鸟，把它们的长尾巴剪下来，然后给一部分雄鸟人工接上更长的尾巴，另一些则保持原来短尾巴的状态。与尾巴保持不变或尾巴变短的寡妇鸟相比，延长尾巴的寡妇鸟赢得了更多异性的欢心。其他长尾巴的鸟类若增长了尾巴，雄鸟的魅力也会增加。

雌性选择的情况确实存在，但至今都未能证实它是否来自遗传。如果不是来源于遗传，那岂不是更奇怪？来自特立尼达岛的小古比鱼给了我们一些相关线索，它会根据环境改变肤色。两个美国科学家证实雄鱼呈亮橙色与雌性喜爱这种颜色有关。

但雌性对雄性身上装饰物的偏爱，实际上会威胁到雄性的生存。猩红色头羽太阳鸟生活在肯尼亚山高海拔地区，以蜂蜜和昆虫为食。它全身散发着绿色的彩虹光晕，其中雄性在尾部普遍拥有两根长饰羽，而雌性喜欢饰羽最长的雄性。为了证实雌性的喜好会增加雄性的负担，科学家做了一个相关的实验。他们把部分雄鸟的尾羽加长，部分剪短，第三组增加了尾部的重量，在最后一组的腿上加上了同等重量的环。尾巴增长或增重的雄性，捕捉昆虫的能力最差，尾巴缩短的雄性捕捉猎物的能力更为突出，加过环的雄鸟与普通未经过人为改造的雄鸟能力相同。

雌性确实有所选择，选择的品位来自遗传。它们喜欢夸张的装饰物，但那些装饰物对雄性却是一种负担。迄今为止，这一点不容置疑，达尔文是正确的。

专制的时尚

雌性为什么对外表华丽的雄性特别有好感，达尔文也未有答案。即使这种“偏好”完全是无意识的，只是雌性对于花枝招展的雄性诱惑的一种本能反应，雌性偏好演化至今，还是让人无法理解。

直到20世纪70年代人们才恍然大悟，原来关于这个问题早在30年代就已经有了完美的回答。费舍尔指出，雌性喜欢长尾巴不需要更好的理由，因为其他雌性也喜欢长尾巴。起初，这个逻辑听起来好像是循环的，但这就是它的优点所在。一旦大多数雌性都选择用尾巴的长度作为择偶标准，那些反潮流的雌性选择与短尾巴的雄性交配，必将生下短尾巴的儿子（假设儿子遗传了父亲短尾巴的基因）。但所有其他的雌性都选择与长尾巴的雄性交配，因此那些短尾巴的儿子很难成功找到配偶。此时，选择长尾巴的雄性可能只是偶然的时尚，却具有强制性。每只雌孔雀就像被迫站到了一台跑步机上，不敢跳下来，她们担心自己的儿子有孤独终老的风险。结果这种来自雌性独断的偏好使雄性无故承担了许多奇怪的负担。即使这种负担威胁到了生命，只要这种生存风险系数小于雄性交配与生殖概率的提升幅度，这个过程就不会中断。费舍尔提出：“受这个过程影响的两个特征，即雄性的羽毛变化和雌性的性别偏好应该共同进化，除非遭遇重大阻力，否则这种演化的进程速度会越来越快。”

这个论点不一定仅适用于一夫多妻制。达尔文发现绿头鸟和黑鸟这些一夫一妻制的雄性也有五颜六色的外表。他指出，雄性在一夫一妻中也会因为自己的魅力而获利，那些最早步入成熟期的雌性首先被它们吸引。近代的研究成果已经证实了这种解释。成熟期早的雌性能生育更多的后代，而羽毛最艳丽或是歌喉最优美的雄性鸟类，通常都能和这些最早生育的雌性交配。有些一夫一妻的物种，雌雄都拥有艳丽的羽毛，似乎它们都采用同样的性选择标准，雄性遵循时尚，选择羽毛华美的雌性，反之亦然。

一夫一妻制的雄鸟选择配偶和追求异性是并行的。雄燕鸥会给心仪的雌性送鱼，这既是一种礼物，也是它能喂饱后代的能力证明。若雄燕鸥选择最早成熟的雌性，而雌性则选择最会捕鱼的雄性，双方都采用了非常明智的标准，很显然，选择在配对这件事上扮演的角色相同。从燕鸥到孔雀，我们可以看到一系列不同而又有连贯性的择偶标准。例如，雌雉鸡无法从雄雉鸡那里得到育儿的帮助，但择偶时，雌雉鸡却对身边的单身汉置若罔闻，投入了妻妾成群的雄雉鸡的怀抱。雄雉鸡能保护自己的地盘，以性为交换，雌雉鸡便可以在它的地盘内觅食。对于雌雉鸡来说，雄雉鸡的保护能力比其对自己专一更有用。但雌孔雀甚至连基本的保护都得不到，它从雄孔雀那里得到的除了精子之外别无他物。

然而，此处存在一个相悖的规律。对于雌燕鸥来说，选择能力差的伴侣就意味着将来自己的孩子要挨饿。对雌雉鸡而言，选择没有保护能力的伴侣显然会有很多麻烦。而对于雌孔雀而言，即使选择一个最差的雄性也不会有什么不良的影响，因为它无法从配偶那里得到什么好处，所以看起来也就没有什么损失。因此，我们以为燕鸥择偶最慎重，而雌孔雀择偶可能最不用心。

观察结果却恰恰与此相反。雌性孔雀会精心调查几个雄性，让它们尽情地炫耀尾巴，经过长时间的考虑才做出决定。而且大多数雌孔雀会选择同一只雄性。而雌燕鸥择偶却很仓促。雌性之所以挑剔是因为生存问题不是她最关心的。

耗尽的基因

孔雀的基因正处于危险之中。雌孔雀从雄孔雀那里得到的只有基因，而在基因以外，雌燕鸥还可以得到雄燕鸥实实在在的帮助。雄燕鸥必须展示出做父亲的能力，而雄孔雀展现的则是它所能够提供的最好基因。

孔雀是少数在“公共求偶场”(Lek)运用诱惑技巧的鸟类之一。一些松鸡、天堂鸟、侏儒鸟以及一些羚羊、鹿、蝙蝠、鱼、蛾子、蝴蝶，甚至一些昆虫也会在求偶的过程中运用这种技巧。在每年交配期，雄性聚集在一起，划分出各自的势力范围，为雌性列队展示它们的商品。那些位于列队中心的少数雄性或只有一只雄性获得了最多雌性的青睐。然而中心位置是雄性成功博得雌性欢心的结果而非原因。

在求偶的鸟类中，人类对于美国西部的鼠尾草松鸡的研究最为深入。黎明来临之前，开车前往怀俄明州中部，停在广袤的旷野之上，你便可以看到跳舞的鼠尾草松鸡。每只鼠尾草松鸡不但有自己固定的位置，还有一套固定的动作，它们鼓起胸前的气囊，昂首阔步向前，像是真正的舞蹈家。雌鼠尾草松鸡在田野上到处参观，在经过几天的精挑细选后，最终选定了未来孩子的父亲。这是雌性主动选择的过程，而不是被迫接受。直到雌鸡在雄鸡面前蹲下，雄鸡才能与之交配。几分钟后，雄鼠尾草松鸡就完成了它的一切职责，而雌鼠尾草松鸡辛劳养育后代的历史大戏，才刚刚拉开序幕。雌鸡从配偶那里获得了唯一的东西——基因，它为了得到最优质的基因似乎已竭尽全力。

然而，在最不在意选择的物种中，最大的选择权问题又再次出现。单单一只雄鼠尾草松鸡就可能在求偶仪式中征服一半以上的雌鼠尾草松鸡。对于上等的雄鼠尾草松鸡，一个早上与30多只雌性交配也非奇谈，其结果是第一代的基因就像从牛奶表面提取的乳脂，第二代就是从乳脂中提取乳脂，第三代、第四代就这样一层一层地提取下去。任何牛奶工人都能够证明，这种过程很快就变得毫无意义。最后提取到的乳脂已经没有分离的必要。鼠尾草松鸡的情况也与之相仿。假如只有10%的雄鼠尾草松鸡能产下后代，不久所有鼠尾草松鸡的子孙不论雌雄都会有相同的基因。随之，选择雄性的过程也变得毫无意义。这一过程被称为“求偶场悖论”。所有现代理论都试图跨越这个障碍。他们是如何具体研究的，下面的章节我们将进行更详细的讨论。

蒙太古和凯普莱特

性选择理论在发展过程中逐渐分流出两个互相对立的派别，但尚未有固定的称谓。人们称之为“费舍尔”派和“上等基因”派。记下两派争论史的海伦娜·克罗宁（Helena Cronin）用“好品味”和“有智慧”来分别代表两派。有时候大家也俗称它们为“性感的儿子”和“健康的后代”。

费舍尔派的支持者（性感的儿子、好品位）提出雌孔雀选择英俊的雄性是为了把优秀的外貌传给儿子，让它们也拥有吸引雌性的外表，从而可以吸引更多的雌性。持上等基因（健康的后代、有智慧）理论的人却坚信雌孔雀之所以对雄孔雀的外貌如此挑剔是由于美丽是高质量基因——抵御疾病、活力、强健——的标志之一，雌性希望把这些优质基因传给后代。

并非所有的科学家都在二者之间选择阵营。一些人坚持调和两派的分歧，另一些则创立了第三个派别，他们高喊马库修[1]的台词——“你们两派都将大难临头”。但两派的势不两立就如同《罗密欧与朱丽叶》中蒙太古（Montagues）和凯普莱特（Capulets）之间的世仇那样持久。一场生物界的内战就这样展开了。

1　马库修（Mercutio），《罗密欧与朱丽叶》中的角色，罗密欧的一个朋友。——编者注费舍尔派支持者的见解大部分基于费舍尔关于专制时尚的理解。他们也同意达尔文的观点，认为雌性对于华美的喜好是随意的，并无明确目的。雌性根据雄性颜色的华美程度、羽翼的长度以及歌唱的精湛程度进行选择，因为整个物种都受这种随意的时尚支配，所以没有个体敢违抗。上等基因论者华莱士认为，雌性以长长的尾巴和嘹亮的歌喉作为标准择偶，这看起来既随意又愚蠢，但在这疯狂做法的背后却有理可循。尾巴和歌喉将雄性的基因清晰地展示在雌性面前。嘹亮的歌喉和长长的羽翼证明雄性可以哺育健康、有活力的儿女，正如雄燕鸥的捕鱼能力可以向雌燕鸥证明它有能力养活一家老小。装饰物和展示皆旨在揭示基因的本质。

这两种派别的分裂是从20世纪70年代开始出现的。当时已建立的有关雌性选择的理论得到了普遍认可。偏好理论或数学的学者倾向于费舍尔的论点，而田野生物学家或博物学家更倾向于上等基因论。

选择廉价吗?

第一轮争辩的获胜者是费舍尔派。费舍尔的理论得到了数学模型的验证。早在20世纪80年代初期，三位科学家利用电脑编程进行想象的游戏：雌性选择了长尾巴的雄性，生育的儿子也是长尾巴，而生育的女儿则和母亲有着同样的偏好。雄性的尾巴越长，配对成功的概率就越大，但存活到成功交配时的概率却越小。科学家发现，这个游戏中间存在着一条平衡线，游戏可以在任何时刻停止。在平衡线上，长尾巴对于生存的不便和它可以吸引异性的优势完美地中和了。

换句话说，在自然界中你会发现，雌性越挑剔，雄性的装饰物就越华丽、越精致。雄鼠尾草松鸡精心打扮，而被雌性选中的却寥寥无几；雄燕鸥从不装扮自己，却几乎都可以找到自己的伴侣。

这个模型也演示了整个过程不会偏离原本的平衡线，除非雌性对雄性的评价标准发生了变化或者雄性的外在装饰物成了累赘。但这些前提发生的概率很小。

对此，数学家进行了更深入的研究。如果选择的过程代价太高，对于雌性的影响就很大。如果和某个雄性交配所花费的时间多于孵蛋的时间或者有暴露在天敌老鹰眼皮底下的风险，那么这个平衡线就不复存在了。我们认为一旦整个物种达到了这个平衡线，长尾巴的负面影响和正面影响会彼此抵消，挑剔的代价过高会使雌性望而却步，从而变得冷淡。这似乎是费舍尔观点的致命伤，而上等基因论则激发了人们的兴趣。上等基因论认为有魅力的雄性等于不称职的父亲，而对于雌性们来说这绝对是挑剔的代价。

幸运的是，另一种数学观点给费舍尔的理论又带来了希望的曙光。诱发各种过分夸张的装饰物或长尾巴出现的基因有随机突变的倾向。所以物种的外在装饰物越精致，随机的变异就越有可能淡化这种装饰物，而不会向着更精致的方式演化。为什么？变异就像扔进基因工场中的一把扳钳，如果它在简单的装置中出现，可能不会过于影响装置本身的功能，比如水桶。但对于相对复杂的机器，就肯定会严重影响其功能。所以基因的任何变化都会使装饰物变小、失去平衡，色彩也会黯淡下来。根据数学家的观点，这种突变偏向足以让雌性选择外表华美的雄性，因为这样一来，华美的外表就会遗传给下一代；雌性选择了最华美的外表就意味着选择了基因突变最少的雄性。这种基因变异筛选的提法也驳斥了我们之前的困惑，即当优秀基因已经没有被再次提炼的余地时，接下来应该不会有太大的差别。基因突变就像是不断地把乳脂重新放入牛奶中。

10年数学游戏的结果最终证明了费舍尔派的正确性。装饰物逐渐变得越发精致、烦琐，只是因为雌性区别对待雄性，并追逐了这种潮流。而且它们的歧视越厉害，装饰物就越精细。费舍尔在1930年提出的观点是对的，但仍然很难令很多自然主义者信服，主要有以下两个原因。

首先，费舍尔假设部分有待证明的观点，即雌性早就有挑剔的习惯，对于整个理论来说尤为重要。费舍尔本人曾经对此进行了解答。他认为最初的雌性选择长尾的雄性是出于功利主义的考虑，例如：长尾能够显示它们出众的体格或超群的活力。这并不是一个愚蠢的看法，因为即使是一夫一妻的物种，每一个雄性都能赢得一个雌性（比如燕鸥），动物们仍然是挑剔的。不过这是一个来自敌对阵营的概念，上等基因论者回应称：“如果你承认我们的思路起初是正确的，为什么之后却又否认了呢？”

第二个原因属于实用层次。就算证明了装饰物是在以递增的速度变大，也并不能证明它确实发生了。电脑不是真实的世界。只有证实子代的性感程度确实促进了装饰物的进化的实验结果，才能说服自然主义者。

没有人设计过这样的实验，但那些像我一样倾向费舍尔派的人找到了一些相当有说服力的证据：环顾四周，你发现了什么？你会发现我们所讨论的装饰物确实是偶然事件的结果：雄孔雀裙尾上的“眼睛”，灌木松鸡可充气的气囊和长尾巴，夜莺婉转悠扬的歌喉，天堂鸟像三角旗一样的奇怪羽毛，园丁鸟对蓝色物体的收集，这些嗜好是任意性与多彩性的乱弹。当然，如果性选择造就的装饰物展现的是其主人的活力，那它们就不是完全随机的。

另一个证据似乎也更加支持费舍尔的说法，即复制的现象。如果你仔细观察一次求偶过程，你会看到雌性并不是自己拿主意的，它们会效仿其他雌性。雌鼠尾草松鸡更有可能与一只刚刚与其他雌性交配过的雄性交配；而雄性如果进行交配，会连续交配几次。如果把一只雌黑松鸡标本放入雄性领地，将会吸引更多的雌性进入该领地，虽然并不一定会引发交配。雌古比鱼（俗称孔雀鱼）若遇到两只雄性，若其中一只雄性正在追求另一只雌性，它会选择那个正在求偶的雄性。

如果费舍尔是正确的，这种跟风就是一种正常现象。那对于雌性而言，挑选的雄性是不是“最好的”并不重要，重要的是，它是不是最流行的，是不是她的儿子应当具备的品质。如果上等基因论是正确的，雌性就不应该受彼此的影响。雌孔雀甚至会阻止“姐妹们”跟风模仿，对于费舍尔的拥护者而言，这一点很有意义。因为如果希望自己的儿子成为最靓丽的孔雀，雌孔雀会采取两种措施：第一，和她们所认为的最美丽的雄孔雀交配；第二，阻止其他雌孔雀和该雄孔雀交配。

装饰物障碍

如果雌性们为了自己的儿子选择外表英俊的雄性，而不选择具有其他基因特质的雄性呢？上等基因论者认为美丽总是有目的的。雌孔雀选择基因优秀的雄孔雀，是为了使自己的后代不但可以生存，而且可以吸引异性。

上等基因论者也同样可以像费舍尔派那样，列举出一系列实验证据。那些允许自由交配的果蝇后代，比限定交配的果蝇后代的生命力更强。雌性的鼠尾草松鸡、黑松鸡、斑腹沙锥、黇鹿和寡妇鸟都喜欢挑选列队展示中“精气神”十足的雄性。如果把一只喂饱的雌黑松鸡放在两个求偶的雄性中间，雄性会殊死搏斗。胜者往往是最吸引雌性的雄黑松鸡，同时也是在将来的6个月中存活概率更大的雄性。这说明它所擅长的不仅仅是吸引雌性，它也擅长生存。雄家朱雀的颜色越明亮就会越受雌性欢迎，它也是一个好父亲，可以为子代提供更多的食物，它的寿命也更长，这可能是因为它的基因中抵抗疾病的能力更突出。如此说来，雌家朱雀选择颜色最红的雄性，也就是选择了最优秀的生存基因和魅力基因。

会讨雌性欢心的雄性，同时也擅长其他各方面的技巧，这并不奇怪，但这并不能证明雌性是在为后代寻找优秀的基因。它们会躲避那些孱弱的雄性，也许是为了避免被传染上病菌。这些观察结果并不能驳斥费舍尔的理论——英俊的雄性可以传给儿子的最重要的特质就是英俊基因，雄性也会把其他特质遗传给后代。

不过，想想新几内亚的园丁鸟吧。雄园丁鸟用树枝和蕨类建造精美的巢穴以引诱雌性。如果雌性认为巢穴做工精良且装饰精美，就会和雄性交配。这些装饰通常是特定的单一颜色的物品。有一种雄园丁鸟巢穴中饰有萨克森王国的天堂鸟的羽毛。这些羽毛比天堂鸟的身体长好几倍，它们就长在眼睛上方，很像汽车的天线。这些羽毛是天堂鸟4岁的时候才长出来的，每年只脱落一次。它们也是当地部落炙手可热的商品。所以说，想获得这种羽毛，对于雄园丁鸟来说十分不易。即使真正得到了，它们也要严密守护，以防被其他嫉妒的雄园丁鸟偷走去装饰它们的巢穴。所以用杰瑞德·戴蒙德(Jared Diamond)的话来说，雌园丁鸟发现了用这种羽毛修饰巢穴的雄鸟，就等于找到了能够寻觅或者偷得奇珍异宝，并且能够击败盗贼的伴侣。

关于园丁鸟，我们已经说了很多，那么这些羽毛的主人天堂鸟又是怎样行动的呢？事实上，它们若能存活到拥有很长羽毛的年纪，而且比周围天堂鸟的羽毛都长，又能把羽毛保持在良好的状态，就代表着基因优良。但这又使我们联想到了那个让达尔文想不通并引发争论的问题：如果羽毛代表了天堂鸟的基因质量，那么羽毛过长难道不会影响它们的生存质量吗？毕竟新几内亚的原住民都在捕捉它们，老鹰也会因为它们显眼的羽毛而轻易发现它们。长羽毛也许意味着它善于生存，但长羽毛又降低了它们的生存概率。这种羽毛确实是障碍。雌天堂鸟会选择擅长生存的雄性，而雌性的择偶体系又成了雄天堂鸟的生存障碍，这到底是为什么？

这是一个好问题，但答案却似是而非。这个问题的答案要归功于以色列科学家阿莫茨·扎哈维(Amotz Zahavi)。1975年，他发现孔雀的尾巴或是天堂鸟的长羽毛对生存所造成的影响越严重，雄性发送给雌性的信息就越诚实。它们在向雌性证明，长尾巴虽然是一个障碍，但它们通过了考验。即使情况不妙，它们依旧可以战胜困难存活到现在。环境越差，就证明它的基因越优秀。因此，成为障碍的长尾巴特质反而会进化得更快。这样一来，就严重地违背了费舍尔的预测，他认为一旦孔雀的尾巴成为严重的障碍，尾巴便会逐渐停止进化。

这是一个引人关注并似曾相识的观点。一个马赛骑士为了向自己心爱的人证明自己而去猎杀野兽。他面临被野兽咬死的危险，同时也表现出了保护牲畜的勇气和能力。扎哈维的障碍论就是这种故事的延展，然而却遭到各方面的攻击，大家一致认为他的理论是错误的。最有力的驳斥就是儿子从父亲那里继承生存障碍的同时，也继承了优秀基因，生存技巧会抵消它们未来所遭遇的危险。就算没有障碍，如果吸引力不够，它们的日子也不会好过。

然而近些年，扎哈维的理论得到了证实。数学模型证明他的观点也许是对的，驳斥他的人错了。辩护者为他的理论增加了两个要点，即与性选择中的上等基因论有特殊的关联。第一，这些装饰物可能在影响生存和彰显优秀的同时，也逐渐促成了这种结果。越弱小的雄性，长出或保持特定长度的尾巴就越困难。的确，燕子的实验证明，通过加长尾巴来提升地位的燕子，无法自然长出和之前一样长的尾巴，这说明加长尾巴确实需要付出代价。第二，也许那些形成障碍的装饰物是揭示缺陷的一种方式。毕竟，如果天鹅不是白色的，它会更容易存活下来。所以它们都是到了繁殖期才变成白色。公天鹅也许希望用更为洁白的羽毛向母天鹅证明，自己在觅食之余还有时间打理自己的羽毛。

扎哈维理论重新得势，又一次点燃了费舍尔派和上等基因论者之间的战火。在此之前，只有认定装饰物不会妨碍雄性的生存，上等基因论才能自圆其说。雄性可能借此宣传自己的基因质量，但若不是为了生育出英俊的后代，那代价实在是太高昂了。

布满虱子的雄性

障碍理论遭遇到了性选择的核心难题。这就是求偶场悖论：雌孔雀经常选择少数几个最优秀的雄孔雀交配，这恰似不断地从基因中提取精华，结果导致在短短几代之后，就没有多样化的基因可选择了。上等基因理论认为变异会使装饰物和展示效果减弱，但这只是部分答案，没有说服力。毕竟，它仅仅主张不选择最差的，但没有主张要选择最好的。

只有红皇后效应可以让我们摆脱这种两难境地。总的来说，性选择理论认为，雌性不停地奔跑（不断地挑选），然而却始终停留在原点（没有多样性可供选择）。当我们发现这点时，应该提防那些不断发展变化的天敌和军备竞赛中的对手。前面提到，汉密尔顿认为性是对抗疾病的一个重要部分。如果性主要是为了使后代免受寄生物的侵害，那么寻找有优秀的抵御寄生物基因的交配对象，才是最直接有效的。艾滋病强烈提醒我们选择一个健康的性伴侣的重要性，类似的逻辑适用于所有的疾病和寄生物。1972年，汉密尔顿和他的同事玛琳·祖克（Marlene Zuk，目前在加利福尼亚大学河滨分校工作），指出寄生物是解释自相矛盾的求偶场悖论以及华丽的色彩和孔雀的尾巴等现象的关键所在，因为寄生物和它们的主人在不断变换着基因的锁和钥匙，以求胜过对方。某代寄主的基因越常见，那攻克其防御能力的下一代寄生物就越常见。反之亦然，寄主抵御寄生物最强的基因，就会成为下一代寄主最普遍的基因。这样一来，抗病力最强的雄性可能就是上一代抗病力最弱的雄性的后代。因此，这种自相矛盾的择偶场悖论便迎刃而解了。在每代中挑选最健康的雄性，也就意味着雌性在不同的时间选择了不同的基因，从而确保了基因的多样性。

虽然汉密尔顿—祖克的寄生虫理论很大胆，但两位科学家并没有止步于此。他们查看了109种鸟的相关数据，结果发现在颜色最艳丽的鸟中，血液寄生虫病最猖狂。这种说法虽饱受争议，但似乎已被证实。祖克研究了其他526种热带鸟类，得出了相同的结果。其他科学家证实天堂鸟和多种淡水鱼中也有这种情况——寄生物越多，宿主就越是引人注目。即使在人类中似乎也有类似的趋势，在一夫多妻制盛行的社会中，寄生物的危害也越大，但尚不明确这种现象是否有意义。也许一切都只是个巧合，有联系并不代表一定是因果关系。若把这个想法转化为实际的理论，还需要三个方面的证据：第一，在寄主和寄生物中，存在一种基因循环的规律；第二，装饰物能够明确证明寄生没有受到寄生物的侵扰；第三，基于第二点，雌性有目的地选择了对寄生物抵御能力最强的雄性，而不是碰巧为之。

在汉密尔顿和祖克发表了他们的理论后，相关的证据铺天盖地而来。一些是支持他们的，另外一些则是反驳他们的，但没有任何一个可以同时满足上面那三条证据。就像理论预测的那样，物种越华丽，就越饱受寄生物困扰。因此可以预测的是，在同一物种当中，雄性的装饰物越华美无瑕，说明它受寄生物的困扰越少。这一点在许多案例中已经得到了证实。另外雌性更加偏爱寄生物少的雄性也是事实，鼠尾草松鸡、园丁鸟、青蛙甚至蟋蟀皆是如此。在燕子中，雌性普遍喜欢拥有较长尾巴的雄性，而那些雄性身上的虱子通常是同类雄性中最少的。即使由养父母抚养长大，幼燕也会继承这种抵御虱子的本领。从野鸡到家禽都有类似的现象。对于这些结果，我们并不感到意外。假如雌性不被健康的雄性吸引，反而会被骨瘦如柴又疾病缠身的雄性所引诱，那才会让我们吃惊。所以雌性躲避孱弱的雄性，最合理的解释就是，雌性不希望自己被传染上雄性身上的病菌。

许多怀疑者开始逐渐接受了鼠尾草松鸡的实验结果。马克·博伊斯（Mark Boyce）和他的同事在怀俄明大学发现感染疟疾或是长满虱子的雄鼠尾草松鸡都不易受到雌性的青睐。他们也观察到鼠尾草松鸡身上的虱子很容易被发现，因为它们在鼠尾草松鸡的气囊上留下了许多斑点。博伊斯和他的同事在健康的雄性气囊上画上类似的斑点，这些雄性的交配概率就大大降低了。如果他们可以继续证明由雌性选择介导的从一个抗病基因到另一个抗病基因的周期，那上等基因论者将从中获得有力支持。

匀称的美

1991年罗伊·安德森和安德鲁·波米安可夫斯基无意中发现了一个可能平息费舍尔派和上等基因派战争的方法——匀称。在动物成长发育过程中有一个广为人知的事实，如果动物成长时状态良好，它们的身体就会更加匀称，反之如果成长期间总是面临生活压力，它们的身体就趋向不匀称。比如，若雄蝎蛉身体健康，有能力养活妻子，那么它的后代的身体就很匀称，其道理就是前面所提到的“工厂里的扳手”。制作匀称的东西并不简单，一旦出现差错，事物很有可能向畸形发展。

正常情况下，翅膀和喙是最匀称的，但过度的压力会使其产生异变，导致比例失调，过小或过大。如果上等基因论是正确的，最大的装饰物应该是最匀称的，因为它象征着最好的基因和最小的生活压力。如果费舍尔的观点是对的，装饰物的大小则与匀称与否无关；如果有关系，那些拥有过大装饰物的个体将是最不匀称的，庞大的装饰物只能表示它的主人可以生长出比别人都夸张的装饰物而已。

安德森观察到，在他所研究的燕子中间，那些拥有最长尾巴的燕子同样也是最匀称的。这与其他羽毛的生长模式完全不同，比如翅膀只是依照一般规律发展。那些最匀称的燕子，翅膀总是接近平均长度的。换句话说，其他羽毛通常呈U形对称，而尾巴却稳稳地向上延伸。因为他观察到，长尾巴燕子的确是那些成功吸引配偶的族群，他推断最匀称的尾巴应该也会表现良好，所以安德森剪短或加长它们的尾巴，这增加或者减少了它们尾巴的匀称性。他发现那些有较长尾巴的燕子能更迅速地找到交配对象并生育更多后代，在每种尾巴长度相同的燕子中，那些更匀称的燕子总是表现得更为优秀。

安德森认为这一实验结果是支持上等基因论的明显证据，因为它表明一个条件依赖性的性状——匀称，是性选择的。他和波米安可夫斯基一起，把那些在匀称和大小之间展现出相关性或没有展现出相关性的装饰物分开，事实上也就分开了优秀基因论和费舍尔理论的针对对象。他们最初的结论是有单一装饰物的，比如长尾巴的燕子是上等基因选择者，形状越大，就越匀称；而那些拥有多种装饰物的物种，比如，长尾巴的雉鸡、红色蔷薇形的脸部花饰以及艳丽的羽毛花式，大多数都是费舍尔式的，也是匀称与装饰物大小没有关系的物种。从那以后，波米安可夫斯基开始从不同的角度分析这个问题。他提出当雌性选择的成本很低时，费舍尔理论和多种装饰物就会大行其道；反之，当雌性选择代价提升时，上等基因论居主导地位。最后的结论还是一样的——孔雀是费舍尔理论式的，燕子是上等基因论式的。

诚实的原鸡

到目前为止，我们主要从雌性的角度分析了雄性装饰物的进化，因为是雌性的喜好促进了这种进化。但像孔雀这样的物种，虽然是雌性在选择，但雄性也不是完全被动地接受进化命运的安排。它既是热情的求婚者，又是热心的推销员，它推销的商品就是自己的基因，或许还有基因所表达出来的信息，但它不会简单地把信息传递给雌性，然后等待雌性的判决，雄性会引诱并且说服雌性。雌性精挑细选，雄性则卖力推销。

这种方式与广告促销很相似，广告商的促销手段不限于提供商品的资讯，他们会说谎、夸大其词并且将之与引发愉悦幸福的画面相联系，例如，他们会利用性感的图片推销冰激凌，使用情侣在海滩亲密地牵手散步的图片促销机票，或把即溶咖啡和罗曼蒂克联系，把香烟和西部牛仔联系到一起……

当一个男人追求女人的时候，他不会直接送她支票，珍珠项链才是最佳选择；他不会把医生的体检报告拿给她，相反他会在无意中透露自己每周跑20英里，而且从不感冒；他不会告诉她自己的学历，而是无意间流露出自己的才华；他从不表达自己有多么体贴，而是在她生日时送上一束玫瑰花……每个动作都流露出相关信息：我富有，我健康，我聪明，我优秀。这些信息经过包装后，会更加有效、有魅力，就如同在“来买我的冰激凌”信息旁边配上一幅青春靓丽的情侣亲密分享冰激凌的图片。

求偶过程，就像广告一样，买卖双方的利益是有差距的。雌性希望知道雄性的真实信息，比如它的健康、财富和基因，雄性则希望夸张自己的所有信息。雌性想要知道事实真相，而雄性想的是如何说谎。“勾引”这个词的背后似乎隐藏着阴谋诡计与操控利用。

因此，“诱惑”成了红皇后效应的一个经典内容，然而这次的两名主角由寄主和寄生物转变成了雄性与雌性。经过汉密尔顿和祖克验证的扎哈维的障碍理论预测，诚实终将胜利，而欺骗总有败露的一天。这是因为障碍是雌性的选择标准，它可以暴露雄性真实的健康状况。

红原鸡是家鸡的祖先。像牧场里的公鸡一样，雄红原鸡也具有同类异性所没有的一些特征：长而弯的尾羽，颈部艳丽的环状毛，头顶上的红色鸡冠和嘹亮的啼鸣。祖克希望能够在这一系列特质中找出对雌红原鸡最为重要一项，因此，她在一只性成熟的雌红原鸡面前拴了两只雄鸡，观察雌红原鸡会选择哪只雄鸡。在实验过程中，她刻意让一只雄鸡感染了肠道寄生虫，这对它的羽毛、嘴和腿的长度有轻微的影响，而其鸡冠和眼睛的颜色则远没有健康的雄鸡颜色艳丽。祖克发现雌红原鸡偏爱那只拥有健康的鸡冠和眼睛的雄鸡，但并不太关注雄鸡的羽毛。她试图对一些雄鸡的鸡冠进行人工改造，但并没有获得雌红原鸡的青睐，它们也许觉得太奇怪了。以上信息已经足以证明雌红原鸡对雄鸡身体上最能显现健康信息的特征最关注。

祖克了解到，饲养家禽的农民，也是通过观察小公鸡的鸡冠和肉坠儿来判断它的健康状况的。让她困惑的是为什么公鸡的肉坠儿比羽毛更能够诚实地显示它们的健康情况。一些家禽，尤其是雉鸡，在对异性展示自己的过程中会凸显脸部的一些肉质结构：火鸡喙附近长着长长的肉坠儿，野鸡的脸上有红色“玫瑰”，鼠尾草松鸡则显露它独特的气囊，角雉的下巴下方有一种可展开的铁蓝色围裙。

小公鸡的鸡冠之所以呈现出红色，是体内的类胡萝卜素的显现。雄古比鱼的橙黄色皮肤、梅花雀和红鹤身上的红色羽毛也是拜类胡萝卜素所赐。这种类胡萝卜素最奇特的一点是，鸟类和鱼类自身的组织并不能合成这种元素。这些元素主要是它们从食物如水果、贝类或者植物及无脊椎动物中摄入的。但摄入类胡萝卜素并传送到身体组织的能力，和一种特定的寄生物有关。例如，一只感染了球虫病的小公鸡摄入这种元素的能力会大大降低。没人知道为什么寄生物会引发这种特殊的生化效应，但这似乎是不可避免的，而且在雌性择偶时非常重要。在含有类胡萝卜素的组织中，我们可以通过外在的颜色来判断它被寄生物感染的程度。如此一来，那些用来展示的肉状装饰物会呈现红色或者橘黄色就不足为奇了，如野鸡和松鸡的头冠、肉坠儿和耳垂。

鸡冠的大小和明艳程度会受到寄生物的影响，但其本质是由激素决定的。睾酮在小公鸡血液中的浓度与它的鸡冠和肉坠儿的大小和颜色都成正比。对于小公鸡来说，真正的问题在于，睾酮的浓度越高，它受寄生物干扰的概率也越大。激素本身会降低寄主抵御寄生物的能力。另外，当遭遇情感危机的时候，皮质醇，即“压力”激素就会释放到血液当中，严重影响免疫系统，没有人知道为何会如此。一项对西印度群岛儿童皮质醇水平的长期研究发现，家庭的紧张关系或其他压力会增加儿童体内的皮质醇浓度，此类儿童更容易在短期内感染疾病。皮质醇和睾酮都属于类固醇激素，有相似的分子结构。把胆固醇制作成类固醇或睾酮需要五个步骤，其中只有最后两步是不同的。类固醇激素确实有抑制免疫系统的作用。睾酮对免疫系统的影响就是男人可能比女人更容易感染疾病，在动物界也是如此。有意思的是阉人一般比正常男人活得时间长，而雄性生物所遭受的压力和死亡率要更高。在澳大利亚，有一种很小的生物叫袋鼬，这个物种的所有的雄性在繁殖期会感染某种致命的疾病而集体死亡。好像雄性动物的精力只能用在睾酮或免疫系统上，但无法同时供应两者。

由此可见，性选择的含义就是撒谎会被惩罚。性激素水平过高可以让装饰物更加靓丽，却也令其免疫系统更加不堪一击，受寄生物侵犯的情况最后又会显现在装饰物的状态上面。或者，相反，免疫系统抑制了睾酮的产生。用祖克的话说：“获得了雄性的装备之后，雄性也必然更容易受到疾病的侵害。”

这些推测的最好证据来自对拟鲤的研究。拟鲤是一种生活在瑞士比尔湖中带有红色鱼鳍的小鱼。雄拟鲤在繁殖期会在身上长出小的结节，这些小结节似乎能在鱼体互相摩擦时刺激母鱼。它们身上的寄生物越多，结节就越少。动物学家可以单单从雄性外表的结节来判断它是否已被蛔虫或扁虫感染了。如果动物学家可以判断出这点，那么可想而知，雌性也可以通过这点来做出判断。这种模式是由不同的性激素导致的。有些性激素的提高必须以牺牲拟鲤抵抗蛔虫的能力为代价；有的性激素则使拟鲤不得不放弃对扁虫的抵抗力。

如果小公鸡的肉坠儿和拟鲤的结节都是诚实的信号，那大概一些动物的歌声也是如此。例如，如果夜莺的歌声嘹亮、持续时间长就表示它有着强壮的体魄；曲调婉转悠扬就代表它经验丰富或者天赋异禀，或者二者兼有。一对雄侏儒鸟的精彩展示或许也是一种诚实的信号。只会展示自己羽毛的孔雀或者天堂鸟也许是骗子，自从长了尾羽，它的精力就已经被坏习惯消耗殆尽。毕竟，孔雀在死后，羽毛仍然会保持着最初的光鲜亮丽。多数雄性并不会在繁殖期间换羽，而是在前一年的秋天就换上春天的羽毛，这也许并不奇怪。为了来年的繁殖期，它们必须整个冬天都保持羽毛的整洁。雄性以6个月悉心照顾羽毛的举措向雌性证明它们的活力多持久。汉密尔顿指出，鸟类如果感染了痢疾，尾巴周围的一圈白色蓬松鸟羽是很难保持清洁的。

扎哈维认为，诚实是障碍的先决条件，反之亦然。诚实就意味着持有装饰物一定需要付出某种代价，否则它就变成了一种欺骗的手段。鹿在长出美丽的鹿角的同时，就必须付出5倍的钙消耗量代价。鲔鱼若身体状况不好，就不会拥有浮华的亮蓝色，争斗中的雄鱼，常常凭借这一点来判断对方的身体状况。假如有人不想遵守比赛规则，使用诚实的信号时有所隐瞒，那么雄性就一定会被拖进这种诚实展示中。因此，装饰物的展示就是一种真实的广告。

所有的一切似乎都合乎逻辑，但在1990年，一群生物学家开始感到不安。他们本能地厌恶性广告就是事实的说法，因为他们知道电视广告并不是在传递信息，而是在操控观看者的购买欲望。同理，他们认为，所有动物之间的交流，其目的都是为了控制接收信息的异性。

首先提出这个观点的是来自牛津大学的两名生物学家——理查德·道金斯和约翰·克雷布斯。根据他们的观点，夜莺唱歌不是为了向未来的配偶介绍自己，而更多的是为了引诱它们。也许那意味着它隐瞒了自己的真实本领。从表面来看，冰激凌广告是诚实的，因为它告诉别人它的真实品牌；但它也有不诚实之处，广告暗示着每吃一勺冰激凌，美妙的性就会相伴相随。这种粗制滥造的谎言当然欺骗不了人类智慧的头脑，但广告照样发挥着作用。广告附上吸引人或是性感的图片就能令某些品牌更知名，而知名的品牌就会有很好的销量。那为什么这种方式会起作用呢？因为如果消费者忽略了这种潜意识的信息，他们就要付出高昂的代价。他们宁愿去买口味稍差的冰激凌，也不愿意浪费时间去学习如何抵御这些推销。

在雌孔雀认识到这一点时也许会开始意识到自己的两难处境。对它们来说，被雄性的展示欺骗而接受非最佳的雄孔雀也是十分可能的事情。但我们不要忘记，求偶场悖论在于雌性的选择机会并不多，因为所有的雄性都是上一辈少数几个雄性的后代。所以诚实的广告理论和不诚实的欺骗操控理论似乎各自得到了不同的结论。诚实理论认为雌性可以发现那些具有欺骗性的诱惑者；不诚实的操纵理论认为雄性可以诱惑雌性从而获取其芳心。

为什么年轻女人都有纤细的腰身？

玛丽安·道金斯（Marian Dawkins）和蒂姆·吉尔福德（Tim Guilford）最近为这个谜题找出了解决办法。一旦发现这些不诚实信号代价过高，雌性可能就会感觉这么做是不值得的。换句话说，如果她需要冒着生命危险去寻找和比较，才能选择最优秀的伴侣，那么她所承担的风险远远大于挑选最优秀的性伴侣所得到的边际利益。对雌性来说，与其使最优秀的雄性成为普通雄性的公敌，还不如选择一个向自己示爱的普通雄性。而且如果她无法辨别雄性是否诚实，其他的雌性也一样无法区分，那么她的儿子就不会因为遗传了父辈的不诚实因素而受到惩罚。

几年前，密歇根大学的博比·洛(Bobbi Low)和她的同事提出了具有争议的有关人类的理论，正好为这个逻辑推理提供了很好的例证。她希望能够解释为什么年轻女性胸部和臀部的脂肪比其他身体部位的脂肪要多。在这一点上，年轻女人和其他年龄段以及不同性别的人有显著区别，所以需要做出解释。小女孩、老妇人和男人的脂肪平均分布在全身各个部位；而20多岁的年轻女性体重增加的时候，大多数脂肪会直接堆积在乳房和臀部，而腰身却保持原有的纤细。

这些都是不容争辩的事实。接下来的说法全部是相关的推测。博比·洛在1987年发表了自己的观点，却引起了一些恶意(甚至愚蠢)的批评。

20岁的女人们正值她们的繁殖和生育高峰，不寻常的脂肪积累可能与寻觅伴侣或者孕育孩子有关。最标准的解释是为了孕育孩子，因为腰部如果脂肪过多，就会影响胚胎的发育。博比·洛认为这是以红皇后效应的方式所进行的男女竞赛，并和吸引异性有关。当男人寻觅妻子的时候，他们通常会关注女性的两个部位：丰乳和肥臀。丰满的胸部利于哺乳，肥臀利于生产。在旧社会的时候由于母乳不足导致婴儿死亡的情形很普遍，目前在部分地区仍然会出现这种情况；产道狭窄导致母子俱亡的情形在过去一定也很常见。在过去的500万年里，婴儿的头围迅速增长，因此出生并发症也尤为常见。（在恺撒大帝的母亲实施剖宫产以前）唯一的办法就是通过自然选择淘汰臀部狭窄的女性。

早期的男人对于拥有较宽臀部和较大胸部女人的偏爱并不能解释脂肪为何在胸部和臀部堆积，因为脂肪多的胸部不一定比脂肪少的胸部产生的母乳多；骨骼之间并没有任何差异时，肥硕的臀部并不比瘦小的臀部更能促使产道张开。博比·洛认为女人觉得通过增加这两个部位的脂肪堆积，可以欺骗男人，使他们产生奶水充足、骨盆宽的错觉。男人很容易受骗上当，因为若想分清真伪，男人需要付出高昂的代价，而且他们也缺乏辨别真伪的机会。从进化论的角度来说，男人也采取了反击措施，他们要求女人以细腰来证明皮下脂肪是很少的。然而女人在身体其他部位堆积脂肪的同时，依然可以保持纤细的腰身。

博比·洛承认自己的理论也许是不正确的。但其逻辑性并不差，同时它也能够证明，在不诚实的广告商和要求诚实的观看者之间所进行的红皇后式竞赛中，获胜的并不一定是要求诚实的一方。如果博比·洛是正确的，那么关键就在于脂肪比乳腺组织来得更容易，就像对于道金斯和吉尔福德来说，欺骗比真实更廉价。

咯咯叫的青蛙

雄性的目的在于引诱。它试图控制雌性，使雌性为它倾倒，进而控制雌性的思想。进化的压力迫使它要完美地展示，要让对方充分地倾心于它，从而挑起异性的欲望，最后达到交配的目的。雄蝎子在引诱雌性交配的过程中会冒着死亡的危险，一步错误的引诱就可能让雌性把它当成一顿美味的大餐。

假设雌性可以从选择佳偶的过程中获得好处，那么雌性的进化压力就会逐渐演化出一些抵御诱惑的能力，它可以抗拒除最迷人的展示以外的一切诱惑。这点其实是关于雌性选择理论的一个简短重述，只是相较于强调为什么选择，它更强调如何选择。这种表述格外具有启发性。得克萨斯大学的迈克尔·莱恩（Michael Ryan）在几年前研究青蛙的时候重申了这个问题。他发现很容易确定雌性的偏好。当雄性站在一个位置呼叫的时候，雌性会循声移向自己最心仪的那只雄性。莱恩录下了几只雄性青蛙的叫声，用扬声器播放给一只雌性听，然后判断它的喜好。

雄性南美泡蟾先发出很长的叫声，继而发出一阵“咯咯”声以吸引雌性。它的近亲们中都不能发出类似的“咯咯”声，但至少有一种不能发出这样声音的雌性会偏爱这种声音。这就好像新几内亚岛的原住民发现女人穿白色婚纱比穿当地部落的套装更具吸引力。对于这种声音的喜爱主要是由于雌泡蟾的耳朵（确切地说，内耳的基底乳头）正好对应这种“咯咯”声的频率。而雄性在进化的过程中发现并且利用了这一点。莱恩认为这一事实打击了雌性选择理论。性选择理论无论以费舍尔的性感儿子形式出现还是以优秀基因的形式出现，它都认为雄性的装饰物和雌性的偏爱是同时进化的。但莱恩的实验结果似乎表明，偏爱在雄性的装饰物产生之前就已经存在了。也就是说，在100万年前公孔雀看起来还像一只大公鸡的时候，雌孔雀就已经对虹眼图案的尾巴有好感了。

为了证明雄性南美泡蟾的声音并不只是一个偶然现象，莱恩的同事亚历山德拉·巴索罗（Alexandra Basolo）在阔尾鱼的身上发现了同样的现象。雌阔尾鱼喜欢尾巴上有剑状突出物的雄性，但剑状尾巴是另一种叫作剑尾鱼的物种才具有的特征，而所有和阔尾鱼有近亲关系的其他鱼都没有"剑"。如果说正常的进化过程不是剑尾鱼进化出剑尾而是阔尾鱼及其近亲"放弃"了剑尾的话，则很难令人信服。因为雌阔尾鱼对剑状尾巴的潜在偏好存在于剑尾出现之前。

从某种角度来说，莱恩的说法并没有多少突破。因为在某种意义上，雄性的展示需要符合雌性的某种感知系统，这是可以预料的。猴子和猿是唯一对颜色敏感的哺乳类动物，所以它们用亮蓝色和粉色等艳丽的色彩作为装饰物也就不足为奇了。同样的道理，没有听觉的蛇就不可能以唱歌的方式来吸引异性的注意。的确，我们可以列出一系列从五官感知能力出发吸引异性的方式，比如孔雀的尾巴是视觉的冲击，夜莺的歌声是听觉的享受，麋鹿的香气是嗅觉的体验，蛾子的信息素是味觉的刺激，某些昆虫的"虚拟阳具"是触觉的刺激，发电鱼的电讯是第六感的传递。每个物种都会努力开发雌性最擅长感知的刺激。从某种意义上来说，这又回到了达尔文的原始观点，即雌性都具有审美意识，这塑造了雄性装饰物的特点。

另外，可以意料到的是，雄性会挑选最不危险、最廉价的展示方式。这么做的雄性会因此活得更长久并留下更多的后代。就像所有观鸟者了解到的那样，鸟类歌声的美妙程度与其羽毛颜色的华美程度成反比。那些优秀的鸟类男中音，如雄夜莺、喉鸟或者百灵鸟，几乎都是棕色并且很难与雌性区分开来。雄性的天堂鸟和雉鸡外表华丽，雌性则平淡无奇，而雄性的叫声都十分单调甚至有些许走调。类似的规律在新几内亚和澳大利亚的园丁鸟身上也有所体现。看上去越迟钝的鸟，它们的巢穴就装饰得越漂亮。也就是说夜莺和园丁鸟把重点从明艳的颜色转移到了婉转的歌喉或精致的巢穴上了。这么做的好处是显而易见的。危险来临时，夜莺的歌声可以随时戛然而止，而园丁鸟则会舍弃巢穴。

关于这种模式的更直接证据来自鱼类。加利福尼亚大学的约翰·恩德勒(John Endler)在研究古比鱼的求偶行为时，关注到了雄古比鱼的颜色。鱼类的色觉很敏感，人类的眼睛有三种颜色感知细胞(红色、蓝色和绿色)，鱼类却有四种，而鸟类有七种。与鸟类相比，我们眼中的世界是单色的。鱼类感知的世界也与我们不同，因为它们可以通过不同的方法过滤出不同的颜色。它们生活的地方越深，穿透的红光与蓝光相对就少。水的颜色越接近棕色，蓝光透射的概率也越小。水的颜色发绿时，红光和蓝光几乎很难透射，等等。生活在南美河流里的安德拉斯古比鱼，求偶期间生活在清水之中，此时橙色、红色和蓝色最明显。然而它们的天敌却生活在黄光穿透最好的河流里面，所以我们不难理解为什么雄古比鱼永远不会呈现黄色。

雄古比鱼利用两种颜色：一种是红橙色，它是由古比鱼从食物中摄取的一种类胡萝卜素造成的；另一种是蓝绿色，当古比鱼成熟的时候，皮肤里会产生鸟嘌呤结晶体，从而导致这种蓝绿色的形成。在茶色的水中，红橙色更为显眼，所以生活在这里的雌古比鱼对红橙色的光比对蓝色的光更敏感。雌古比鱼的大脑与雄古比鱼显示的红橙色类胡萝卜素的波长完全匹配，也许反之亦然。

莫扎特和美洲黑羽椋鸟之歌

马克·柯克帕特里克继承了得克萨斯大学迈克尔·莱恩的研究路线。柯克帕特里克被誉为最通晓性选择理论的学者之一。的确，他是20世纪80年代早期那些使费舍尔理论在数学上得到认可的学者之一。然而现在他拒绝在费舍尔和扎哈维理论中二选一，部分是因为莱恩的科学发现。

这不代表柯克帕特里克像赫胥黎一样反对雌性选择论。赫胥黎认为雄性是通过相互争斗来做选择的，然而柯克帕特里克倾向于相信，在许多物种中，雌性拥有选择权，只是它们的偏好没有进化。它们仅仅是用自己特殊的喜好规范雄性。

上等基因论和费舍尔理论都痴迷于为有利于雄性的展示找原因。柯克帕特里克则是从雌性的角度出发的。他说，假设雌孔雀的喜好的确决定了雄孔雀的尾巴，那为什么我们一定要从对子女影响的角度来解释雌性的喜好呢？雌孔雀没有这么做的直接理由吗？它们的偏好是否完全由别的事物来决定？他认为“影响偏好的其他进化动力将超越上等基因因素，而且最终都会确立降低雄性存活机会的偏好”。

雌性的偏好各异，但并未牵涉进化，近期的两个实验可以证明这一点。美洲黑羽椋鸟是一种黑色的中型鸟，雄性通常只唱一种歌，雌性却喜欢与能唱多种歌曲的雄性交配。来自匹兹堡大学的威廉·瑟西(William Searcy)找到了原因。雌性美洲黑羽椋鸟会走到正在播放歌曲的扬声器面前，摆出一副诱惑的姿态，好似等待雄鸟前来交配。但当它对同样的歌声感到厌倦时，这种倾向就降低了。只有当扬声器开始播放新的歌曲时，它的引诱才重新开始。这种“习惯性”只是大脑运作方式的结果。我们的感官，以及这些美洲黑羽椋鸟的感官，关注的是新颖和变换的事物，而不是一成不变的状态；雌性的喜好没有进化，一直都是这样。

也许性选择理论中最令人吃惊的发现就是20世纪80年代早期南希·波利对斑胸草雀的研究成果。但她只研究了这些澳大利亚的小草雀如何选择它们的配偶。为了便于观察，她把这些草雀养在一个鸟舍中，并且用彩色的环在每只草雀的脚上做了记号。一段时间后她有了新奇的发现——有红色环的雄性得到了雌性的青睐。进一步的研究证明，这些环对雌性和雄性的“吸引力”都有极大的影响。有红色环的雄性最具吸引力，而那些戴绿色环的则不受欢迎；戴黑色或粉色环的雌性大受欢迎，然而那些戴淡蓝色环的则受到冷落。不仅脚环具备这种功能，粘在鸟儿头上的小纸帽也改变了它们的吸引力。雌斑胸草雀的择偶标准很简单：雄性身上的红色越多（或者绿色越少，这与红色和绿色被大脑看成是相对色是同一个道理），就越有吸引力。

如果雌性具有审美偏好，那么雄性进化并且开拓雌性的审美偏好是符合逻辑的。比如，雄孔雀尾巴上的眼睛可以诱惑雌性，因为它们像一双双放大版的深情的眼睛。对于许多动物来说，眼睛在视觉上引人注目，甚至有一种催眠的作用，尤其是大量出现时，这种温和的催眠作用使雌孔雀更加为之倾倒，从而给予雄孔雀可乘之机。就像一贯发现的那样，"异常刺激"比平常的刺激更加有效。例如，许多鸟类都希望自己巢穴里面有一只巨大无比的蛋。与普通尺码的蛋相比，母鹅更喜欢孵一只足球大小的蛋。它们大脑里面好像被装上了一种固定程序，即"喜欢蛋，蛋越大，我就越喜欢"。因此可能是眼睛越大越能得到雌孔雀的青睐，雄孔雀开发了这种喜好，在尾羽上进化出了许多类似眼睛的图案，而雌孔雀的喜好却并没有进化。

有缺陷的广告商

来自伦敦的安德鲁·波米安可夫斯基同意迈克尔·莱恩和马克·柯克帕特里克的观点，但对雌性的偏好部分却存在质疑。他认为安德鲁和柯克帕特里克所思考的仅仅局限于雄性通过改变自己的特征来迎合雌性审美的部分，但那并不意味着雄性夸张的表现与雌性偏好的变化无关。雄性装饰物的夸张程度一代代不断加深，雌性不可避免地会遇到费舍尔理论。我们可以想象最挑剔的雌性会选择最有魅力的雄性，生下更漂亮性感的儿子，继而得到更多的孙女。因此雌性变得越来越挑剔，越来越难以引诱。安德鲁写道："现在的核心问题不是这种感官上的探索是否存在，而在于雌性为什么要让雄性发现它们的审美取向呢？"另外，如果认为青蛙的耳朵是用来感知天敌的，而并非通常所说的选择配偶，也并不妥当。

因此，莱恩和柯克帕特里克的看法可能会得到学者的支持，他们认为雄性奢侈的求偶展示体现了雌性与生俱来的品位，同时我们不否认这些品位有利于雌性为下一代选择最好的基因。雄孔雀的尾巴是雌性天然喜好的证明（它们喜欢像眼睛一样的物体），是雌性专制时尚的失控产物，同时它也透露了雄性的身体状况等情况。这种中立又多元化的观点并不能满足所有人，然而安德鲁坚持认为这一观点并不是讨好所有人的万能贴。一天，在一家印度餐馆里，他在一张餐巾纸上貌似合理地解释了所有的性选择理论是如何协同作用的。

每个雄性特征都是由偶然变异引起的，如果正好与雌性的某种喜好相符，它就逐渐变得流行起来。随着雄性特征的传播，费舍尔理论开始起作用，雄性的特征和雌性的偏好同时越发凸显。最终，这种特征在所有的雄性中普及，而雌性就没有必要再继续追随这种时尚了。雌性需要花费更多的时间和精力在不同的雄性中比较挑选这种特征，也就是说，现在雌性的选择需要付出昂贵的代价，所以特质又开始衰退。雌性付出的成本越少，费舍尔理论淡化的速度也会越慢，例如，存在求偶展示的物种中，雌性可以在短时间内观察到所有雄性的特点。然而有些雄性特质不会褪去，因为这些特质恰巧反映了雄性的身体状况。例如，若雄性感染了寄生物，它们的颜色也会随之改变，所以雌性实际上选择的仍然是最好的雄性。雌性一直在选择最引人注目的雄性，这样就可以生育有抗病力的后代。换句话说，反映身体情况的装饰物不仅仅可以达到夸张的程度，并且延续时间也最长。费舍尔式的夸张特质仍会出现在有求偶展示的物种中，因为它们的成本比较小。结果那些杂交程度最重的品种集合了所有的缺点、装饰物和花哨的斑点。安德鲁根据之前讨论的匀称观点，认为奉行一夫多妻制的鸟类，比如孔雀，其装饰物是费舍尔式的装饰物，而那些一夫一妻制的鸟类往往只有一种特质，比如燕子的剪刀尾巴，是上等基因式的装饰物或透露健康信息的障碍。

等下次你在春天逛动物园的时候，观察一下来自中国的雄白腹锦鸡是如何在雌性面前展示自己的。雄白腹锦鸡把自己装扮得五彩缤纷：浅绿色的脸庞，火红的凤冠，宝绿色的喉咙，祖母绿色的后背，橘黄色的臀部，肚子是清新的白色。在它的脖子周围有一圈镶嵌黑边的白色羽毛，尾巴的底部有五对朱砂色羽毛，白色的尾巴点缀着黑色的条纹，比它的身体还长。在这种情况下，任何损坏的羽毛在身体的任意部位都会十分显眼。它是上等基因的典范，由于它要用保持清洁、健康并远离危险证明自己基因优良，雌白腹锦鸡的审美偏好也由此形成。

有人性的孔雀

孔雀和古比鱼的滑稽行为引起了自然学家的兴趣，学习进化的学生也经常在考试中碰到以它们为例的试题。但非专业人士研究它们时，纯粹以自我为中心，希望从中得到对人类事物有益的借鉴。那些有女人缘的男人们是否是因为他们的外表发出了一种诚实的信号，展现了其优良的基因和强大的抗病能力呢？

这种想法很荒谬。男人赢得女人青睐的原因往往很微妙，而且是多变的——或者善良，或者聪明，或者诙谐，或者富有，或者英俊，又或者近水楼台。人类不是在求偶场展示的物种，男人不会站成一排让来来往往的女性挑选，大多数男人也不会在和女人发生性关系以后立刻抛弃她们，更不会把自己打扮得花枝招展，他们也没有固定套路的求爱仪式。当女人选择交往的男人时，主要考虑的是他们能否成为一个好丈夫，而不是能不能生出英俊的儿子或者免疫力强的女儿。虽然男人对美貌依旧痴迷，但选择妻子时也会重点考虑对方能不能成为优秀的妻子。男女双方都是以对方能否成为负责任的父母为标准。人类更像燕鸥，会选择那些未来有能力照顾自己和孩子的雄性，而不是像鼠尾草松鸡那样跟风地选择擅长展示的雄性。所以，由于纯粹的好基因选择所导致的性别间的红皇后式竞赛——过度诱惑和销售抵制，并没有真正发生。

但我们也不能如此教条，性选择对于有些哺乳类动物所起到的作用本身就微乎其微。我们很难辩解说一般的雄性老鼠长出的装饰物受雌性审美的影响，甚至人类近亲雄猩猩的长相，几乎不受雌性审美的左右，外貌相近的两性的求偶过程也很简单。但性选择对于人类的影响略有不同，毕竟人类普遍对变美感兴趣，所以口红、珠宝、香水、眼影、染发剂以及高跟鞋等才能大行其道。人类与孔雀、园丁鸟一样愿意夸大或谎报自己的性感特征。因此，我们不难得出结论，即男人对于女人外表的要求更高，换句话说，人类世世代代以来一直受制于男性选择，而不是女性选择。如果把性选择理论应用到人类身上，我们应当研究的是男人对于女人基因的选择标准。但其实这没什么区别，当其中的一个性别变得特别挑剔时，所有性选择理论的结果都会出现。在接下来的几章中将会谈到人类身体和心理的某些部分也是性选择的结果。

第六章

一夫多妻制与男性的本质

如果没有女人，世界上的所有金钱都将毫无意义。

——亚里士多德 · 奥纳西斯

权力是一种超级催情剂。

——亨利 · 基辛格

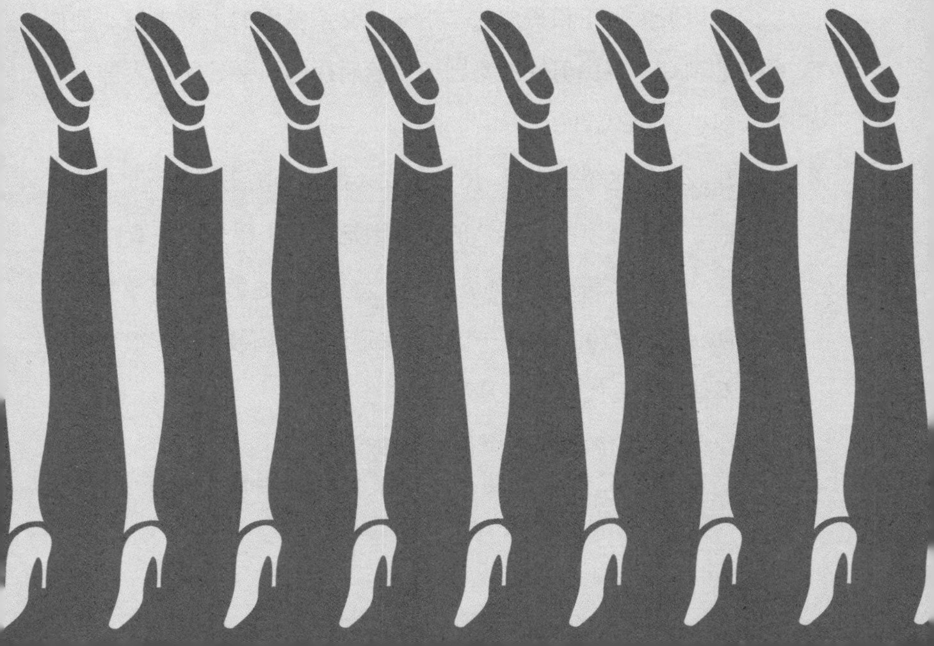

在古代的印加王国中，性是一种受到严格管制的行业。末代太阳王阿塔瓦尔帕(Atahualpa)在王国中广设“处女之家”，每一处足可容纳1500个女人。被选中的女人必须相貌出众，而且在8岁之前就被选入——以确保她们的处女之身。她们都是帝王的嫔妃，所以不会保持很长时间的处女之身。在帝王之下，各阶层都各自拥有法定数目的妻妾：皇亲贵族允许有700个以上的妻妾，大臣们可以有50个，诸侯国的国王30个，10000人的统领是20个，1000人的首领是15个，500人者12个，100人者8个，50人者7个，10人者5个，以此类推，管理5个人的官员只能有3个妻妾。剩下的男人能拥有的女人少之又少，那些平民男子几乎被迫过着独身生活，因而常常铤而走险。但法律法规又极其严酷，处罚很重。如果一个男人犯了强奸罪，他本人、他的妻子、孩子、亲戚、仆人、同乡，甚至包括他的羊驼牲口，都会被处死——村庄被毁，杂草丛生。

可以说太阳王和贵族成了下一代父系基因的主要来源。他们系统地剥夺了平民男性把基因遗传给后代的机会，所以大部分印加人都是贵族的后代。

在西非的达荷美王国，所有的女人都属于国王。成千上万的佳丽居住在皇家后宫中，其余的女人则是嫁给了得到国王青睐的臣民。最终，达荷美国王儿孙满堂，而大多数普通男人都是单身，无法生育后代。据19世纪的一个旅行家记述，在阿波美城，很难找到一个不是皇室后代的达荷美人。

性和权力的渊源是一个很长的故事。

人类也是一种动物

到目前为止，本书只是对人类进行了一些粗浅探索。这是我有意为之。以蚜虫、蒲公英、黏菌、果蝇、孔雀以及象海豹为例，更能说明我一直试图建立的原则。但作为一种特殊的猿，人类也适用于这些原理。正如黏菌一样，人类也是进化的产物。在过去的20年中[1]，科学家对于进化的看法产生了革命性变革，这也对人类产生了巨大的影响。总结一下之前的论战，我们可以发现进化更多是与“最适者繁衍”有关，而不是“最适者生存”。地球上的所有生命体都是一系列交战的产物：寄生物和寄主、基因与基因、同一物种成员之间以及同性之间（争夺异性）。这些战争包括心理战、操控和利用同物种的其他成员。此类战争中从来就没有真正的赢家，因为某一代的短暂成功只能让敌人的下一代战斗力变得更强。生命就像一场西西弗斯式的无限循环的比赛，当你奋力冲向终点的时候，才发现自己又站在了另外一场比赛的起点。

在本章，我们按照这些论点的逻辑深入人类行为的核心。有些人认为人类是独一无二的，他们通常基于以下两个论据：第一，人类所有的行为都是通过学习获得的，而不是遗传下来的；第二，遗传行为是固定的，然而人类的适应力极强。第一个论据是一种夸张的描述，而第二个论据则是伪命题。一个男人的欲望并不是从父

1　本书英文版首次出版时间为1993年。——编者注

亲那里学习来的，饥饿感、愤怒也不是调教出来的，它们都属于人性。我们生下来就具有发展欲望、饥饿感和愤怒的潜力。我们只不过是通过学习明白了饿了要吃汉堡，火车晚点会愤怒，遇到喜欢的女人会产生欲望，可以说我们“改变”了我们的“特质”。我们的一言一行都渗透着遗传的因素，而且它们是灵活可变的。任何先天都逃不过后天的影响，而后天的改变也脱离不了先天的基础，二者缺一不可，否则就好像是在说一个区域的面积只取决于它的长度，却与它的宽度无关一样荒谬。每种行为都是一种经过经验训练的本能的产物。

有关人类的研究一直受制于这些观念，即使现在，人类学家和社会学家仍然坚持认为研究进化没有意义。人的身体是自然选择的产物，但人类的心理以及行为是“文化”的产物；人类的文化没有体现出人性，反而是人性反映了文化。这就是社会学家总局限于研究文化之间的不同和个体之间的差异，并致力于夸大它们的原因。但对于我来说，人类之间共同的特征才是最值得研究与思考的，而不是文化的差异——比如语言中的语法、等级制度、浪漫的爱情观、嫉妒和两性之间长期稳定的关系(婚姻)。人性，是人类独有的可训练的本能，就像眼睛和手指一样，都是进化的产物。

婚姻的意义

对于男人而言，女人是男性把基因传递到下一代的工具；对于女人而言，男人是使卵子最终形成胚胎的重要物质提供者。异性是备受青睐的可开发利用的资源，问题在于，如何开发利用呢？一种方式是尽可能圈住足够多的异性，说服她们和自己交配，然后像雄象海豹那样抛弃对方；另一个极端则是，只找寻一个女人，长相厮守，和她分担抚养下一代的责任，就像信天翁一样。每个物种都有属于自己特色的“交配系统”，其做法都介于这两个极端之间。那么人类的交配系统是什么样的呢？

有五种方法可以帮助我们找到答案。第一种方法就是直接研究现代人类，并以现代人目前的做法，即一夫一妻制的婚姻，作为根据。第二种方法则是回顾人类的历史，从人类的过往推测人类的性习俗。但历史的答案却令人沮丧，拥有金钱和权势的男人往往妻妾成群。第三种方法是通过观察一个仍处于石器时代的简单社会，假定他们的生活方式接近1万年前的人类祖先。这种社会大概处于两种极端之间，即介于早期文明的一夫多妻和现代社会的一夫一妻之间。第四种方法是通过观察我们的近亲——猿，来比较我们和它们在行为上和身体结构上的相似之处。所得到的答案是，男人的睾丸没有大到可以沿袭猩猩那种滥交的习性，身体也没有强壮到可以享受大猩猩那种妻妾成群的生活（这种体系的雌雄体型有着非常明显的区别），也没有长臂猿那种社交恐惧和对忠贞的执着，人类采取的方式大概介于这二者之间。最后一种方法是把人类和其他那些具有相似的高级社会习性的动物进行比较，比如群居的鸟群、猴子和海豚等。就像我们所看到的那样，它们实行不断有通奸事件发生的一夫一妻制。

这样一来，我们至少排除了一些选项。我们人类有自己的独特办事方式，比如即使外遇频发，性伴侣之间还是建立了长久的关系，我们的婚姻不会像鼠尾草松鸡那样只持续几分钟，也不会像热带水鸟那样一妻多夫。藏族存在着一妻多夫制。那里的女人同时与两个或两个以上的兄弟结婚，力图组建一个家族。在这片荒芜的土地上，男人放牧牦牛养活女人，因此这种做法在经济上是可行的。家族中弟弟的志向是离开家并迎娶自己的妻子，所以对他来说，一妻多夫制显然只是次优选择。我们也不像知更鸟或者长臂猿那样都拥有严格的领地，终生独占、守护固定的家园。我们建起了自己的花园篱笆围栏，但容许别人借宿，也可以同住一栋公寓，而且部分时间必须在公共场所度过，比如工作、购物、旅游和娱乐等。总之，人类是群居动物。

但这些对我们都没有太大的帮助。大多数人都生活在一夫一妻制社会，这也许是民主社会所规定的，但并不是人类本性的追求所在。只要社会上一夫多妻的法律管制稍有放松，一夫多妻制就会迅速发展壮大。犹他州信奉神学，有认可一夫多妻的传统，政府对此采取了严酷的抵制措施，但最近的惩罚力度已不如从前，所以这种现象再次出现。虽然大多数人口众多的社会实行一夫一妻制，但大约3/4的部落文化都是奉行一夫多妻制，而公开实行的一夫一妻制有时候也只是徒有其名而已。历史上，有权力的男子即使只有一个法定妻子，大多拥有一个以上的性伴侣。然而，这仅仅是有权有势的男人特权。剩下的那些男人，即使在一夫多妻制的社会，也大多只有一个妻子，而几乎所有女人都只有一个丈夫。我们实在难以得出准确的结论。人类的一夫多妻与一夫一妻的选择是视情况而定的。确实，也许有人认为人类的固定婚配制度本身就是愚蠢的，人们应该按照自己的意愿，并利用时机来调整自己的行为。

男人猛烈追求，女人暗送秋波

直到最近，生物学家才根据雄性和雌性的本质差异对交配系统形成了简单的想法。如果手握权势的男人随心所欲，大概女人就会像雌海豹一样成为他们的妻妾，历史上也确实如此。如果女人能为所欲为，男人就只好像信天翁那样忠诚。虽然研究的结论已经对这种极端假设进行了修改，但一般来说，男人是主动引诱者，而女人是被引诱的对象。人类和99%的动物，包括人类的近亲猿类，本性相同，雄性比较热情、花心，而雌性比较矜持、忠诚。

我们以求婚为例。在地球上没有任何人会认为女人应该是求婚的主动者，即使在思想比较开放的西方，也是男人求婚，女人决定是否接受。在闰年日（2月29日），有女人可以向男人求婚的传统，而这恰恰也说明了女人主动求婚的机会很少——在1460天里，女性只有一天能做男性天天都可以做的事。虽然现在很少有男人跪在地上求婚，取而代之的是他们会和自己的女朋友来平等地讨论这件事情，但这个话题也往往是由男方提出的。至于诱惑，男人也通常是第一个采取行动的。女人可以暗送秋波，但机会掌握在男人手中。

为什么会这样呢？社会学家把它归因于条件反射，这种观点只有部分是正确的。因为20世纪60年代一个伟大的人类实验已经否定了大部分条件因素，只剩下模式。另外，条件只起了强调本性的作用，却没有完全取代它们，所以这也并不是圆满的答案。1972年，特里弗斯解释了在选择配偶过程中雄性比雌性更主动的原因，这种解释似乎也可以应用在人类身上。对于生育和哺育后代付出最多的性别，不会再有心思和精力去与其他异性生育后代，从外遇中获利也最少。雄孔雀没有给予雌孔雀安全和优越的生活条件，也没有为哺育后代出一点力，唯一的施舍就是精子。而雌孔雀则要承担所有的工作。所以，当“她”与“他”交配的时候，就注定是一场不平等的交易。雌孔雀给予的是独自把精子转变成小孔雀的承诺。雄孔雀虽然有决定性的贡献，但相比之下就是坐享其成，因此雌孔雀可以挑选任意雄孔雀进行交配并且不必多选。从经济学边际效益的角度看，雄孔雀和每一只雌孔雀交配都是在获取一种不需要任何成本的纯利润。雄孔雀每引诱到一只雌孔雀就代表一份对后代无成本的投资，而雌孔雀能从新欢处获得的只是一些不需要的精子。所以雄性重视量，雌性在乎质，也就不足为奇了。

从人类的角度来看，男人每次和不同的女人交媾，都有可能得到一个孩子，然而女人一次只能怀一个男人的孩子。所以推测情圣卡萨诺瓦的后代要比巴比伦荡妇的多，应该合乎情理。

两性之间如此失衡的差异必须从精子和卵子的大小说起。1984年，英国科学家A. J. 贝特曼（A.J. Bateman）通过让果蝇自由交配发现，那些交配次数多的雌性并不比交配次数少的雌性多产，雄性却截然相反。这种不平衡的状态又因为雌性需要哺育后代而变得更为严重，在哺乳动物中几乎是最明显的。雌性哺乳动物需要在腹中孕育很长时间的胎儿，雄性却可以在孩子生下那一刻即成为父亲。雌性无法通过增加配偶数量来提高生育力，而雄性却可以。果蝇的实验结果对于人类也同样适用。即使是在一夫一妻制的当代社会，男人仍然能比女人生育更多的子女。比如，再婚男人比再婚女人增加生育的概率高得多。男人两任妻子所生育孩子的数量要多于女人为两任丈夫生育的孩子数量。

通奸和卖淫都是一夫多妻制之下的特殊案例，在这种关系中男女双方没有婚姻的约束。男人对妻子和情人的生育投资程度不同。因为有时间、有机会、有金钱来同时供养两个家庭的男人并不多。

女性主义和瓣蹼鹬

养育孩子的投资决定了哪种性别会尝试多配偶制，这一规则可以通过反常的特例加以检验。雌性海马有一种“阳具”，可以把卵子直接注入雄性的体内，这是一种“反常”的交配现象。就像理论预测的一样，雌海马追求雄海马。在30多种鸟类中，体型庞大、具有攻击性的雌鸟会追求体态娇小的雄鸟，并且由雄鸟负责孵蛋和哺育幼鸟，其中最著名的是瓣蹼鹬和水雉。

瓣蹼鹬和其他雌性主动引诱的鸟类，可以证明我们之前谈及的规律。我曾经看到过一整群雌性瓣蹼鹬疯狂抢夺一只雄鸟，差点儿把它淹死。这究竟是为什么呢？因为“她们”的配偶正在安静地孵蛋，无事可做的“她们”只得寻找新的交配对象。所以当雄性在哺育后代上的投资比雌性多时，雌性就会主动求偶，反之亦然。

对于人类来说，这种不对称性也是显而易见的，就像十月怀胎和五分钟欢愉的对比（我夸大了）。如果这种投资的程度决定了性诱惑中的角色，那么男人在诱惑中占主导地位是情理之中的。这一事实似乎表明，一夫多妻的人类社会代表着男人的胜利，而一夫一妻制的社会则显示的是女性的胜利。然而，这却是一种误解。一夫多妻制社会主要意味着少数男人对其他所有男人的胜利，大多数男人只能保持单身。

不论怎样，从进化过程中不会得出任何关于道德的结论。两性对子代的投资不合理，这是不争的事实，无关道德，而且自然合理。人类很乐意接受这种进化理念，因为它为男人风流成性找到了借口，但也可以用来反对男性的风流，因为这削减了要求性别平等的压力。但它和对错无关，此处只涉及人性，并不涉足道德领域。有些自然的事物并不是正确的。谋杀也可以说是一种“自然的”，因为我们的亲戚猿类，还有我们的祖先也经常这么做。虽然偏见、仇恨、暴力和残忍都在某种程度上存在于人类的本性之中，但经过后天正确的教导，可以有效地规避它们所产生的负面影响。“自然的”并不代表不可改变，它是可以被正确引导的。此外，关于进化最自然的事情是，一些本性会与另外一些本性发生冲突。进化不会产生乌托邦，对某个人有利的特点也许会给其他人带来麻烦，对女性有利的可能不利于男性。其中有些会遭遇“非自然”的命运，这也是红皇后效应的核心信息。

在下文中，我会不断尝试猜测对于人类来说，什么才是天性。也许我个人的道德偏见会卷入其中，但这绝对是无意的。关于人类天性，也许我的理解有错误的地方，但确实有这样的本性可探寻。

同性恋滥交的意义

大多数做性交易的人都是女人，原因很简单，人们对妓女的需求大于男娼。如果妓女的存在，赤裸裸地解释了男人的性欲望，那么男同性恋也起到了相同的作用。在艾滋病出现之前，男同性恋比异性恋的滥交行为更为混乱。许多男同性恋酒吧，是公认可以寻求同伴发生一夜情的地方。旧金山的公共浴室专门为各种纵欲和反常的性行为提供服务，并且提供各种辅助兴奋剂。在发现艾滋病的头几年里，有关酒吧的详细的公开报道令世人震惊。在金赛机构有关旧金山港湾区男同性恋者的调查中发现，其中75%的人有100个以上的性伴侣，还有25%的人的性伴侣超过1000个。

上述发现并不否认，现在有些同性恋者的情况并没有那么严重。但在艾滋病来临之前，大多数同性恋者比异性恋者的滥交行为更严重。对此，我们并没有单一明确的解释。同性恋者说，这是因为社会给予同性恋的认同太少。违法、可耻的行为常常引发过度放纵的倾向，法律和社会对于同性恋婚姻的反对也导致他们不能有长期稳定的关系。

但这种说法并没有说服力，因为同性恋者并不局限于男性，这些观点在女同性恋中也应该一样适用才对。男同性恋在“婚姻”中的通奸现象也比异性婚恋的人要高，但女同性恋的表现却恰好相反，很少和自己固定性伴侣以外的陌生人发生性关系，大多数女同性恋一生中的性伴侣少于10个。

加利福尼亚大学的唐纳德·西蒙斯（Donald Symons）认为男同性恋滥交的情况比异性恋和女同性恋严重的原因在于，他们宣泄了不受女性特质束缚的男性倾向或本能。

“大多数的男同性恋者，像多数人那样，也渴望正常的亲密关系。但这种关系一般都难以维持，因为男人渴望多样化的性行为——他们希望能在男性的世界里拥有史无前例的满足欲望的机会。此外，男性还存在性嫉妒倾向。我认为异性恋的男人也会像男同性恋那样，渴望和陌生人发生性关系，参与公共浴室的纵欲狂欢；若女人同意的话，他们也会在回家途中的公共卫生间里发生一次关系。”这并不是说男同性恋者就不期待稳定的亲密关系，他们也会因为这种与陌生人之间的性关系而感到良心不安。但西蒙斯的观点是，渴望一夫一妻制的伴侣间的亲密关系和渴望与陌生人发生一夜情并非互不相容的本能。异性恋者也会如此，比如，只要付出较高的价格，已婚的男商人就可以在旅途中找到性娱乐。西蒙斯并不是单单评价同性恋男人，也是在评价普通男性。就像他说的，同性恋男人的行为接近男人的本性，而同性恋女人的行为也是女人本性的一种突出表现。

后宫和财富

在性的棋局中，每种性别都必须对另外一种性别的行为做出反应。不论是一夫多妻制还是一夫一妻制，都没有和局，也没有输赢，其结果往往是两性都将被杀死。对于象海豹和鼠尾草松鸡来说，博弈最终会演变为雄性只关注交配的数量而雌性只关注配偶的质量。每种性别都付出了惨痛的代价，雄性为了赢得雌性的关注而斗得头破血流，雌性则直接承担起了所有抚养后代的义务。

信天翁却与众不同。每只雌信天翁都能找到自己的模范丈夫；求偶的过程也是由双方共同完成的，并且双方共同承担哺育后代的责任。雌雄双方都不求配偶多，二者都是以质量为先。考虑到雄信天翁具有和雄象海豹一样的遗传动机，那为什么行为会有如此大的差异呢？

这个答案可以从博弈论中获取。博弈论是从经济学中借来的技术，最早由梅纳德·史密斯提出。博弈论不同于其他理论，因为它承认交易的结果往往取决于他人的行为。梅纳德·史密斯试图以经济学家处理不同经济策略的方式，让不同的基因策略相互竞争。有了这项技术，许多问题便突然迎刃而解，其中包括为什么不同的动物拥有不同的交配系统。

假设古代信天翁中的雄性都是一夫多妻制者，并且不会挤出时间抚养后代。假设你是一只年轻的雄信天翁，无望成为一群雌信天翁的领袖，你选择了一个雌性并帮助“她”一起养育后代。你不会获得巨大的成功，但至少你比其他更有野心的兄弟们做得更好。因为你帮助妻子喂养婴儿，婴儿的存活率大大增加了。瞬间，所有雌性都面临两个选择：选择像你一样忠诚的伴侣，还是一夫多妻的雄性。选择单偶的雌信天翁会留下更多的后代。所以希望成为众多妻妾中一员的雌性越来越少，那么一夫多妻制的好处就越来越少，这个物种中的一夫一妻制就盛行起来了。

相反的情况亦有可能。加拿大的雄云雀在田野里建立起自己的一片领地，然后试图吸引不同的雌性和它交配。如果雌性选择了有配偶的雄性，雄性就没有机会履行做父亲的职责。但假如现在这个雄性的领地更大，食物更丰富，那么雌性选择“他”还是值得的。当重婚者在领土和基因方面的优势大于单偶者在养育儿女方面的优势时，一夫多妻制就出现了。这种所谓一夫多妻制的门槛模式也可以解释为什么很多北美的沼泽鸟演变为了一夫多妻制。

这两个模式也适用于人类。一夫一妻制盛行，那是因为妻子从一夫一妻制得到的好处远远多于成为贵族或富翁的妻妾所获得的好处。如果男性因为经济状况而被区别对待，一夫多妻制自然也会开始盛行。就像一个女性进化学家所说的那样："哪个女人不愿成为约翰·肯尼迪的第三任妻子，而宁愿成为小丑波左（Bozo）的原配呢？"

有些证据表明，一夫多妻制的门槛在特定条件下也适用于人类。肯尼亚齐普斯基族（Kipsigis）富翁的妻妾拥有成群的牲畜，每个富人的妻妾都比贫穷男人唯一的妻子更富有。加利福尼亚大学的莫尼克·伯格沃特·穆德（Monique Borgehoff Mulder）研究齐普斯基族时指出，一夫多妻制是女人自愿选择的。当父亲询问女儿关于婚姻的安排时，她早已从社会现实中了解到，成为富人的妾比成为穷人的正室会有更好的生活。这些妻妾之间和睦相处，互相帮助。所以一夫多妻制的门槛模式对于肯尼亚齐普斯基族完全适用。

但这个理论有两个难题。第一，它没有写出原配的想法；第二，作为原配，其他妻子分享丈夫和他的财富对她没有任何好处。在犹他州的摩门教徒中，原配非常憎恨第二个妻子的到来。摩门教会在一个世纪以前正式放弃了一夫多妻制，但最近一些基要派恢复了这个制度，甚至开始公开宣传并试图让教徒们重新接受旧制度。犹他州大水市的市长约瑟夫（Joseph）1991年时有9个妻子和20个孩子。他的妻子大多数都是职业女性，大多都可以和平共处，但她们也会争风吃醋。第三个约瑟夫太太说："大太太不喜欢二太太，二太太也不喜欢大太太，她们彼此嫉恨，常常明争暗斗。"

如果原配反对分享自己的丈夫，那么丈夫会怎么做呢？他可以像古代暴君一样迫使她接受安排，也可以通过贿赂让她接受。比如，给予原配的孩子更高的法律地位就是对她的补偿。非洲某些地方的法律明文规定：原配可以继承丈夫70%的财产。

一夫多妻制的门槛模式引起了我的好奇心——以法律的方式禁止一夫多妻制到底对谁有利？也许我们的第一反应是女人。但认真想一下，依照现行的法律，违背个人意愿的婚姻是一种违法行为，所以第二个妻子应该是自愿选择她们的命运的。对于事业型女人来说，她们会发现三个人的婚姻更能为她们的事业提供方便。她会有伙伴帮忙处理家庭的杂务并分担抚养孩子的责任。像摩门教的律师最近所说的那样，由于社会原因，一夫多妻制对职业女性有着很强的吸引力。但想象一下它对男人们的影响，如果女人都选择做富裕男人的第二个妻子而不去做穷人的原配，那么未婚女性将会供不应求，许多男人就会被迫成为落寞的单身汉。和我们想的相去甚远的是，“禁止一夫多妻制”其实更多的是在保护男人，而不是女人。

婚姻制度理论有四条定律。第一，如果女性选择忠于一夫一妻制的男人会比较幸福，一夫一妻制就会普及，除非——第二——受到别的男人的强迫或者利诱，她们愿意接受一夫多妻制。第三，如果女性选择成为男性的妾，境遇不会太差，那一夫多妻制也会盛行，除非——第四——原配能够阻止男人重婚，在这种情况下，一夫一妻制就会再度成为主流。这个博弈理论产生了惊人的结论：尽管男性在引诱方面占主动地位，但在很大程度上他们可能是自己婚姻命运的被动旁观者。

为什么上演性独占？

一夫多妻制的门槛是以鸟类为中心观察出来的结果。而那些研究哺乳类动物的学者则持截然不同的观点，因为几乎所有的哺乳动物都不是一夫多妻制的，所以婚姻理论的四条定律无关紧要。雄性哺乳类动物在它们的伴侣怀孕期间几乎不起任何作用，所以雌性不需要关心雄性是否另有婚配。人类在这一点上却是一个例外。因为孩子需要父母喂养的时间相当长，所以他们更像幼鸟而非哺乳动物的幼兽。女性宁愿选择未婚但能力稍弱的丈夫留在身边帮助自己抚养孩子，也不愿成为首领的妻妾而独自承担起照看孩子的责任。关于这点，我会在下一章继续做出相关的解释。现在我们先从鹿说起。

雌鹿不需要独占雄鹿，因为雄鹿不能产奶或者给后代喂草。所以，鹿的交配系统是由雄性之间的战争决定的，而雄鹿间的战争又取决于雌鹿的分布方式。若雌鹿群居（比如麋鹿），雄鹿就有可能成为雌鹿群的首领。若雌鹿独居（例如白尾鹿），大多数雄性就会有自己的领域而且大多数实行一夫一妻制。雌性的行为决定了交配模式，每个物种都有自己的特点。

20世纪70年代，动物学家们开始研究这些模式，并且试图找出物种交配系统的决定性因素，这种研究成果在羚羊和猴子身上表现得最为突出。在此过程中，他们创造了一个新的术语——社会生态学。两个研究结论说明羚羊和灵长类动物的交配系统都可以基于社会生态学来预测。从小型的森林羚羊的选择性觅食这个特点可以看出，它们独居并且奉行一夫一妻制；而中等大小、在开阔草原上居住的羚羊属于小型群居并且习惯一夫多妻制的动物；平原上的大羚羊，就像野牛和非洲水牛一样过着群居生活且滥交。最初，他们认为相似的系统似乎也可以应用在猴子和猿类身上。生活在灌木丛中的小夜猴是独居的，并且采用一夫一妻制；以树叶为食的马达加斯加大狐猴以群落形式聚居，居住于森林边缘的大猩猩则以小群落的形式聚居，稀树草原上的黑猩猩群居且滥交，居住在草地上的狒狒则是多雄性的大型群落。

看起来，似乎生态决定论已得到验证。这个逻辑旨在说明雌性的哺乳类动物并不是根据自己的性别、独居状况或者族群的大小来生活的，更多的是根据食物和安全性选择聚居点的。雄性则四处寻找尽可能多的雌性，或者直接守护雌性族群，或保卫雌性所居住的领地。但那些独居又居住的比较分散的雌性只给雄性一个选择，那就是独占雌性的生活领域，成为雌性忠诚的丈夫（比如长臂猿）。独居但彼此距离很近的雌性使雄性有机会占有相邻的两个或者两个以上分开居住的雌性（比如猩猩）。小型族群的雌性给了雄性独占整个小族群和成为首领的机会（比如大猩猩）。而在过大的族群中，一些雄性只能共同分享雌性（比如黑猩猩）。

但一个因素可能使整个景象变得更为复杂，物种的近代历史可以最终影响交配系统。或者，简单地说，依据不同的进化路线，相同的生态环境可以产生两种不同的交配系统。在诺森格兰的沼泽地上，红松鸡和黑松鸡的栖息地几乎完全相同。唯一不同的是黑松鸡喜欢没有羊群放牧的地方。但雄黑松鸡在春天里会列队向雌性“炫耀”自己，之后几乎所有的雌性都会选择一两只表现突出的雄性。“她们”会在不需要雄性帮助的情况下养育自己的后代。相邻的红松鸡却占据领地，实行一夫一妻制，而雄性对子女的照料抚育并不比雌性少。这两种松鸡的食物、栖息地和敌人几乎完全相同，却有着完全不同的交配系统。为什么？大多数生物学家认为，它们有着不同的历史。黑松鸡的祖上是森林居民，其母系祖先养成了根据基因质量而非领地来选择配偶的习惯。

狩猎者还是采集者？

显而易见，要确定人类的婚姻制度，需要先了解人类的自然栖息地和历史。我们在城市里生活的时间不足1000年，农业化的历史也不到10000年。这不过是瞬间而已。也许正如人类学家所说的那样，早在100万年以前人类就已进化成为真正意义上的人类并且主要居住在非洲地区，可能是狩猎采集者，或是觅食者。所以现代城市人的头脑，原本是为在非洲草原小部落中狩猎或采集设计的。不论人类当时的婚姻制度是什么样的，对于现代人来说都是最“自然”不过。

剑桥大学人类学家罗伯特·福利(Robert Foley)试图把我们的社会历史拼凑起来。他根据雌性猿类和雄性狒狒离开出生部落的事实展开研究。在一个物种中，似乎很难把雌性异族结婚转变为雄性异族结婚，反之亦然。就这一点而言，即使在当今社会，人类依然是典型的猿类。在大多数情况下，女人随夫远嫁，而男人依旧和亲戚住在一起。但也有例外，有些社会是男人入赘。

雌性的异族结婚意味着猿类缺乏建立雌性亲戚联盟的机制。一个年轻的雌猩猩一般必须离开母亲的族群，加入由陌生雄性统治的族群。为了更好地融入新的族群，它必须赢得其中先加入的雌性的喜爱。相比之下，雄性则会待在自己的族群中，与强大的亲戚结盟，希望日后可以继承它们的地位。

人类的栖息地又是怎样的呢？中新世末期，大约2500万年前，非洲森林面积开始缩小。更干燥和四季分明的栖居地——草地、灌木丛和大草原——开始扩张。大约在700万年前，人类的祖先开始和现代黑猩猩的祖先分化，开始进驻到新的、干燥的居住地且逐渐适应。我们是从最早的类人猿（南方古猿）化石中获得这些信息的，因为早期的类人猿居住的地方是没有森林覆盖的，也就是今日的埃塞俄比亚和坦桑尼亚。敞开式的居住地对较大族群的定居和发展都比较有利，黑猩猩和狒狒就是典型例证。社会生态学者多次发现栖息地越开放，族群的规模就越大。大概是因为，大的族群更能够警惕掠食者的入侵，而且食物供应也更为丰富。这些理由似乎都不是特别具有说服力，大多数人类学家更相信早期灵长类动物，像大猩猩和狒狒，都是奉行一夫多妻制的群居主义者。

但是，在大约300万年以前的某一时刻，人类的祖先分裂成两支（或更多）。罗伯特·福利认为，降雨的季节性增加使原始类人猿的生活方式无法持续，因为在干旱的季节中，水果、种子，甚至昆虫变得越来越稀少。其中一支的后代发展出了强有力的下颚和牙齿，可以咀嚼干旱季节里的坚果，它们的食物逐渐向粗硬的植物转变，这一支被称为粗壮南猿。依据化石提供的有限线索，罗伯特·福利断定它们和黑猩猩一样属于多雄性的大族群。

另外一支则踏上了不同的征程，称为人属，是肉食性动物。大约在160万年前，生活在非洲的肉食程度最高的猿就是最早的人类。这一点从遗址中遗存的骨化石上就可以看出来。他们也许会捡拾狮子残留的猎物或者也可能开始学习用工具去猎杀猎物。逐渐地，在可食性植物稀少的季节里，他们开始以食肉为生。就像罗伯特·福利所说的那样："肉食的根源虽是生态上的，结果却成为社会的普遍现象。"为了狩猎，他们需要离开家园并且和同伴协作。也许是因为这些，或者纯属偶然，人类的身体逐渐出现了一系列协调性的进化。头骨的形状在成年后也保持着较年轻的状态，拥有更大的大脑和更小的下巴。成熟期也逐渐推迟，孩子慢慢长大成人，对父母的依赖时间也更长。

之后的100万年里，人们的生活方式几乎没有变化。他们从非洲到欧亚大陆再到澳大拉西亚[1]，最后到达了美洲，都是生活在草原或林地上。他们狩猎动物，采摘水果和种子，各部落内的社会分工

1 澳大拉西亚（Australasia），一般泛指大洋洲地区，包括澳大利亚、新西兰和邻近的太平洋岛屿。这个地理名词最早由法国学者查尔斯·德·布罗塞（Charles de Brosses）提出。

十分明确，并且对其他部落保持着较高的警惕性。西蒙斯把这种时间和空间的融合叫作“适应器进化环境”，简称EEA，他认为这是人类心理学的核心：人们无法适应现在或者未来，只能适应过去。但他承认他还不能准确地描述EEA时代人类的生活。他们也许以游牧民族的形式存在，可能食肉也可能食素，可能已有现代人的共同特征，即通过婚姻制度生儿育女，也有浪漫的爱情、嫉妒和男人之间的争斗，女人偏爱地位高的男人，男人偏爱年轻女人，以及部落间会爆发战争等。在狩猎的男人和采集食物的女人中间，存在性别分工，这是人类和少数猛禽独有的。直到今天，在巴拉圭的阿奇族，仍然是男人负责获取食物，女人负责抚育孩子。

新墨西哥大学的金·希尔(Kim Hill)虽然认为没有一致的EEA时代，但也认同某些人类生活的共同特点虽然早已消失，其影响却延续至今。古时候所有人都认识或者听说过那些他们在生活中可能会遇到的人，所以也就不存在陌生人，这对于贸易或者预防犯罪非常重要。这种了解，也使得江湖骗子难以持久行骗。

密歇根的另外一组生物学家用两个论据反驳了EEA理论。

第一，EEA最核心的特质——来自其他人的影响——依然存在。我们的大脑变大不是为了制作工具，而是为了揣测彼此。从社会生态学来说，这意味着我们的婚配系统并不取决于生态而是取决于其他人(其他的同性或异性)，是超越他人、欺骗他人、帮助他人以及教育他人的需要让我们变得越来越睿智。

第二，人类的适应性生来就很强。为了达到自己的目的，人类会采用各种策略。即便在如今的采集狩猎部落中，仍然存在诸多不同的生态环境和社会形态，虽说他们大多居住在沙漠或森林里，而非人类主要的栖息地，这可能不算是最具代表性的研究样本。不要说更晚近些的原始人，就连直立人也已经有了以捕鱼、狩猎和采集等不同分工为基础的文化，其中一些很可能为积累财富和建立一夫多妻制提供了机会。在最近的一个前农业文明社会——美国西北太平洋沿岸捕捞三文鱼的印第安人普遍实行一夫多妻制。如果当地狩猎采集的经济可以让这种制度稳定发展，那么男人们就可以妻妾成群，女人也能够冲破原配妻子的阻挠而成为妾。如果当地经济不允许这种制度的发展，那么男人就必须当好父亲，女人就会独占男人。换言之，人类有很多潜在的婚姻制度，人们只是根据不同的情况选择了相应的制度。

相对于小型、愚笨并且独居的动物来说，大型、聪明的群居动物的交配系统更加灵活多样。黑猩猩能根据自然的食物供给从小的团队发展成大的族群。火鸡也有同样的习惯。当土狼捕捉鹿的时候是族群出动，而捕捉老鼠的时候则单独行动。这种由食物引起的不同社交形式也引发了交配模式的微妙变化。

金钱和性

但如果人类的适应能力很强，那么从某种意义上说，EEA时代所遗留的特质必然还残存在我们身上。20世纪人类适应力的提高或者利用权力增加了繁殖成功率，可能是人类在EEA时代所形成的调适能力仍在发挥作用。郊区生活的技术问题与更新世[1]热带草原的技术问题可谓相去甚远，但人性的问题并无多大改变。我们仍然沉迷于谈论了解我们认识或者听说过的人的八卦新闻，仍然痴迷于追逐权力、创建联盟。如果想要了解人类的制度，我们必须先了解人类的内部政治。当代的一夫一妻制可能只是人类婚配系统的众多把戏之一，就像古代中国的一夫多妻制以及澳大利亚原住民的老年人多妻制一样（男人要等许多年才能结婚，在晚年时可坐拥成群的妻妾）。

如果是这样的话，"性动力"也许比我们意识到的更为复杂。考虑到男人总是可以通过玩弄女性来增加他们的生育成功率，而女人却不能，所以我们应该怀疑男人在行为上倾向于利用一夫多妻制的机会，他们的某些行为也是以此为目标的。

进化生物学家普遍认为，我们的大多数祖先在更新世时期才偶尔有一夫多妻制的状况（农耕出现之前的200万年的现代人类生活）。在婚姻制度上，当时的狩猎采集社会和现代西方社会并没有太大差异，大多数男人遵循的是一夫一妻制，同时伴有一些出轨行为，只有极少数是一夫多妻的，最多的有5个妻子。中非共和国的阿卡族俾格米人实行的是典型的掠夺式社会模式，只有15%的男人拥有妻妾。

狩猎社会不能支持一夫多妻制的一个重要原因在于运气是狩

1　更新世，地理学名词，是地质时代第四纪的早期，距今约260万年至1万年。这一时期的绝大多数动植物属种都非常接近现代的形态——许多"属"一级的生物，甚至包括松柏科植物、被子植物、昆虫、软体动物、鸟类、哺乳动物和其他生存到今天的生物，此时就已出现了。人类也出现在这一时期。

猎者成功的关键。即使最好的狩猎者也经常空手而归，只能依赖同伴捕来的猎物。分享猎物是狩猎者的人性所致（大多数以狩猎为生的其他物种都存在内部竞争），“互惠利他主义”成为社会的基础。一个幸运的猎手捕获了过多的猎物，他把猎物分享出去，损失很小，但却收获颇丰。因为若下次不幸空手而归，那些这次得到他帮助的人也就心甘情愿地与他分享猎物。这种以惠赠方式进行的利益交易就是货币经济的先驱。但因为肉类难以保存，幸运也不能持续很久，所以狩猎采集社会也没有过多的财富可以积累。

随着农业的产生，男人拥有众多妻妾的机会大增。男人若通过农耕积累大量的食物（不管是稻谷还是家禽），那他就比同伴更富有。接着，他用食物购买劳动力，可使财富进一步增加。人类社会首次证明了拥有财富是获得财富的最好方式。好运气对农民的影响不像对猎人的影响那么大。农业的发展让队伍中最优秀的农民不但有了丰富的粮食储备，而且拥有了最可靠的供给。他不再需要无偿地和他人分享，因为他不需要任何回馈。现在，拥有广袤的田地，或者通过自身的勤奋努力，或者拥有更多的耕牛，又或者是具有非凡的手艺，他就可以比自己的邻居富裕10倍。相应地，他就可以获得更多的妻子。在简单的农业社会，富人的妻妾可多达100人。

游牧社会传统上也实行一夫多妻制，其原因不难理解。放牧25只牛羊和50只牛羊的难易程度大体相当。这种规模经济使人们快速地达到积累财富的目的。而正反馈所带来的财富不均致使性机会也不均衡。比如，在肯尼亚，一些莫克图男人的后代远远多于其他人，是因为他们更加富有；越富有，就越有早婚和多娶的机会，生育的子女也就越多。

当“文明”时代到来的时候，在全球6个不同的地区（从公元前1700年的巴比伦王朝到公元1500年的印加王朝），君王拥有成千上万个妻妾。从前，狩猎和防御技巧可以让男人多娶一两个妻子，而财富却能给他带来10个以上的女人。财富还有另外一个优势，它不仅仅可以买来妻子，还可以买来权力。在文艺复兴到来之前，财富和权力很难区分。那时还没有一个权力机构之外的独立的经济部门。男人的生计和他受到的拥护都来自优越的社会地位。粗略地说，权势就是号召盟友听从他指挥的能力，而权势所依赖的是财富（暴力有时候也用得上）。

追逐权力是所有社会动物的特质。南非黑色大水牛为夺取统治地位而相互搏斗，也是为了获得性方面的奖励。黑猩猩努力成为族群中的雄性首领，目的是增加交配的机会。但像人类一样，猩猩并不是完全通过蛮力来争夺权位，它们也会使用诡计，结成同盟。各个猩猩部落之间的战争也是雄性建立同盟的起因和结果。珍·古道尔在一组有关雄猩猩的研究中发现，当一组猩猩发现自己队伍中的雄性明显比另一组少时，它们就会寻找机会，把敌方的雄性个体规劝到自己的队伍中。雄性同盟规模越大、越团结，产生的效果也就越好。

雄性联盟在很多物种中都会出现。雄火鸡间的兄弟情谊会在列队求偶时表现出来。如果它们获胜了，那么众多雌性会和雄性首领交配。雄狮子联合把狮群中的狮王赶走，然后顶替它的位置，之后雄狮们会杀掉队伍中的小狮子，迫使雌狮重新进行交配，雄狮共同分享所有的雌狮。有种专食橡果的啄木鸟，会组成兄弟组和姐妹组，共同生活在“自由恋爱区”，控制着一棵“粮仓树”——树洞中储藏了3万多颗橡果，可以让它们度过整个冬天。而所有的幼鸟——都是表兄弟姐妹——都必须离开，另外组成兄弟姐妹团，占领其他的“粮仓树”。

雄性和雌性之间的联盟无须建立在亲缘之上。兄弟之间互相帮助，是因为他们之间有血缘联系。有利于兄弟的基因的事物，势必对你的基因也有好处，因为你和你的兄弟有一半相同的基因。而另外一种方式可以确保这种无私得到回报，那就是互惠。如果一个动物需要其他动物的帮助，它就必须承诺在不久的将来回报对方。只要它的承诺可信，换句话说，只要彼此相识，并且在一起生活的时间足够长，就可以确保对方会在未来偿还债务，甚至连交配的机会都可以由其他雄性协助获得。海豚就是这么做的。理查德·康纳(Richard Connor)、瑞秋·斯默克(Rachel Smolker)和同事经过仔细观察，发现雄海豚喜欢集体出动挟持落单的雌海豚，为雌海豚表演特技，然后和“她”交配。雌海豚生育后，雄海豚联盟对“她”逐渐失去了兴趣，“她”就恢复了自由，可以回到雌性族群中去了。这种雄性联盟的时间通常比较短暂，一般建立在“你帮助我，我也会帮助你”的基础之上。

物种越聪明，联盟就越不稳定，野心勃勃的雄性就越不会受到联盟的制约。公牛和公狮子通过力量赢得权力，海豚和猩猩在赢得权力的过程中自然不是弱者，但它们更依赖于缔结的同盟的能力。人类的权力和力量几乎没有联系，至少在远程武器（例如《圣经》里大卫用弹弓向巨人歌利亚投掷石头）发明之后就没有联系了。财富、计谋、政治手段和经验可以帮助男人夺取权力。从汉尼拔到比尔·克林顿，男人通过缔结同盟得到权力。人类还可以利用财富缔结同盟。动物缔结联盟所获得的奖励大多是性，那人类呢？

性意盎然的帝王

20世纪70年代末，加利福尼亚人类学家米尔德里德·迪克曼尝试把达尔文理论应用到人类历史和文化上，她试图检验进化论者对于其他动物的预测是否也在人类身上同样应验。她发现在社会阶层分明的古代东方社会，人们似乎知道生活在地球上的目的就是为了留下尽可能多的子孙。也就是说，男人倾向于娶妻纳妾，而女人则努力攀附高位。迪克曼认为很多文化习俗，比如嫁妆、杀女婴还有为了保护女性的贞操而禁闭她们，都符合这种模式。在印度，阶层越高，杀女婴的人的占比就越高，因为其女儿嫁入更高阶层的机会较少。如此看来，婚姻是一种贸易，即以男性的权力和资源来换取女性的生育力。

大约就在同一时期，哈佛大学的约翰·哈通（John Hartung）开始研究继承的模式。他假设在一夫多妻制的社会中，富有的人愿意把自己的遗产留给自己的儿子而非女儿，因为儿子会留下更多的孙子和孙女，儿子可以多娶妻妾，而女儿即使不止一个丈夫，也不能生育更多的儿女。因此，在一夫多妻制盛行的社会中，遗产继承会偏向男性。对400个社会形态的研究足以支持哈通的假设。

当然，这并不能说明任何事情。进化理论预测到实际发生的事情，可能只是一个巧合而已。对此，科学界流传着一个引人深省的寓言故事：一个人为了证明跳蚤的耳朵长在腿上，于是把跳蚤的腿锯了，然后大声命令跳蚤跳起来，跳蚤却怎么也不跳，于是他总结得出他的假设是对的，也就是跳蚤的耳朵的确长在腿上。

尽管如此，进化论者开始认为，也许进化之光可以照亮人类历史。20世纪80年代中期，劳拉·贝齐格开始研究人类的性是否能够帮助人类适应并利用任何环境。她对此并没有抱多大希望，但她认为检验这种思路正确与否最好的方式是，先做一个极为简单的假设：男人不会把权力视为目的，而是将其视为获取性和成功繁衍的一种手段。但环顾现代社会，她心灰意冷了，因为大多数有权力的男人都没有留下后代。就像希特勒，他时刻忙于实现自己的野心，根本没有时间去拈花惹草。

但当贝齐格翻阅历史记录时，她又陷入了困惑之中——这种假设一次次地得到印证，只是在过去的几个世纪中，它在西方失败了。而且，在大多数一夫多妻制的社会，复杂的社会机制确保有权势的一夫多妻者的后代也会拥有多个配偶。

6个早期的独立文明：巴比伦、埃及、印度、中国、墨西哥的阿兹特克和秘鲁的印加——都实行有名的中央集权制度，每个朝代都是由男人掌权，最高权力掌控在一个男人手里，而且这是一种绝对的权力。这些男人都是专制帝王，这也就意味着他们可以随意下达杀无赦的指令，而不用担心受到惩罚。无一例外，至高无上的权力转化成巨大的“性生产力”。巴比伦国王汉谟拉比拥有上千个“妻子”奴隶，可以随时供他召唤；埃及法老王阿赫那吞有317名妻妾；阿兹特克的统治者蒙特祖玛则坐拥后宫佳丽4000人；印度皇帝乌达雅玛圈禁了6000个妾奴，将她们困在用火包围的宅第中，并派宦官把守；中国某位皇帝拥有上万名妻妾，令人叹为观止。之前我们还提到过，印加王阿塔瓦尔帕可以随意挑选国内任何一个处女作为自己的妻妾。

这几位帝王并非空前绝后，他们只是典型代表，而且他们填充后宫和严加防守的方式也很相似。他们征募未成年的女性，圈禁在防守严密的深宫之中，并派宦官监管。与此同时，为她们提供营养丰富的食物，以便她们为帝王繁衍更多的子嗣。当时促进生育的措施也相当普遍。早在公元前18世纪巴比伦王朝汉谟拉比执政时，奶妈就出现了。奶妈的存在缩短了婴孩亲生母亲的哺乳期，可以让年轻的母亲尽快恢复排卵。中国的唐代，君王们派人长期认真地记录妃嫔的月经和孕期，以便皇帝选择最有受孕可能的妃嫔临幸。中国的帝王还修习采精之术，以确保自己的精子质量和数量满足一天和两个女人行房事的要求，致使有些帝王甚至抱怨房事繁重。这些后宫佳丽都是精心设计的生育机器，目的是传承帝王的基因。

帝王们并不是特例。劳拉·贝齐格查阅了104个政治自治社会发现，权力可以用于预测一个男人的妻妾数量。小国的国王拥有100个妻妾，大国的国王一般有1000个妻妾，而帝王甚至有5000个妻妾。传统历史让我们相信妻妾只不过是对权力拥有者的众多奖励之一，随之而来的还有更多的专属配置：仆人、宫殿、花园、音乐、丝绸、美食和娱乐项目，而女人在清单中名列前茅。劳拉·贝齐格的观点是，帝王们除了都拥有庞大的妻妾后宫之外，还普遍采用了类似的提高生育的方式——奶妈、监测生理期和闭经记录等。这些并不是增加男人性趣的方法，而是提高男人生育效率的方法。

但是，如果儿孙满堂是权力的一种额外奖赏，一个奇异的特点就显现了出来。上述6个早期历史文明的帝王都只有一个正式的妻子。换句话说，原配（“皇后”）的地位凌驾于其他成千上万的妾室之上。这就是一夫多妻制社会的一个特点，皇帝虽拥有众多后宫佳丽，但总是会有掌管后宫并且地位与众不同的原配。她通常出身贵族，她生下的孩子是唯一的合法继承人，例如，所罗门有上千个妻妾，却只有一个王后。

劳拉·贝齐格翻阅了罗马帝国的有关记载，发现一夫多妻制与一夫一妻制的不忠情形充斥在帝国的各个阶层中。即使名义上只结过一次婚的罗马帝王都以拥有非凡的性技巧而闻名。尤利乌斯·恺撒与女人的风流韵事通常被描述为纵欲过度。而对于奥古斯都，苏维托尼乌斯（Suetonius）这样写道：“他是一个陷入女人裙下的人，作为一个上了年纪的男人，他仍然痴迷于处女，而那些处女正是他的妻子帮他搜罗到的。”提比略（Tiberius）罪恶的性欲真是配得上

“东方暴君”的称谓。卡里古拉（Caligula）几乎宠幸过罗马上层的所有女人，包括自己的姐妹。而克劳迪亚斯（Claudius）的妻子竟然给他送去各种各样的女仆，供他淫乐。古罗马暴君尼禄（Nero）沿台伯河顺流而下时，沿岸建起了一排临时的妓院。中国的皇帝也坐拥大量的妃嫔，她们的主要功能也是繁衍后代。

公元237年，戈尔迪安二世（Gordian II）在领导对抗马克西米努斯皇帝（Maximinus）的战争中不幸失败身亡，吉本（Gibbon）在《罗马帝国衰亡史》（*the History of the Decline and Fall of the Roman Empire*）中是这样描述的：22位公开的夫人以及6万卷的藏书是他的爱好的见证，这一切不是为了夸耀，全都具有实用价值。

普通的罗马贵族拥有上千个奴隶。虽然女性奴隶几乎不做什么事情，但年轻时的她们身价通常很高，而男性奴隶常常被迫保持单身。为什么罗马贵族要买进如此多的年轻女奴呢？大多数历史学家认为，这是为了生育更多的奴隶。但如果是这样，怀孕的女奴应该价格更高，可事实却并非如此。如果购买的女奴不是处女，买主会和卖主打官司。如果女奴是用来孕育后代的工具，为什么一定坚持要求女奴的贞洁呢？对此，那些将女奴与妾等同起来的罗马作者说了实话：在自荷马之后的希腊罗马文学中，女奴只是主人随意发泄性欲的工具，这一点现代作家却避而不谈。

另外，罗马贵族释放了很多年轻力壮的奴隶，并且给予了他们可观的财富。从经济学角度来看，这绝对不是一个理智的决定，被释放的奴隶为数众多，而且变得很富有。大多数被释放的奴隶都是在主人家里出生的，而在矿上或者田地里工作的奴隶被释放的概率几乎为零。毋庸置疑，罗马贵族在释放由女奴生养的私生子。

当劳拉·贝齐格将注意力转向中世纪的基督教时，她发现一夫一妻制和一夫多妻制纠缠不清。一夫多妻的现象变得更为隐秘，但并没有消失。中世纪的人口普查表明，乡村的性别比例失调，男性极多，因为大批女性“受雇”于城堡和修道院。她们的职业是侍奉各种各样的主人。城堡实际上成了松散的“后宫”，其规模由城堡主人的财富和权力决定。有的历史学家和作家承认，城堡中藏有“女窖”，主人的小妾与世隔绝，过着隐秘的奢侈生活。

据记载，博杜安(Baudouin)伯爵是一个名叫兰伯特(Lambert)的牧师的保护人，“他的葬礼上，除了10个合法的孩子外，还有23个私生子”。他的卧室可以直接通到女仆的卧室和楼上小妾的卧室。而中世纪的农民大多能幸运地在中年之前完婚，没什么通奸的机会。

暴力的回报

如果说延续后代是获得权力和财富的回报和目标，那么，毋庸置疑的是，它也是暴力的起因和奖励。这大概就是早期教会如此忌讳性的原因。他们意识到性竞争是导致诸多谋杀和犯罪的根源，性和罪恶在基督徒心目中逐渐成为同义词，其原因并不是性本身有任何可耻之处，而是因为性常常带来诸多麻烦。

让我们看一看皮特凯恩群岛上的居民。1790年，“慷慨”号发生叛变,9名反叛者带着6名男性和13名玻利尼西亚女性在毕开恩岛(Pitcairn)登陆。最近的居住地，距此地也有千里之遥，他们在这个小岛上开始了与世隔绝的生活。值得注意的是，当时的性别比例不均，一共有15名男性和13名女性。18年后,10名女性和1名男性活了下来。至于另外的14名男性,1名自杀,1名病死,12名被谋杀。这是争风吃醋、互相残杀的结果。在残酷的性竞争中，唯一的1名幸存者立即改信基督教，并且开始在小岛上实行一夫一妻制。到20世纪30年代，殖民地已相当繁荣且有了良好的系谱记录，该数据显示当时的改制确实有效果。除了偶然的通奸，大多数岛民还是遵守着一夫一妻的制度。

由法律、宗教或处罚强制执行的一夫一妻制，确实减少了男性之间的残暴竞争。古罗马历史学家塔西佗(Tacitus)认为，重创几任罗马帝王的日耳曼部落，其成功可部分归功于他们推行的一夫一妻制，因此他们能够把好斗性转向外部。任何人都无权拥有一个以上的妻子，所以男人们没有动机去杀害族人并抢夺他的妻子。然而他们的一夫一妻制没有扩展到奴隶范围内。在19世纪的婆罗洲，一个名为伊班人的部落掌控着岛上部落间的战争。与邻国不同，伊班人奉行一夫一妻制，既避免了单身汉的悲剧，又能鼓舞男人骁勇征战，去赢得外邦的女奴。

猿类固有的特征之一就是族群间的暴力。20世纪70年代，灵长类生物学家一直忙于证实“猿类生性和平，生活在非暴力社会”的观点是人类的偏见。继而他们逐渐发现了黑猩猩少见但凶恶的一面，它们常与不同部落的猩猩发生激烈的争斗，直到战胜敌人，消灭对方。这种习惯和许多动物守卫领地、击退入侵者的习惯并不相同。它们也许想侵占敌人的领地，但战争的危险性使得此举的代价过高。它们想得到的是更丰厚的回报——接收溃败部落的年轻雌性。

如果说人类继承了黑猩猩争夺雌性的战争禀性，即占领土地只不过是性的一种手段，那么人类部落间的战争，一定是为了争夺女人而非抢占领土。多年以来，人类学家都坚称战争是为了争夺稀有的物质资源，尤其是经常供不应求的蛋白质。为了验证这一传统观点，拿破仑·沙尼翁(Napoleon Chagnon)在20世纪60年代前往委内瑞拉研究雅诺马马人(又译亚诺马米人)部落，结论让他震惊——他发现人类战争的目的往往是女人，而并非传统所认为的稀有资源。至少当地人是这样说的。但这种观点违背了人类学家“不应相信人们所说的话”的传统，因此备受嘲讽。他本人也说：“你可以承认胃是战争的导火索，但性腺不太可能是战争的原因。”为此他一次又一次地回到当地调查，积累了一套数据。事实证明，战争或者争斗的胜利者的确获得了更多的女人，而这和社会地位没有联系。

在雅诺马马人中，战争和暴力的源头都是性。两个村落间的战争，往往是因为女人被诱拐或者出于对性攻击的报复，结果常常会改变女人的最终归属。同村之间的暴力事件最为普遍的起因是性嫉妒。村庄的大小也会导致不同的问题，村庄过小会因为女人而遭到袭击，而村庄过大则会因通奸而分裂。在雅诺马马人的世界里，女人是货币，是男人实施暴力的奖赏。在40岁以前，有2/3的村民都有近亲死于谋杀。但这并不是说这些惨剧让人们麻木了，人们对于谋杀无动于衷。那些离开家乡的雅诺马马人，深刻地感受到法律如何降低了谋杀率，提高了人们的生活质量，他们感觉这一切真是神奇而美好。同样，希腊人依然记得俄瑞斯忒斯（Orestes）的审判传奇，正义取代了复仇，这是一个里程碑。根据埃斯库罗斯（Aeschylus）的记载，因为克吕泰涅斯特拉（Clytemnestra）杀了阿伽门农（Agamemnon），复仇女神（Furies）听从雅典娜的劝说，接受了法庭的判决，结束了血仇制度。托马斯·霍布斯（Thomas Hobbes）把"生活在被杀的恐惧和危险之中"列为原始人类的生活特征之一，这并非夸大其词。但他接下来的话语——人的一生是短暂的、孤独的、贫穷的、肮脏的和粗野的，虽然说的是事实，但不够准确。

沙尼翁认为人类为争夺稀有资源而发动战争的传统看法是不确切的。人类固然会为争夺稀有资源而发动战争，但当资源不短缺的时候完全可以不大动干戈、劳民伤财。虽然掠夺坚果可以拥有女人，但何必为了掠夺坚果而发动战争，为什么不直接争夺女人呢？他指出，大多数情况下，人类社会很少会触及资源消耗的极限。雅诺马马人完全可以开垦林地，多种植坚果树，但这样一来，坚果又会生产过剩。

雅诺马马人的情况并不是特例。对于文字出现以前的社会的研究发现，当国家尚未以法律的形式规范人们的行为时，暴力事件频繁发生。有研究发现，这种社会约有1/4的男人死于谋杀。谋杀的动因中，性永远占据主导地位。

西方文化的起源神话——荷马的《伊利亚特》(*Iliad*)讲述的是因为海伦被诱拐而引发了一场战争。历史学家们一直认为绑架海伦不过是希腊和特洛伊两国边境战争的借口，但我们是不是能如此简单地苟同呢？也许就像雅诺马马人所说的那样，他们的确会为了女人而战。也许阿伽门农所统率的希腊人真的是为了女人而战。《伊利亚特》的开篇及全书的内容，都是围绕阿喀琉斯(Achilles)和阿伽门农之间的纷争展开的。因为阿伽门农把他的小妾克鲁塞伊斯(Chryseis)还给了她的祭司父亲。为此，阿伽门农坚持以阿喀琉斯的美妾布里塞伊斯(Briseis)作为补偿。这是由一个女人引发的军队内部的争斗，几乎使希腊输掉了整个战争。

在前农业社会，暴力可能是性成功的唯一途径，在社会混乱时期更为明显。在很多不同的文化当中，被抓起来的战俘基本是女性。但残余影响一直波及现代。军人奋战的动机除了爱国热情和恐惧的因素之外，还源于因胜利而得的强奸机会。认识到这一点的将军们对军队的过分行为也就睁只眼闭只眼了。即使是在当今社会，长期的离岸生活或多或少成了海军普遍召妓而获得默许的原因。然而强奸行为还是会随着战争出现。1971年，在西巴基斯坦占领东巴基斯坦的9个月当中，可能多达40万名妇女被士兵强奸。1992年，在波斯尼亚，关于塞尔维亚士兵有组织地进行强奸的报道十分频繁，引发举世关注。在圣巴巴拉，一个叫唐·布朗(Don Brown)的人类学者在回顾军营生活时写道：“男人一天到晚谈论的都是性，从来不谈论权势。”

一夫一妻制的民主主义者

男人天生就是机会主义者，一旦条件允许，他们就会利用自己的财富、权力和暴力与其他男人进行性竞争，只是不肯因此而失去原有的稳定的一夫一妻制关系。这展示出来的通常不是一幅美好的画面，这种本性与现代的道德要求——一夫一妻制、忠诚、平等、正义和拒绝暴力——不相符。但我的任务是描述这些现象而非解决这些问题。人性当中没有什么非有不可的因素，就像在《非洲女王》(*The African Queen*)中凯瑟琳·赫本(Katharine Hepburn)对亨弗莱·鲍嘉(Humphrey Bogart)所说的那样："人的本性是我们必须超越的。"

另外,4000年前始于巴比伦王朝的一夫多妻制在西方社会已经基本结束。合法的妾室变成了非法的情人，情人成了一个必须对妻子隐藏的秘密。1988年，政治权力已经不是一夫多妻制的门票，相反，任何对妻子不忠的行为都有可能影响政治前途。以前的帝王经常可以坐拥成千上万的后宫佳丽，而加里·哈特(Gary Hart)竞选当今世界上最强势国家的总统时，却因为拥有两个女人而黯然退场。

这期间究竟发生了什么？难道是基督教的出现导致的吗？未必如此，因为几个世纪以来，基督教都是和一夫多妻制共存的，它的严格约束其实和世俗人的行事方式一样，都是利己主义的。那女性的权利呢？那已经是很晚的事情了。维多利亚时代的女人对于丈夫行为的发言权和中世纪的女人没什么区别。至今还没有历史学家可以解释到底是什么改变了这一切，但他们猜测也许帝王需要足够多的内部盟友，所以不得不牺牲自己的专制权力。这样一来，类似民主的制度就诞生了。一旦一夫一妻制的男人有机会打败一夫多妻制的竞争对手，一夫多妻制便只好偃旗息鼓了。

专制权力随着文明的到来渐行渐远，它看起来越来越像人类历史上的一种失常。自从文明和民主产生以来，男人无法集中权势成为淫乱的暴君。在更新世时期，如果男人拥有出众的狩猎或者政治技能，最多也就是期待着自己有一两个忠诚的妻子或几段婚外情。现代男人期待的也是年轻漂亮的情人和忠诚的妻子。可见，我们又回到了原点。

本章重点讨论的是男性。这样做似乎践踏了女人的权利，忽视了女人的意愿。但在农业产生之后，男人的确是这么做的。在农业出现之前和民主制度出现之后，这种一边倒的利益倾斜是不可能存在的。人类的婚姻系统，像其他动物一样，需要在两性策略之间进行妥协。奇怪的是，一夫一妻制的婚姻关系从巴比伦王朝到希腊再到罗马一直延续到了后来的工业时代，逐渐成为家庭的核心制度。即使在最专制、一夫多妻的鼎盛时期，人类也依然忠于一夫一妻制，这一点和其他一夫多妻制的动物有所不同。即使专制帝王通常也只有一个皇后，其他的女人都是妃嫔。若要解释人类迷恋一夫一妻制婚姻的原因，我们要先了解女性的策略，只有这样才能更深刻地了解人性。这就是下一章我们要探讨的内容。

第七章

一夫一妻制与女性的本质

牧人：我想让回声回答我的问题，可以试试吗？
回声：你试试吧。
应该如何表达爱情？
追呗。
她不曾爱过我，我该怎样得到她的青睐？
勇往直前。
什么最能打动女孩子的心？
华丽的外表。
怎样保障她的贞洁？
用门。
如果音乐能感化顽石，那么爱也能拨动我的心弦。
骗人。
回声，告诉我，我怎样才能获得她？
买。

——乔纳森·斯威夫特

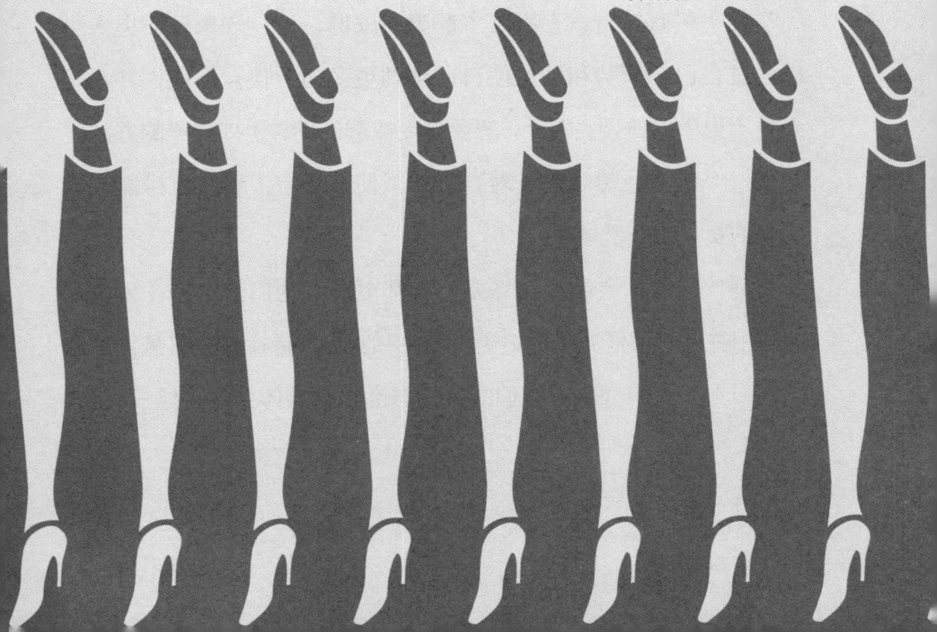

欧洲的一项研究有了惊人的发现：有夫之妇喜欢与有权势、年长、外貌英俊、体格健壮的已婚男人发生婚外情，尤其是当她们的配偶冥顽不化、较为年轻、没有魅力、身体羸弱而且五官不端正时，女性发生婚外情的概率更大。改善男性外貌的整形手术，能让男性有加倍的外遇机会。一个男性越有魅力，他的心思就越少花在养育后代上面。在西欧，大约1/3的婴儿都是婚外情的产物。

如果你觉得这些事实难以置信，先不用担心，因为这些结论并不是针对人类的研究得出的，这项研究针对的是夏日的谷仓和田地里随处可见的燕子。人类与燕子是完全不同的物种，但在这方面也完全不同吗？

婚姻强迫症

几乎所有的古代专制君主都妻妾成群，这一现象证明男人可以通过自己的权势和地位使自己得到更多的后代，但他们并不是人类历史中的典型。如今，想要妻妾成群的话，也许唯一的办法是开创一个教派，然后通过对自己神圣使命的夸大给所有可能成为侍妾的女人进行洗脑。

现代人的社会制度在许多方面都更接近他们的狩猎、采集时期的祖先，而不是那些历史更早的古代人。狩猎社会中只是偶尔会出现一夫多妻的现象，他们的婚姻态度和婚姻体系几乎是一样的。

现代人的生活圈虽然比过去扩大了许多，但生活的核心是自己的家庭、丈夫、妻子和孩子。婚姻是一个抚养孩子的机制；不管在哪里组建家庭，父母都负有抚养孩子的部分责任，至少要提供食物。在很多社会中，男人们都在试图获得一个以上的妻子，但极少成功。即使是在承认一夫多妻制的游牧民族中，多数婚姻还是一夫一妻的。

正是这种普遍流行的一夫一妻制——而不是偶尔出现的一夫多妻制——将我们与其他哺乳动物区分开来。在其他四种猿（长臂猿、猩猩、大猩猩和黑猩猩）中，只有长臂猿有类似的婚姻制度。彼此依赖、彼此忠诚的长臂猿夫妇住在东南亚的森林里，每一对都有单独的领地。

如果就像我在上一章提到的那样，男人本质上都是一夫多妻制的机会主义者，那么婚姻从何而来？虽然男人是善变的（“你不敢承诺，是吗？”——被玩弄的女人的典型台词），但他们仍然热衷于寻觅配偶，并共同营造家庭，偶尔出轨不忠，但仍深爱家庭（“你永远都不会为我离开你的妻子，对吗？”——情妇的典型台词）。

男人的这两个目标会互相对立，是因为女人不愿意分饰妻子和情人两种角色。就像上一章关于独裁者的斗争所描述的那样，女人并非被动的奴隶。她们在性别棋局中是活跃的对手，而且有自己的目标。对于一夫多妻制，女人一向不如男人热衷，但这并不代表她们不是性的机会主义者。热情男性/羞赧女性理论让人们很难回答一个简单的问题——为什么女人会不忠？

希律王效应

20世纪80年代，以加州大学戴维斯分校的莎拉·赫蒂（Sarah Hrdy）为首，一些女科学家发现了雌黑猩猩与猴子的杂交行为，这与特里弗斯的理论相悖。特里弗斯的理论认为，由于雌性对养育后代的大量付出直接导致了雌性对配偶的挑剔。在赫蒂本人关于叶猴的研究，以及她的学生梅雷迪斯·斯莫尔（Meredith Small）对于猕猴的研究中，发现了一种与传统进化论所描述的完全不同的雌性：会从原配身边偷偷溜走的雌性，主动追求各种性伴侣的雌性，像雄性一样主动挑起性行为的雌性。雌性的灵长类动物不仅不挑剔配偶，甚至是很多滥交的发起者。赫蒂开始认为也许是理论出了问题，而不是雌性出了问题。10年之后，一切变得明朗起来，一些新兴的观点让我们对雌性行为的进化有了崭新的认识，这个理论被称为“精子竞争理论”。

赫蒂所关心的问题在她的研究工作中得到了解答。在对印度的阿布（Abu）叶猴的研究中，赫蒂发现了一个可怕的事实：成年雄猴谋杀幼猴的现象司空见惯。每当一只雄叶猴占有一群雌叶猴之后，它会杀死群里所有的幼猴。不久以后，她发现狮子也有同样的习性：当一群雄狮赢得了一群雌狮后，它们做的第一件事就是屠杀无辜的幼狮。后来的研究发现，雄性的杀婴行为在啮齿动物、食肉动物以及灵长类动物中都很常见，甚至我们的近亲黑猩猩也是如此。很多自然学家认为这是一种病态的失常现象，但赫蒂和她的同事们却提出了不同的意见：杀婴是一种“适应”，即一种种群进化的策略。雄性通过杀掉继子，使雌性停止哺乳，以此加速雌性下次怀孕日期的到来。雄叶猴或者雄狮的精力的巅峰期很短暂，杀婴能让这些雄性动物在短时间内拥有最大数量的后代。

灵长类动物杀婴行为的意义，促进了科学家们对5种猿猴的交配系统的理解，因为这为雌性忠于一只或一群雄性的行为提供了解释——雌性是为了保护相互的基因投资，以免后代被其他雄性杀害。广义上说，雌猿猴的生活方式是由它们的食物分布决定的，然而雄性的社会本质是由雌性的分布范围决定的。因此，为了更好地利用稀有的食物资源，雌猩猩选择独居在特定的领地上。雄猩猩们也选择独居，同时它们尝试占有一些雌性的领地。当有其他雄猩猩出现时，住在其领地上的雌猩猩指望它们的“丈夫”能及时冲出来援助。

雌长臂猿同样也是独居。雄长臂猿有能力保卫多达5只雌长臂猿的领地，并且和猩猩一样可以轻易实施一夫多妻制。一只雄性有能力巡视5只雌性的领地并且与它们都进行交配。而且，雄长臂猿承担少之又少的父亲责任。它们不喂养后代，不保护孩子免受老鹰的袭击，它们甚至什么都不用教孩子，那么雌性何必要坚持对一只雄性从一而终呢？只因为雄长臂猿能保护它的幼子免遭其他雄长臂猿的屠杀。利物浦大学的罗宾·邓巴（Robin Dunbar）相信雌长臂猿是为了防止杀婴而遵循一夫一妻制的。

雌大猩猩和雌长臂猿一样忠诚于丈夫——“他”到哪儿，“她”

就会到哪儿；“他”做什么，“她”也做什么。从某种意义上说，雄性也是忠于雌性的，“他”会陪伴“她”多年，看着“她”哺育“他”的孩子。但大猩猩和长臂猿有一个不同之处——雄大猩猩有好几个妻妾，而且对每位妻子都一样忠心。哈佛大学的理查德·兰厄姆（Richard Wrangham）认为大猩猩的社会制度是为了防止杀婴而设计的，而对于雌性来说，还因为聚居更加安全。（对于只吃水果的长臂猿来说，一块领地上的食物只够喂养一只雌性。）雄性保护它的妻妾们免受雄性对手的侵袭，同时还会竭尽全力地防止它的后代被对手杀害。

黑猩猩发明了一种完全不同的社会体系，拥有更加精密有效地杜绝杀婴的策略。它们的食物数量充裕而分散，所以多数时间它们都在地上和野外活动，群落的规模也更大（大的族群比小族群有更多双眼睛），但它们也会分成多个小组然后再集合。对于孤身的雄性来说，这样的分裂—融合组规模太大、太灵活机动，所以难以统治。因此，要想跃升到统治阶级的最顶层，就必须与其他雄性联合。一群黑猩猩中有许多雄性，于是每只雌黑猩猩的子女都有许多继父。雌黑猩猩为使小黑猩猩免遭杀害就要更广泛地分享性爱，那么每个雄黑猩猩都有可能是孩子的父亲。因此，只有当一只雄黑猩猩从来没有见过某只雌黑猩猩的时候，才有可能认为“她”的孩子不是“他”的。正如古道尔发现的，雄黑猩猩会袭击陌生的雌黑猩猩，并且杀害它的幼崽，但从不袭击没有孩子的雌黑猩猩。

赫蒂的问题解决了。猴子和类人猿的雌性滥交可以解释为许多雄性需要分享父权，是为了防止雄性为争夺父权而杀婴。但这能适用于人类吗?

答案是不适用。事实上，继子女比由自己亲生父母亲手带大的孩子的死亡率高65倍，而且幼童不可避免地会对继父产生难以克服的惧怕心理。但这两点似乎和一夫多妻的产生没有任何关联，因为二者都只适用于较大的孩子，而不是还在吃奶的婴儿，而且婴儿的死亡也并不能增加母亲的生育，所以人类并不需要用滥交来保护自己的婴孩。

此外，人类属于猿类的事实也会误导我们。我们的性生活与猩猩不同。如果我们像猩猩一样，那么，女人会独居而且彼此分开，男人也一样会独居，但会拜访几个(或0个)女人，与其发生性关系。如果两个男人相遇于有女人的地方，将会不可避免地发生一场激烈的打斗。如果我们像长臂猿一样，我们的生活也会变得完全不一样。每对夫妇都会相隔几公里远，而且一旦有入侵者出现就会奋战到死。尽管我们也会偶尔遇到恶邻，但我们无法过脱离人群的独居生活。即使那些撤退到所谓世外桃源的人，也不会永远生活在那里，并且把所有陌生人阻挡在外。因为工作、逛街或者游戏，我们的很多时间都是在公共场所中度过的，我们是群居的社交动物。我们也不是大猩猩，女人们不会住在宫殿闺房中，被一名有着雌性两倍体重的身躯庞大的中年雄性统治着。这个雄性会垄断族群里的所有雌性，而且恐吓其他雄性不准靠近。性行为少得可怜，即使是大人物可能一年也只有一次，而其他雄性则根本碰不到雌性的一根毫毛。

假如我们是没毛发的黑猩猩，某些人类社会的特点依然清晰可辨。我们会住在各自的家庭中，具有一定的社会化交际圈，社会有等级分化，有不同的族群领地，并且对其他族群有侵略性。换句话说，我们以家庭为基础，住在乡村，有阶级意识和民族主义，并且好战，事实也是如此。成年男性会花更多时间在政界中摸爬滚打，与家人相聚的时间就少了。但是，在性这个问题上，则完全是另一种景象：首先，男人不会参与对孩子的养育，哪怕只是付赡养费；社会中也不会有婚姻的束缚，大多数女人会与很多男人发生性关系。虽然最高统治者可以拥有很多具备生育力的女性，但性行为也只是间歇的风流韵事。在女人动情时，他会沉溺于激情四射的爱恋，但当女人怀孕或者哺乳时，他就离开了。处于发情期的女人会显露出肿胀的粉红色尾部，这对每个男人都是一种极端诱惑，因此他们会对其进行威逼利诱，霸占她几周，强迫她和自己发生性关系，但不一定每次都能成功。而一旦这种发情的外部特征消失，他们会马上失去兴趣。洛杉矶加利福尼亚大学的杰瑞德·戴蒙德按这个原则推测——如果所有男士都知道某间普通的办公室中的某位女士正处于发情期，试想这将会给社会制造多少混乱。

如果我们是侏儒黑猩猩或倭黑猩猩，我们会像那些黑猩猩一样群居，但会有成群的强势男性拜访好几个女性群落。结果，女人仍旧需要广泛分享性爱，而且雌倭黑猩猩有主动挑逗的习惯，只要有一点点暗示就能发生性行为，而且方式多种多样，这对异性很有吸引力。当一只年轻的雌倭黑猩猩来到一群正在进食的狒狒群中，它不会首先对食物感兴趣，而是先轮流与所有雄性交配，之后才开始吃东西。对“她”来说，雄性就是交配对象，虽然不至于毫无选择，但也没多大差别。

雌大猩猩大概要交配10次，才会生育1次，而雌黑猩猩要500到1000次，雌倭黑猩猩要多达3000次。雌倭黑猩猩很少搭理周围的年长雄性，而选择与更年轻的雄性交配。但因为交配太过频繁导致很难怀孕。确实，在倭黑猩猩中，雄性的侵略性比较少见，雄性体型也并不比雌性大，而且在权力地位争夺上所花费的精力也比普通黑猩猩要少。雄倭黑猩猩要传宗接代的最好策略就是好好吃绿色食物，睡个好觉，然后整天到处寻找雌性交配。

私生鸟

作为一种最为普遍的巨大猿类，与我们的近亲猿类相比，人类成功地对猿类的生活方式进行了改造。我们在多雄性大群落社会交往系统基础上，重新建立了稳固的一夫一妻制与亲代抚育习俗。就像长臂猿一样，男人与女人结婚并且帮助她们哺育后代，崇尚父权。但又会像黑猩猩一样，女性居住在一个与其他男人频繁接触的社会中。这是猿类中所没有的现象，但鸟类中却有类似的情形。许多鸟类都群居，并且在族群中选择一个伴侣实行一夫一妻制。鸟类中这种类似的现象给女性多元化的性兴趣提供了一种完全不同的解释。一个女人虽然不用为了杜绝杀婴现象而寻找多个男性伴侣，但她有理由选择一个条件优秀的男士作为情人。这是因为她的丈夫，通常不是最好的——不然为什么会娶她？她丈夫的价值在于维持一夫一妻制，他不会同时负担抚养好几个家庭的责任。但女人为什么要接受他的基因呢？为什么不让他在尽父亲的义务的同时让儿子拥有其他更优秀男人的基因呢？

我们很难精确地描述人类的婚姻系统。根据个人的种族出身、宗教信仰、财富和社会生态的差异，人类习俗上的差异也很大。尽管如此，仍有一些普遍特征尤为突出。首先，女人普遍追求一夫一妻的婚姻——即使在允许一夫多妻的社会中。她们基本会仔细选择，当女人认为他是值得的，她便希望与这个男人共度一生，得到他在孩子抚养上的帮助，甚至最后与他白首偕老。其次，女人本身不会追求性爱的多样化，虽然也有例外，女人都否认女流氓的存在似乎也是有道理的。那些愿意与连名字都不知道的男人发生一夜情、引诱男人的女性是男性色情文学幻想出来的，不受女人天性束缚的女同性恋者也不会沉溺于滥交；相反，她们极力主张一夫一妻制。这些都不足为奇。雌性动物在性的机会主义中得到的好处少之又少。她们的生育力不在于交配男人的数量多少，而是受限于花费在生育上的时间。从这方面来说，男人与女人是完全不一样的。但是，并非所有的通奸都是男人发起的，女人有时候也不忠诚，虽然她可能很少或绝对不会与男妓或陌生人随便发生性关系。一个女人，就像电视剧里演的那样，是完全有可能接受或者诱惑一个相识的男人发生婚外情的，哪怕当时她是“幸福的”有夫之妇。这是个棘手的难题，但可以用三种方法来解释。

我们可以把通奸怪罪于男人，说即使是最贞洁的女性，男性引诱者的花言巧语总能赢得一些女人的心——“危险关系”解释法。或者我们可以怪罪于现代社会，说现代生活的挫折与复杂、不幸的婚姻等因素扰乱了自然规律，并给女性引入了一种陌生的习惯——“达拉斯”解释法。又或者我们可以用合理的生理原因来解释在不放弃现有婚姻的同时想获得婚外情的现象——当“A计划”没有那么好时，女人有接受性爱“B计划”的本能。这个被称为“爱玛·包法利策略”。

本章将讨论通奸行为可能在人类社会的形成过程中扮演了重要角色，因为在一夫一妻的婚姻制度下寻求替代性伴侣，对两性都有好处。这个结论是基于对现代和部落社会的研究以及与猩猩和鸟类对比后得出的。我将通奸描述成塑造我们婚姻系统的力量，并非要将其“正当化”。被戴绿帽子和背叛当然都是令人不齿的事情。因此我的分析意在说明阻止通奸的社会和法律机制是合理的，而不是说通奸是正当的——我所表达的观点是，发生通奸以及反对通奸都是“自然的”。

20世纪70年代，移居澳大利亚的英国生物学家罗杰·肖特(Roger Short)，留意到猩猩的身体结构有一些特殊的地方。黑猩猩的睾丸巨大，而大猩猩的却极小。大猩猩的体重是黑猩猩的4倍，但黑猩猩的睾丸却是大猩猩的4倍重。肖特探究了原因，并且认为这可能与交配系统有关。肖特的结论为：睾丸越大的雄性，雌性伴侣就越多。

原因显而易见——如果一只雌性动物与多只雄性交配，那么每只雄性的精子都会争先与它的卵子结合；雄性若不想在竞争中失败，最好的办法就是一次制造更多的精子。（也有其他的方式。一些雄蜻蛉会用生殖器将先进入的精子赶出去；公狗与澳大利亚的跳鼠都会在交配后将它们的生殖器“锁在”雌性体内一段时间，防止其他雄性尝试入侵；男人们似乎会制造大量有缺陷的“自杀式”精子来形成某种塞子堵住阴道，以阻止后来的入侵者。）正如我们所见，黑猩猩因为是群居，所以可能是几个雄性共享一个雌性，多次交配并且大量射精至关重要——射精能力越强，做父亲的概率就越高。这个推测也适用于猴子和啮齿动物。它们越能像大猩猩一样确定性垄断，它们的睾丸就越小；在混杂族群中，生活习性越是趋向于滥交的动物，雄性的睾丸就越大。

肖特似乎发现了物种交配在解剖学上的线索——大睾丸相当于一妻多夫的雌性。这个发现能用来预测那些还没有被研究过的物种的交配系统吗？譬如，对于海豚与鲸鱼，我们知道得很少，但捕鲸事业的发展让我们了解了它们的身体结构。即便是与庞大的身躯相比，鲸鱼的睾丸也算是巨大的：一只普通的鲸鱼，睾丸可以重达1吨，占体重的2%。因此，通过已知的猴子模式，我们可以合理推测母鲸和母海豚大多数都不是一夫一妻制的。据已有的资料来说，事实正是如此。槌鲸的交配系统似乎是通过雄性联盟的联合行动来强行“放牧”有生育力的雌性的，它们有时甚至迫使一只雌性同时接受两只雄性的精子——这种精子竞争的激烈程度远远超过黑猩猩的精子竞争。和黑猩猩一样，抹香鲸也是妻妾成群，但它的睾丸相对较小。当雄性独占“后宫佳丽”时，就不存在精子竞赛问题。

让我们现在将这个预测应用到男人身上。相比猿猴，人类的睾丸属于中等大小——比大猩猩的大一些。跟黑猩猩一样，人类的睾丸藏于体外的阴囊里，这可以使产生的精子保持凉爽，从而延长精子的保质期。这些都是人类精子竞争的证据。

但人类的睾丸也不像黑猩猩的那么硕大。有实验性的证据显示，它们并未开足马力（换句话说，人类先祖的睾丸可能曾经更大）。人类的睾丸每克组织产生的精子数量是非常低的。总而言之，正如我们所预期的那样，女人在性方面不会非常混乱。

在面对精子竞争时，不仅猴子、类人猿和海豚会生成巨大的睾丸，鸟类也是如此。而且人类交配系统的确凿线索正是来自对鸟类的研究。动物学家早就知道，大多数的哺乳动物都是一夫多妻的，而大多数鸟类都是一夫一妻的。雌鸟生蛋，从而让雄鸟能提前来照顾抚养自己的后代，而这是雄性哺乳动物所没有的行为。雄鸟忙碌于建造鸟巢、分担孵蛋的任务，以及给幼鸟找食物，它唯一不能做的就是生蛋。年轻的雄鸟不仅向雌鸟提供精子，还在履行父亲的责任，这个观点在麻雀这样必须要哺育后代的物种中确实成立，一旦涉及野鸡这样不养育后代的物种，就会站不住脚。

确实，有的雄鸟将这些事都做好了，而它的配偶唯一的任务就是为众多的丈夫下蛋。其实，对于雄性哺乳动物而言，即使它想帮忙，能做的事情也非常有限。在“妻子”怀孕时，它可以供给食物，以便使胎儿能良好发育。它也可以在婴儿出生后，时常抱一抱婴儿，或者在婴儿断奶后给它喂食，但它不能帮忙怀孕或者哺乳。雌性实际上承担了所有的育儿工作。雄性帮不上忙，倒不如花点儿精力去寻找其他的雌性。只有当交配机会有限，或者必须在场保护婴儿安全时，它才会像长臂猿一样留下。

这种博弈论在20世纪70年代相当流行，但到了80年代，当鸟类的基因血液测验成功开展后，动物学家有了许多惊人的发现。他们发现许多幼鸟其实不是它们所谓父亲的后代。雄鸟“被戴绿帽子”的概率极高。在蓝鹀（一种来自北美的美丽的小蓝鸟）中，雄鸟在巢穴中喂养的幼鸟，大约40%都是私生子。

动物学家之前完全低估了鸟类生活中的一个重要部分——偶外交配。他们当时虽然知道有这样的事情，但不知道有如此规模。这个短语缩写为EPC（Extra-pair Copulation），其实就是通奸、外遇，事实就是如此。大多数鸟类是一夫一妻的，但它们无论如何都谈不上“忠诚”二字。

我们在性选择的部分就已经接触了丹麦动物学家罗伊·安德森。他和谢菲尔德大学的蒂姆·伯克黑德（Tim Birkhead）写了一本书，总结了现在所称的鸟类通奸现象，发现其与人类的模式相近。鸟类睾丸的大小因它们的交配系统不同而不同。其中最大的是一妻多夫的鸟类，就是几只雄鸟共同与一只雌鸟交配的鸟类的睾丸最大。我们不难看出其中的原因，能射入最多精子的雄鸟才能使最多的卵受精。

这不足为奇。但那些会炫耀求偶的鸟类，例如艾草鸡，一只雄性会在短短几周内使50只雌性受精，它们的睾丸却出奇得小。这个谜题很快就揭晓了，因为雌艾草鸡只会交配一次或两次，而且通常只跟一只雄性交配。这一点是雌性在求偶场挑剔的原因。因此尽管一只大公鸡需要与多只母鸡交配，却并不需要在每只母鸡身上浪费太多的精子，因为它没有竞争者。睾丸的大小并不是由交配的频率决定的，而是由竞争者的数量决定的。

一夫一妻的物种介于中间。一些物种的睾丸非常小，这暗示了精子竞争者很少；其他的一些物种拥有巨大的睾丸，就像一妻多夫制的鸟类。伯克黑德和安德森留意到拥有大睾丸的鸟类大多都是群居的，如海鸟、燕子、蜂虎鸟、苍鹭和麻雀。这样的群居环境给雌性提供了许多与隔壁雄性通奸的机会，而且它们也都善于把握这种机会，不肯错过。

汉密尔顿相信通奸能解释为什么在许多一夫一妻制的鸟类中，雄性通常比雌性长得更艳丽。达尔文提出的传统解释是最艳丽的雄性和最好的歌手能率先得到雌性的青睐，最早修建好的巢穴是最成功的巢穴。这种观点固然正确，但无法解释为什么许多物种的雄性在找到配偶后歌声依旧。汉密尔顿提议说，华而不实的雄性并不是想找到更多的妻子，而是要寻找更多的情人。如汉密尔顿所说："为什么大英帝国的博·布鲁梅尔[1]总是盛装打扮？他是想寻找

1 博·布鲁梅尔（Beau Brummell，1778—1840），英国服饰时尚家，英王乔治四世登基前曾为其好友。——编者注

妻子还是寻找外遇？”

爱玛·包法利夫人与雌燕

通奸能给鸟类带来什么利益？对于雄性来说是显而易见的：通奸的雄性留下了更多的后代。而雌性频频偷情，却原因不明。伯克黑德和安德森否定了一些提议，比如说雌性通奸是因为受到雄性通奸欲望的遗传影响，或者雌性是为了确保受孕所以才接受不同来源的精子，又或者是雌性被善于寻觅情人的雄性引诱了而情不自禁（在一些人类与猿类社会中似乎也是如此）。没有一个解释能与事实完全相符。将雌性的不忠归咎于对基因多样化的渴望，貌似也说不通。因为差异更为明显的后代对雌鸟来说，也并没有什么实际意义。

伯克黑德和安德森认为，雌鸟能从滥交中获益，因为这能使它们分享最优秀的遗传基因——遵循爱玛·包法利策略。一只雌燕可能需要一个丈夫帮她照看幼小，但可能优秀的雄鸟已经有了配偶，因此最佳战略是与一个平凡的丈夫交配，然后再与基因优秀的邻居发生婚外情。该理论得到以下事件的证实：雌鸟通常选择比自己丈夫更有权势、更年长或者更有“吸引力”（更光彩照人）的情人。它们不与单身汉（推测其为次品）搞婚外情，其他雌鸟的丈夫往往是它们挑选的对象。有时，雌性会在备选的情人中煽动竞争，然后选择优胜者。人工加长了尾巴的雄燕能比普通的雄燕早10天找到伴侣，拥有第二窝雏鸟的概率会增加8倍，而且成功引诱邻居妻子的机会增加了1倍。（有趣的是，当雌鼠与其他雄鼠偷情时，通常选择携带不同抗病基因的雄鼠。）

简而言之，通奸在鸟类群居地如此常见，是为了让雄鸟有更多的后代、让雌鸟有更好的后代。

近年来科学家研究鸟类，发现了一个奇怪的现象，就是“有魅力”的雄鸟通常是不称职的父亲。南希·波利通过观察那些由脚环颜色决定魅力程度的斑胸草雀，首先注意到了这点。此后罗伊·安德森发现燕子也是如此。如果雌燕与一只有魅力的雄燕交配，那么雄燕不会负责照顾雌燕和孩子们，而雌燕需要在抚养幼子方面付出了很多。好像雄燕提供了优秀基因，所以有权要求雌燕以辛勤的家庭工作来作为回报。这样一来，雌燕自然会找一个平庸但勤劳的丈夫，然后与更优秀的邻居通奸，给丈夫戴绿帽子了。

嫁一个好男人，然后再与上司搞婚外情，或者嫁一个有钱的丑男，然后再找一个帅气的情人——这一点是女人普遍的做法。福楼拜笔下的爱玛·包法利就想同时拥有帅气的情人和有钱的丈夫。

研究鸟类的那些学者对人类学并不了解。同样，两位英国动物学家在20世纪80年代后期研究人类时，也没有参考鸟类的研究成果。利物浦大学的罗宾·贝克（Robin Baker）和马克·贝利斯（Mark Bellis）好奇精子竞争是否也存在于女人的身体里，如果有，女人是否能够控制它。他们的研究结果对女人的性高潮做出了奇异而惊人的解释。

接下来将简单介绍他们的部分理论，性交本身的细节与进化论观点息息相关。贝克和贝利斯发现在性交之后，存留在女性阴道的精子量取决于她是否有性高潮以及什么时候有性高潮。如果女人没有达到性高潮，或者高潮之后超过一分钟男性才射精，则存留于阴道的精子很少。同时还与两次性交的间隔时间有关，时间越长，存留的精子越多，除非她中间有过科学家所称的“非交配性高潮”。

到目前为止，这些都没有让我们感到特别惊讶，虽然这些事实在贝克和贝利斯做研究之前是不为人知的（研究包括从选定的夫妇中收集的样本，以及4000人参与的一项调查问卷），但这些研究并不一定能说明很多问题。贝克和贝利斯还大胆地调查了实验对象的婚外情状况。他们发现，在忠诚的女人体内，55%的性交都是延迟高潮的（最易受孕的）一类。不忠的女人与丈夫的性交只有40%是延迟高潮，相比之下，与情人的性交有70%是高度受孕的。而且，不知是有意还是无意，不忠的女人总是在受孕期与情人发生关系。不忠的女人与情人的性爱次数是与丈夫性爱次数的两倍，孕育情夫儿女的概率也略高于丈夫。

贝克和贝利斯把他们的研究结果理解为男人与女人间的进化军备竞赛，是一种红皇后博弈游戏的证据，但在这个游戏中女性领先了一步。男性努力用各种手段增加他成为父亲的机会。他的许多精子甚至不是为了使卵子受精，而是用来袭击其他的精子或者阻拦其他的精子进入子宫。

然而女人已经进化出一套精致的避孕技术。当然，女人以前并不知道如何实现避孕，因此也不会刻意为之。但令人惊奇的是，如果贝克和贝利斯的研究是正确的，她们可能无意识地采用了这个技术。这当然是很典型的进化论解释。究竟女人为什么要有性爱呢？因为她们有意识地希望得到。但为什么她们会有意识地希望得到呢？因为通过性才能繁衍，而作为繁衍者的子孙后代，她们也会有同样繁衍后代的欲望。这其实是以下观点的另一种表达方式，即如果一个女人想要孕育情人的孩子，但又不想离开自己的丈夫，那么之前我们提到的不忠诚和高潮的典型模式就一定会出现。

贝克和贝利斯承认他们仅仅找到了一个很好的线索，继而他们试图以此估算人类的婚外情。在利物浦的一栋公寓里，他们通过基因测试发现约4/5的儿子不是他们所谓父亲的亲生骨肉。为了排除这是利物浦的特例，他们在英格兰南部也做了同样的测试，而且得到了一样的结论。从他们早期的研究我们得知，偶然的通奸可以通过性高潮效应引发高概率的私通现象。就像鸟类一样，女人可能在不知不觉中与基因较为优秀的情人发生婚外情，同时又不离开自己的丈夫。

那么男人的情况又如何呢？贝克和贝利斯对老鼠做了一项实验发现，如果雄鼠知道它的伴侣最近与附近的另一只雄鼠走得比较近，它的射精量就会加倍。这两位无畏的科学家马上开始测试是否人类也是一样。结果非常确定，人类也是如此。妻子整天陪在身边的男人射精量要比妻子整天不在身边的男人少得多。男人们似乎会在潜意识里试图挽救妻子的不忠行为。但在这场特殊的两性战役中，女人是占上风的，因为即使男人会潜意识地将女人缺乏高潮与不想怀孕的愿望联系起来，女人也可以假装高潮。

通奸妄想症

不忠妻子的男人不会袖手旁观，更不会看着自己的基因灭绝。伯克黑德和安德森认为很多雄鸟的行为，都能以它们担心妻子会不忠的假设来解释。雄鸟的第一个策略就是在妻子受孕高峰期守护在身边（大概下蛋前一天）。许多雄鸟都这么做。它们会追随伴侣到任何地方，因此一只在筑巢的雌鸟不论走到哪里，都有一只什么都不做的雄鸟陪伴着，而下蛋之后，雄鸟就会放松监视，开始另寻情人。

如果一只雄燕找不到它的伴侣，它会发出一声响亮的呼唤，这是敌人来袭的信号，会让所有的燕子都飞到空中，从而终止所有正在进行的通奸行为。如果一对夫妇久别重逢，或者一只入侵领地的雄燕刚被赶出去，丈夫会立即与妻子交配，好像是为了保证它的精子能够与入侵者的精子竞争。

这种做法通常是奏效的。实施有效的监视措施的物种，能保持较低的通奸率。但有些物种无法看守它们的伴侣，例如苍鹭等食肉鸟，丈夫和妻子大部分时间都是分开的，一个守护巢穴，一个出去觅食。这类物种以极其频繁的交配著称。每生一窝蛋，苍鹭可能要交配几百次。这虽不能杜绝通奸行为，但至少可以降低伤害。

就像苍鹭和燕子一样，一夫一妻的人类居住在大的群居地。父亲提供食物或者金钱来帮助抚育幼子。重要的是，因为劳动上的性别分工塑造了早期人类狩猎采集的社会特点（大致说来，即男人狩猎，女人采集），两性大部分时间都不在一起。因此女人有大把的机会可以通奸，而男人绝对有监视妻子的动机，如果没法看守，就与她们频繁地交配。

要证明通奸是人类历史上长期存在的现象，而不是英国现代公寓区的特例，是个非常棘手的问题。首先，答案显而易见，所以没有人研究过；其次，当事人对外遇问题普遍都秘而不宣，所以几乎无法研究，还是观察鸟类比较简单。

尽管如此，有的学者还是进行了大胆的尝试。大概570名巴拉圭的阿切人在1971年前仍是狩猎采集社会，分成12个族群。他们随后逐渐开始与外部世界联系，然后被引诱到了由传教士掌管的政府保留地。如今，他们不再依靠狩猎和采集维生，而是在园子里种植庄稼，生产粮食。但当他们依旧依靠男人的狩猎技巧来获取食物时，新墨西哥大学的金・希尔找到了一个有趣的规律。阿切男人会把多余的猎物送给想要追求的女人。他们这么做不是为了喂养他们的孩子，而是为了支付风流韵事的费用，还不容易被发现。金・希尔慢慢发现他不得不放弃关于通奸问题的提问，因为在传教士的影响下，阿切人对于这个话题越来越敏感。那些酋长和掌权者尤其不愿谈论这个话题，这倒不足为奇，因为他们是发生婚外情最多的人。尽管如此，通过流言蜚语，金・希尔将只言片语整合到一起找到了阿切人通奸的规律。不出所料，他发现地位高的男人牵涉得最多。但是，与鸟类不同的是，出轨的阿切女性并不仅仅是底层男人的妻子。阿切通奸者的确时常用肉作为礼物来让他们的情妇顺从，但金・希尔认为最重要的动机是阿切妇女事实上时刻都在为被丈夫抛弃的可能性做准备。她们在建立替代性的关系，而且当婚姻不美满时容易不忠。这当然是一把双刃剑，婚姻可能因为婚外情曝光而结束。

无论女人的动机是什么，金·希尔与其他人都相信人们低估了通奸对人类婚配系统的影响。在狩猎采集的社会中，通奸比一夫多妻更能让男性机会主义者得到满足。在已知的狩猎采集社会中，只有两个实行一夫多妻制，而在其他社会中，很难发现一个男人拥有一个以上的妻子，有两个以上的就更少了。下面的两个特例证明了这个规律。第一个特例是生活在美洲西北太平洋沿岸的印第安人，他们依靠丰富的三文鱼生活，在储备剩余食物这方面，更像农民而非狩猎采集者。另外一个特例是澳大利亚原住民人中的某个部落，他们实行的是由老人统治的一夫多妻制，男人要到40岁才结婚，65岁时能拥有多达30个妻子。然而这个罕见的系统却不像看上去那样。每位老人都有一位年轻的助手，提供帮助、保护以及经济上的支持，但老人对助手与自己妻子的暧昧关系视而不见。

一夫多妻制在狩猎采集的社会中是极为少见的，但通奸却是随处可见的。通过与一夫一妻的群居鸟类相比，我们预计人类也会对配偶实施更频繁的监视或者频繁的交配。兰厄姆推测人类实行缺席的配偶监视方式。男人通过代理人密切监视他们的妻子。如果丈夫要外出狩猎整天离开家时，他会询问他的母亲或者邻居，他的妻子那天是不是做了什么事。兰厄姆通过对非洲俾格米人的研究发现，别人的流言蜚语可以帮助丈夫有效地阻止妻子私通，他会让她知道他已经听到了一些风声。兰厄姆进一步观察发现，没有语言，这些都是不可能的，于是他推测，劳动的两性分工，抚育后代的婚姻制度，以及语言的产生——这三个与猿类有所不同的人类最基本的特征——是相互依存的。

为什么韵律的方式无效？

在语言让代理监管成为可能之前，情况如何呢？这里，解剖学提供了一个有趣的线索。也许女人和雌性黑猩猩生理上最惊人的区别就是，任何人，包括女人自己，都无法精确地确定在一个月经周期内，何时是受孕期。无论是医生、民间传说还是罗马天主教大教堂都说，人类的排卵是不可见而且无法预期的。黑猩猩的阴部变成粉色，母牛散发出让公牛无法抗拒的气味，母虎自动接近公虎，母鼠引诱公鼠……很多哺乳动物的排卵期是大张旗鼓地昭告天下的。但人类却不是这样的，男人们只能通过女人体温的细微变化来判断。而在温度计尚未发明之前，这个也是无法检测的。女人的基因似乎在竭尽全力地隐瞒排卵期。

伴随着隐性排卵而来的是持续的性兴趣。虽然女人在排卵期比其他日子更有可能挑起性爱、手淫或者与情人发生关系，或者有丈夫陪伴，但事实上两性在月经周期的任何时间里都对性爱感兴趣，男人、女人在有感觉时会进行性交，与荷尔蒙无关。与许多动物相比，人类沉溺于性交。德斯蒙德·莫里斯（Desmond Morris）称人类是“现存最色情的灵长类动物”（但这是在从未研究过倭黑猩猩之前）。其他交配频繁的动物，如狮子、倭黑猩猩、橡树啄木鸟、苍鹰和白鹮，是因为精子竞争才这么做的。前三个物种的雄性居住在和其他同类分享伴侣的族群，因此每只雄性都要尽可能地频繁交配，不然其他雄性的精子就可能领先一步与卵子结合。苍鹰和白鹭这么做是为了防止妻子趁自己不在的时候和其他雄性交配，它们只好通过频繁地交配用自己的精子替换掉情敌的精子。很明显，人类不是混乱的杂交物种——即使是细心组织的自由恋爱和自由性爱派对，也会很快在嫉妒和占有欲的压力下支离破碎——白鹭的情况与人类的最相似。白鹭是一夫一妻的群居动物，因为通奸的威胁而被迫养成了频繁交配的习惯。雄白鹭在每个产卵季，保持至少一天六次的交配频率，而男人多年来坚持每周做爱两次。

但女性隐藏排卵期不可能是为了男性的方便而演化出来的。20世纪70年代晚期出现了一批与隐藏排卵期的进化原因的推测理论。但许多想法都只适用于人类。南希·波利提出，远在不能隐藏排卵期的日子，女人的祖先可能因为极其疼痛和危险的分娩而学会了禁欲。但这种女人是没有后代的，因此反而是不能预知排卵期的女人孕育了人类的后代。但隐藏排卵期并不是人类特有的习惯，猿类（猩猩）和鸟类也是如此。只有狭隘的“人类中心说”才会认为隐藏排卵期是人类特有的。

尽管如此，我们也应该了解一下罗伯特·史密斯（Robert Smith）为人类“生殖的不可预测性”所做出的尝试性解释，因为这些解释为精子竞争理论提供了新的见解。解释分为两类：一类说隐藏受孕期是为了确保父亲不会抛弃幼子，另一类则完全相反。第一种观点认为，丈夫不知道妻子什么时候受孕，所以必须守护在妻子身边并且用与她做爱来保证她怀的是自己的小孩。这让他不会随便抛弃妻子，同时又确保他会待在家里帮助抚养孩子。

第二种观点则认为，除非女人想要对伴侣进行选择，否则她没理由要对自己的受孕期广而告之。显而易见的受孕期会吸引诸多雄性的目光，他们或者会为与她交配而争斗，或者共享她。如果女性像黑猩猩一样喜欢（被设计成）滥交，或者像水牛和海象一样，希望发起竞争，从而选择最优秀的男性，那么宣传受孕期就会得偿所愿。但如果她想按自己的意愿来选择一个伴侣，那么她应该保守秘密。

这个想法仍存在歧义。莎拉·赫蒂曾提议说，沉默排卵能帮助防止杀婴。因为丈夫和情人都不能确定自己是不是被女人欺骗了。唐纳德·西蒙斯认为，女人利用长久的性交机会来引诱情人以获得礼物。L. 本肖福（L.Benshoof）和兰迪·桑希尔（Randy Thornhill）认为隐藏排卵期允许女人与更优秀的男人秘密交配，同时又不离开自己的丈夫或让他有所警觉。如果她比丈夫更了解自己的排卵期，那么这就能帮助她享受每次的私通而没有麻烦，因为她更有可能“知道”什么时候与情人性交最合适，而同时她的丈夫不知道她什么时候受孕。换句话说，沉默排卵是通奸这场游戏中的武器。

这种现象有可能引发妻子与情妇之间的军备竞赛。隐藏排卵期的基因让通奸和忠贞都变得容易些。这是一个奇怪的想法，而且现在也无法验证其是否正确，但这抛出了一个完全相反的事实——在基因方面，女性没有团结一致的特征，她们经常相互竞争。

麻雀战争

正是这种雌性之间的竞争为通奸而不是一夫多妻制提供了答案，这可能是男人拥有众多伴侣的最常见方式。居住在加拿大沼泽的红翅黑鹂是一夫多妻的鸟类；拥有最佳领地的雄性能吸引多只雌性到其巢穴中。然而拥有最多妻妾的雄性也是最成功的通奸者，它们是邻近领土上大多数幼鸟的父亲。这不由得让人质疑——为什么它不把这些情人干脆变成自己的妻子呢？

有一种叫作鬼鸮的小猫头鹰生活在芬兰的森林里。在老鼠众多的年份，一些雄性猫头鹰有两只配偶，它们分别在两片领地组建了两个家庭，而其他的雄性却没有配偶。雌性猫头鹰嫁给一夫多妻的雄性，明显要比嫁给一夫一妻的丈夫所生的孩子少，那它们为什么愿意忍受这样的生活呢？在众多雄性中为什么不选择一个附近的单身汉组建家庭呢？一个芬兰生物学家相信，那些滥交者用花言巧语欺骗了雌性配偶。雌性会在求偶期通过观察未来的伴侣能抓多少老鼠来判断它们的能力。在老鼠数量多的年月，雄性可以抓到很多老鼠，那么它就可以同时给两个雌性提供食物，从而让两个雌性都认为它是一个货真价实的“好丈夫”。

北欧森林里面充斥着这种骗人的通奸者。一个看似无辜的小鸟的骗人习惯引发了20世纪80年代科学界的长期争论。在斯堪的纳维亚森林中的一些斑姬鹟，成功地通过控制两块领地而拥有两个配偶，就像汤姆·沃尔夫（Tom Wolfe）所写的《虚荣的篝火》（*Bonfire of the Vanities*）中的舍尔曼·麦考伊（Sherman McCoy）一样，在公园大道旁的住所里有一个正式的妻子，而在租赁的公寓中还包养了一个美丽的情妇。针对这一现象，两组研究人员展开研究，并得出了不同的结论。芬兰和瑞典科学家认为情妇受骗，是因为“她”一直认为雄性是未婚者。挪威科学家认为有些时候妻子会光顾情人的巢穴并且可能会试图把后者轰走，所以情妇不可能不知道实情。“她”成为“他”的“情人”之时，就知道“他”有可能为了妻子而抛弃自己，而同时又充满了憧憬——如果“他们”夫妻婚姻破裂，“他”就可以回到“她”的身边帮助“她”抚养孩子。除非两个领地相距很远，妻子不能到情人的地盘进行驱逐和责难，欺骗才有可能发生，否则雄鸟会不得安宁。因此，根据挪威人的说法，男人有了外遇，欺骗的是他的妻子，而非情人。

所以，我们并不能看清在这场背叛中，到底受害人是妻子还是情人，但有一件事情我们可以确定——重婚或者有外遇的雄性斑姬鹟获得了小小的胜利，在一个繁殖季就得到了两窝幼鸟。雄性牺牲了雌性的利益，实现了重婚的野心。因为不管是妻子还是情人，拥有专属于自己的丈夫比共享一个伴侣会过得更好。

何塞·维加（Jose Veiga）针对西班牙马德里家麻雀的哺育生养状

况展开研究，试图确定通奸的雌性欺瞒丈夫、给丈夫戴绿帽子，比离开丈夫做情妇好。在该地区只有10%左右的雄性家麻雀是一夫多妻的。通过选择性地移走某些雄性和雌性，他测试了一些不同的理论，试图解释为什么大多数雄性都没有多个妻子。首先，他否认了雄性在照顾孩子方面是不可或缺的观点。因为无论是在多重婚姻中还是在一夫一妻制婚姻中，雌性所养育的后代数目是大致相同的，只是前者会更辛苦一些。第二，他抓走一些雄性，观察这些雄性的妻子会选择什么样的雄性重新结婚，他认为雌性对未交配过的雄性没有特别的好感，反而喜欢交配过的雄性。第三，他否认了雄性找不到更多雌性的观点。28%的雄性会和前一年没有生育的雌性再度交配，维加将其巢穴移到距离原配的巢穴更近的地方，以便它可以同时守护两个家。但维加发现一夫多妻的数量完全没有增加，所以关于家麻雀中一夫多妻现象极少的情况，他得出一个答案——原配不能接受。正如雄鸟会严密看守它们的配偶，雌鸟也会驱逐并且不断骚扰丈夫所选择的第二个妻子。笼中的雌麻雀会经常受到其他已婚雌麻雀的攻击，它们这么做可能是因为，虽然它们完全可以自己抚养孩子，但如果有丈夫的专一的帮助，一切都会变得更加简单。

我认为人类在某些方面与朱鹭、燕子、麻雀相似，都居住在大族群中，雄性竞争啄食顺序，且大多数雄性是单偶。妻子不希望与别人分享丈夫，也不希望分享丈夫对抚养孩子的贡献，所以雌性极力反对一夫多妻制。虽然妻子有能力独立抚养孩子，但丈夫的收入仍然相当珍贵。但禁止一夫多妻制婚姻却不能阻止雄性寻找妻子以外的伴侣。通奸就变成一件普遍的事情，大多发生在地位高的雄性和各个阶层的雌性之间。为了防止此类事件的发生，大多数雄性会对妻子严加看守，暴力打击妻子的情人，并且不论妻子是否在受孕期，都频繁与之交配。

这是麻雀人格化的生活。麻雀如果变成了人的话，生活可能是这样的："他们"居住和哺育后代的地方叫部落和城镇，雄性彼此竞争以积累资源、赢取社会地位，也就是所谓"商业活动"和"政治活动"。雄鸟热衷于追求雌鸟，而雌鸟却不希望与其他雌鸟分享自己的伴侣。但很多雄鸟，特别是地位较高的，随时会去找更年轻的雌鸟，还有可能和其他雄鸟的妻子在私底下偷偷发生性关系。

其关键点并不在于麻雀生活当中的细节，因为这和人类的生活细节有很大区别，因为人类的地位、权力和资源分布非常不均。但他们仍然拥有相同的特征，就像在鸟类王国中，大多数都是一夫一妻，当然难免有通奸的情况。一些高贵的野蛮人热衷于成为"绿帽族"，也热衷于给邻居戴绿帽子。毫无疑问，在各种各样的社会中，人类的性都是私事，只能秘密进行。倭黑猩猩却不是如此，但许多一夫一妻制的鸟类大都如此。自然学家对鸟类如此高的杂种率颇感震惊，因为他们很少目睹两只鸟发生通奸的情况，它们都在暗中进行。

绿眼睛的怪兽

出轨的欲望深入人心。戴面纱、女伴、窗帘、女性割礼和贞操带都是男人害怕妻子通奸、对妻子和情人不信任的表现。加拿大麦克马斯特大学的马戈·威尔逊(Margo Wilson)和马丁·戴利(Martin Daly)研究了人类的嫉妒现象，并得出结论，他们认为事实符合进化的解释。嫉妒是人类的普遍现象，任何文化都有这种现象。尽管人类学家尽最大的努力企图寻找一个没有嫉妒的社会，来证明嫉妒是社会压力或病态的产物，但性嫉妒似乎是人性不可避免的一部分。

有着恶魔般的蹙额，
嫉妒，摧毁了不属于他的花朵。
左右环顾，穿越这惊恐的树林，
希望追寻没有怀疑的爱的脚步。

威尔逊和戴利相信，嫉妒虽然在细节上有所不同，但其本质几乎完全一样。因为婚姻是社会认可的，通奸侵犯了财产权。重视女人的贞操，遏制女人可能的不贞，以用来避免引发暴力行为。简单地说，无论何时何地，男人都希望自己是妻子阴道的唯一拥有者。

威尔逊和戴利认为：爱是一种值得敬仰的情感，而嫉妒则是令人鄙视的，但二者就像是钱币的正反面，任何一个坠入爱河的人都可以证明，它们都是性关系的一部分。大多数现代情侣都知道，缺乏嫉妒并不代表稳定的关系，因为没有嫉妒就让人们感到不安全。如果他或者她在我关注其他男人或者女人的时候没有任何嫉妒的表现，那么就表示，他或者她已经不关心这段关系是否还能继续下去。心理学家发现那些缺乏嫉妒的情侣不如会嫉妒的情侣更能够长久维持关系。

就像奥赛罗（Othello）那样，一些不忠的怀疑情绪也足够让一个男人陷入疯狂并且杀害自己的妻子。奥赛罗只是一个戏剧中的人物，可是现代还有很多苔丝狄蒙娜（Desdemona，奥赛罗的妻子）为丈夫的嫉妒而付出了生命的代价。就像威尔逊和戴利所说："大多数配偶被残杀都是由于丈夫获悉或怀疑自己妻子不忠或者要试图离开他。"在法庭上因嫉妒而杀妻的男人很少会被判因精神失常而免责，因为美国法律传统认定这种行为是"理智男人的行为"。

这种对于嫉妒的解释显得过于平淡、琐碎。总之，它只是把日常生活中众所周知的事放入了进化的框架当中。但在社会学家和心理学家眼里，那就是离经叛道的无稽之谈。心理学家大多数倾向于把嫉妒看成一种不被鼓励的病态心理，就像社会中腐蚀人性的外在力量。他们认为嫉妒表现了一个人的自卑和情感依赖心理。事实确实如此，那的确是进化理论所预测的。对于在妻子面前没有自信的男人来说，妻子背叛的概率要更高一些，因为她有动机为自己的孩子找一个更好的父亲。这也许能解释至今仍然让人困惑的事实，即当自己的妻子被强奸以后，丈夫往往更容易受伤，如果妻子没有身体上的任何损伤，他们会对自己的妻子怀恨在心（因为身体上的损伤代表着她们在被强奸过程中有所反抗)，并进一步演化为怀疑他们的妻子并不是遭到强奸而是“自找的”。

通奸，对于男女有截然不同的结果。如果丈夫不忠，女人不会有基因投资上的损失，而男人则有抚养“杂种”的风险。调查显示，人们更爱冲着婴儿说：“他(她)看起来像他(她)爸爸。”而很少会说像母亲的话。说这话最多的是母亲的亲戚，似乎是想让父亲安心。女人当然在意丈夫的忠诚，否则男人有可能离开女人，或者把时间和金钱花费在他的情人身上，还有可能传染某种肮脏的疾病。但它的确暗示着男人比女人更在意对方的出轨行为。历史和法律也在很长一段时间内反映了这一点。在大多数社会中，妻子的不忠是违法的，并且遭受严厉处罚，而相比之下，男人会被宽恕或只受到轻微处罚。19世纪以前的英国，愤怒的丈夫可以用民事诉讼对奸夫进行声讨。1927年，布罗尼斯拉夫·马林诺夫斯基(Bronislaw Malinowski)将新几内亚群岛的居民称为“没有性抑制”的民族，但在那里，通奸的女人是要被判死罪的。

这种双重标准是性别主义在社会中的一个典型例子，但法律对于其他方面的罪行没有性别差异。女人不会因为盗窃或者谋杀比男人判罚得严重，至少法律没有类似的条文规定。为什么通奸是一个特殊案例呢？因为它威胁到了男人的尊严？那么应该同样对那个奸夫做出严厉的处罚，这种威慑作用与惩罚女人一样有效果。是不是在两性的战争中，男性会团结一致呢？但在其他事情上，他们并没有如此团结。法律对此做出了详尽的解释：迄今为止，相关的律法法规都是“根据女性的婚姻状况”来定义通奸的，跟那个与之相关的男性的婚姻状况无关。他们这么做是因为“法律并不是要惩罚通奸本身，而是惩罚关于非血亲孩子混入家庭的可能，以及通奸可能导致的一系列不确定的情况。而丈夫的通奸并不会导致这种情况的发生”。在托马斯·哈代（Thomas Hardy）的小说《苔丝》（*Tess of the D'Urbervilles*）中，结婚当晚，安格·克莱尔向他的新婚妻子苔丝坦白，他曾经在结婚之前和别人发生过性关系。苔丝松了一口气，也讲述了自己曾被亚力克引诱，并且有过一个短命的孩子。她以为他们之间不会有矛盾，因为彼此都有同样的经历，算是扯平了。

“请像我原谅你那样原谅我，我原谅你了，安格。”

“你，你是原谅我了？”

“但你不能原谅我吗？”

“苔丝，这件事情我并不能原谅，你原本在我想象中是这样一个人，而现在却成了另外一个人。上帝啊！我怎么可能原谅一个这么荒唐的戏法！”

克莱尔当晚就离开了她。

典雅爱情

人类的婚姻制度因为财富的继承而变得异常复杂。继承父母的财富和地位，这种做法并不是人类独有的。有些鸟类帮助父母养育弟弟妹妹，就可以继承父母的领地。土狼会继承母亲的统治地位（在土狼中，雌性一般体型大而且处于支配地位），很多猴子和猿类也是如此。但人类将这种习俗上升到了一种艺术的境界，他们大多数更希望把自己的财富传递给儿子而非女儿，表面看来这似乎有些奇怪，但是，若把财富留给女儿，这笔钱最终会传给自己的某个外孙女，而留给儿子的财富就有可能遗留给自己的孙子。在极少数的母系社会，杂交情形非常普遍，男人的确对子女的血统没有把握，在这种社会中，一般都是叔父在扮演父亲的角色，他会把财产交给侄子。

在更多阶级等级分明的社会里，穷人经常会偏爱女儿多过儿子。这不是因为对于血统比较有把握，而是因为穷人的女儿比儿子拥有后代的概率更大。封建社会仆人的儿子很有可能终生无后，而他的女儿却有机会成为当地贵族的偏房妻妾。能够确定的是，有一些证据显示，在15和16世纪的贝德福郡，农民留下的东西多半都会留给女儿。18世纪德国的东弗里斯兰，人口较少的农民家庭都是偏向女性，而人口众多的家庭多偏向男性。我们不能不得出以下结论，那就是除非有新的商机，否则家庭中的第三子和第四子会成为家庭的负担，在出生的时候就会被处理掉，所以就造成人口较少的家庭的女性比例偏高。

但在上流社会，情况却恰恰相反。中世纪的地主会把许多女儿送到修道院，全世界的有钱人总是更钟爱他们的儿子，并且偏爱的往往只是其中之一。一个富有或者有权力的父亲，把他的地位和财富留给儿子的同时，也让他的儿子成为拥有众多私生子的成功的通奸者。而这种好处，有钱人的女儿是得不到的。

从中，我们得出了一个奇怪的结论，即男人或女人能做的最成功的事情就是生下一个有钱男人的合法继承人。这种逻辑表明，所有玩弄女人的男人不应该四处留情，他们应该选择勾引那些拥有最优秀的基因同时拥有最优秀丈夫的女人，这样他们才有可能得到一个很优秀或是拥有很多财富的继承人后代。在中世纪的时候，这些行为上升为一种艺术。与女继承人和大诸侯的妻子偷情，被公认为最高级别的“典雅爱情”。骑马比武成为诱惑这些贵妇的普遍方法之一。就像达尔文所写的：

挥舞着长矛来对付野猪，
身穿护甲，手拿盾牌，
在看台席上观看的贵妇就在一旁默默地赞叹，
用一种崇拜的眼神注视着获胜者，
赞叹那些骑士，成了一种浪漫的标志。
挥舞长矛，催促着战马，
不能抗拒他那英武的身姿和魅力，
微笑、赞美是对他辛勤劳动的奖赏，
他向美丽的妇人鞠躬，并接受她的奖赏。

大诸侯的合法长子不仅仅继承了父亲的财富，同时也能拥有许多妻妾，因此高攀这种关系成了一种乐事。崔斯坦（Tristan）希望继承叔叔国王马克（Mark）的王位。在爱尔兰，他一度无视美丽姑娘伊索德(Isolde)的追求，直到有一天她被征召做了国王马克的妻子，他的态度大变。由于感觉到自己无法继承王位，惊慌之余他想到，至少应该让自己儿子继承叔叔的遗产，继而他突然对伊索德兴趣倍增。至少劳拉·贝齐格是这样讲述这个故事的。

贝齐格在分析中世纪历史时指出，生育财富继承人是政教争端的主要原因。在10世纪前后发生了一连串相关事件，一国之君的地位逐渐削弱而地方封建主的地位、权力突起。长子继承权系统已建立，因此贵族男人更加关心能否生育可以继承头衔的合法继承人，他们会和不能生育的妻子离婚，而把遗产和地位全部留给长子。同时，基督教打败了对手，成为北欧占据统治地位的宗教，早期的教会对于婚姻、离婚、一夫多妻、外遇和乱伦非常感兴趣，而10世纪的教会开始从贵族当中挑选修道士和牧师。

基督教会对于性问题的着迷和圣保罗教堂不同，它并不关注当时普遍流行的一夫多妻制和私生子众多的现象，虽然这都是违反教义的。教会把注意力主要集中在三件事情上：第一，离婚、再婚和领养；第二，奶妈制度和在规定的禁欲期内的一切性行为；第三，乱伦，即和教义规定的七代以内的近亲结婚。教会借此阻碍诸侯生育自己合法的继承人。在公元1100年，教会颁布教义，禁止和不能生育的妻子离婚，当然她在世期间丈夫也不能再婚；同样禁止收养继承人；禁止妻子为了尽早孕育儿子而给自己的女婴找奶妈；“禁止在复活节的三周期间，圣诞节的四周期间，圣灵降临节的七周期间，周日、周三、周五和周六——苦修或布道的日子，以及各种节日与妻子性交”；禁止和任何七代以内的表亲中的女性生育合法继承人——这一点排除了方圆300里之内的贵族女性。教会希望通过操控性事来阻碍诸侯生育合法继承人。当教会再次征召贵族的弟弟们取代他们担任神职时，关于继承和婚姻的政教之争就不可避免地爆发了。失去继承权的弟弟们担任神职，操纵婚姻习俗，这样有助于教会夺取财富和资产，甚至也可以利用权势重新获得头衔和财富。罗马教会反对亨利八世和无生育力的妻子凯瑟琳离婚，致使亨利八世拆除了修道院，双方决裂，这就是历史上政教关系的写照。

这种教会和国家间的论战只是财富纠纷的众多历史实例之一。长子继承制是一种很好的保护财富的方式，但还有其他方式。首先就是婚姻本身。和一个女继承人结婚就是得到财富最快速的方法。当然，这与长子继承制是矛盾的。如果女人不能继承财富，那么和富人的女儿结婚就失去了意义。在欧洲的皇家王朝中，大多数女儿都有继承王位的权利，策略性的联姻也非常普遍。比如埃莉诺(Eleanor)就为英国国王带来了法国的一大块领土。西班牙王位继承战争仅仅是为了防止法国国王因为战略联姻而继承西班牙王位。到了爱德华七世时期，英国贵族会与美国强盗大亨联姻，可见大家族的联盟更有利于聚敛财富。

另外一种方式，在美国南部奴隶制时期比较盛行，他们实行家族通婚制，就是在本家族中寻找自己的妻子。新墨西哥大学的南希·威尔姆森·桑希尔(Nancy Wilmsen Thornhill)发现大多数美国南部男人都会和自己的表亲结婚。通过调查美国南部四个家庭的家谱，她发现其中大约一半的婚姻都是近亲结婚或交换姐妹。而相比之下，北部家庭中只有6%的婚姻有类似情况。有趣的是，桑希尔在调查之前就已经得出了类似的结论，那些土地拥有者比做生意的人更容易积累财富，因为生意人的财富是瞬息万变的，而土地拥有者的财富相对稳定。

桑希尔认为，既然有些人会利用婚姻去集中财富，那么另外一些人就有抵制这种行为的动机。特别是国王，他们有动机也有权力来实现他们的愿望。这就解释了一个本来很让人迷惑的事实，即一些社会中禁止表亲“乱伦”婚姻的法律随处可见，而另外一些社会却没有相关规定。经过调查发现，社会的等级制度越分明，社会对于婚姻的规范也就越严格。巴西的特鲁玛伊人是主张平均主义的民族，表亲结婚不会引起轩然大波；东非的马赛族财富悬殊，表亲结婚会被处以严酷的鞭刑；在印加，任何和自己女性亲属结婚的男人都会被挖掉眼睛，当然，帕查库提大帝是一个例外，他娶的是自己同父异母的姐妹。桑希尔指出，这些条例其实并不是针对乱伦本身，它们只不过是统治者利用职权阻止他人聚集财富的一种手段，所以他们通常把自己排除在外。

达尔文主义史

上一节所说的研究被称为达尔文主义史，但它常常遭到真正的历史学家的讽刺。因为，对于那些历史学家来说，财富的积累不需要过多的解释；而对于进化论者来说，当初这一定是实现生育目标的一种手段，而且现在可能也还是。因为在自然选择作用中，生育是唯一的硬通货。

当我们在研究鼠尾草松鸡和象海豹的自然栖息地时，我们可以完全确定的是，它们正努力使自己的长期繁衍成功率最大化。但对于人类来说可能不尽相同。人类努力奋斗得到权力、金钱、安全感或者幸福，似乎并不全是为了子女。有些学者据此而反对整个针对人类事务的进化研究。进化论者说，今天所谓成功，不再是指获得生殖成功的机会，但它曾经是古人类成功生殖的必要条件。事实上，在今天它们也有一定程度的影响。在一定的条件下，成功的男性再婚的次数会大大增加，范围也更广，即使他们采用了避孕措施，但他们的子女数量还是比普通人多。

然而西方人推行节育政策。美国芝加哥西北大学的威廉·爱伦斯（William Irons）教授试图解释这个问题。他认为，人类一直坚信给孩子一个优秀的人生起点非常重要。人类从未准备以牺牲孩子的质量来换取孩子的数量。所以，当昂贵优质的教育变成人类走向成功的必备条件时，人们可以减少孩子的数量，从而负担得起孩子的高昂学费。这就可以解释为什么现在的泰国人生育孩子的数量少于上一代。

自人类成为狩猎采集者以来，基因没有发生什么变化，脑海中依然保留着一个简单的狩猎采集原则：努力获得权力，并用它来引诱拥有继承权的女人，生儿育女；努力获得财富，并用它来勾引别人的妻子，生育私生子。最初男人是用珍贵的鱼肉或者蜂蜜来引诱邻居的妻子，如今的流行歌手则邀请模特坐进他的奔驰车。从鱼到奔驰，是一脉相承的。财富和权力是得到女人的手段，而女人是传承基因的手段。

同样，在现代女性的内心深处也保留着狩猎采集模式的计算器，没有发生太大的改变。她们努力寻找一个能够供应食物、照顾子女的丈夫，努力寻找一个可以给未来孩子提供优质基因的情人。只有非常走运时，她才能找到一个同时满足这两项的完美男人。这种做法从古代一直延续到今天。从前是女人嫁给优秀的未婚猎人，却和最好的已婚猎人私通；如今是富豪的妻子，会生下和保镖一模一样的儿子。男人的意义在于成为恪尽职守的父亲及财富和基因的提供者。

这一切是否都太讽刺了？这只是人类文明荒诞史上的一页。

第八章

男女大脑有别

没有女人，就没有哭喊。

——鲍勃·马利

麻烦，女人们的麻烦，
我一次又一次地重复着，
从卡拉马祖到堪察加半岛，
女人的麻烦都来自男人。

——奥格登·纳什和库尔特·威尔

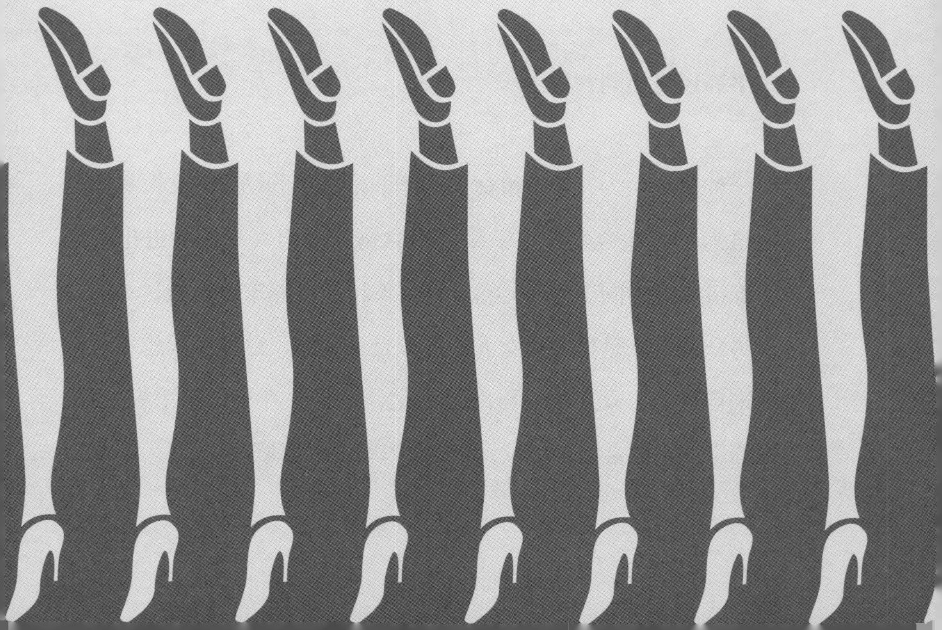

松田鼠是一种实行一夫一妻制的老鼠。雄性帮助雌性照看幼鼠。雄性和雌性有相似的大脑，特别的是，它们脑中的海马体的大小也基本相同。若把它们分别放入迷宫里，雌性和雄性就会表现出相同的走出迷宫的能力。草甸田鼠的故事就完全不同了。首先，它们是一夫多妻制动物，雄性草甸田鼠要到那些四散的洞里去跟不同的配偶约会，因此它们每天的外出时间远远超过了雌性。雄性草甸田鼠的海马体比雌性的大很多，更擅长在迷宫中寻找出口和记忆路径。它们的大脑在空间测试中也更胜一筹。

像草甸田鼠一样，男人在空间测试中也比女人表现得更好。当被问及从不同角度观察的两个物体是否具有相同的形状，或者判断不同形状的水杯中水量是否相等等有关空间判断的问题时，男人一般都比女人完成得更好。如此看来，在很多物种中，一夫多妻制和空间技能似乎是并行的。

平等还是相同?

一种说法认为，男人和女人的体型是进化的结果。女人身体的进化是为了更适合生养孩子和采集食物；而男人身体的进化则是为在等级制度中向上提升地位，为女人和为供养家庭而战。

另一种说法是男人和女人的思维是不同的，这种差异也不可避免地来自进化。女人的思维经过演化，适合生养子女和采集果蔬。男性的思维则适合提升地位、争夺女人和供养家庭。

第一种说法听起来有些陈腐乏味，而第二种说法又颇有些煽动性。男人和女人各自进化出不同的思维，这种提法让每位社会科学家和持“政治正确”立场的个体深恶痛绝，但我相信它是正确的，原因有两点：第一，它在逻辑上是毋庸置疑的。就像前两章证明的那样，在长时间的进化过程中，男人和女人都各自面临着不同的进化压力，所以那些成功进化的人，由大脑支配的行为很好地适应了这些压力。第二，其证据也是铺天盖地的。越来越多的证据让心理学家和生理学家开始深入探索男女大脑的不同，虽然他们并不愿这么做。他们探索的目的是证明这种差异是不存在的，然而实验和调查的结果，却一再证明这种区别的存在。但男女并不是完全不同，实际上，两性之间有很多相同点。关于男女不同的习惯说法只不过是一种口头上的性别偏见，男女的特征中其实存在大量的重叠部分。比如，通常来说，男人普遍比女人个子高，但在一群人中最高的女人往往比最矮的男人高。同理，女性大多数在感性认知方面比男性敏感，但我们也不能否认有些女人比某些感性的男人还迟钝。男女的思维差异已经是公认的事实。

进化上的不同被定义为基因的不同，关于男女思维上的不同是由基因决定的观点让现代良知感到震惊，因为这似乎印证了性别歧视。如果性别歧视获得了科学上的支持，那么我们应该如何建立平等社会呢？历史证明，如果承认男人和女人之间存在1英寸的差异，男人们就会把它夸大为1英里。在维多利亚时代，人们认为男人和女人差异太大，女人不应该享有投票权；18世纪时，人们认为女性是非理性的。

这些担心都是有道理的，但我们不能因为过去人们对于性别差异的夸大而完全否认它的存在。即使我们希望否认差异存在，也并没有先验的理由可以假设男人和女人的思维完全一致。差异并不等于不平等。男孩儿对枪感兴趣，女孩儿对布娃娃感兴趣，这也许和生活环境有关系，也许与遗传基因有关，但这二者没有优劣之分。就像人类学家梅尔文·康纳(Melvin Konner)所说的那样：男人比女人更暴力，女人比男人对待婴儿和孩子更有耐心和爱心。虽然这早已是陈词滥调，但事实总是如此。

如果男人和女人在心理状态上有差异，那么我们假装它们不存在难道就是所谓公平吗？如果男孩儿比女孩儿更有竞争性，那是不是就意味着女孩和男孩分开教育会更好？有证据表明从女子学校毕业的女孩儿们的成功概率更高。忽视性别差异的教育也许是不公平的教育。

换句话说，面对两性差异的确凿证据却依然假设两性有相同的思维和面对两性心智相同的证据却坚持两性不同一样，是不公平的。我们一直认为举证责任应该落在那些认为两性存在先天心理差异的人身上，也许，我们错了。

男人和读图能力

既然这样，让我们先检查一下这些证据。我们认为进化会导致男女思维的不同，原因有以下三点：第一，男人和女人都是哺乳动物，所有的哺乳动物在行为上都体现了性别差异。就像达尔文所说的那样："没有人会否认公牛和母牛、公猪和母猪、公马和母马之间的区别。"第二，男人和女人都是从猿类进化来的，在所有猿类当中，对其他雄性表现出攻击性的雄性、寻求交配机会的雄性以及悉心照料自己的孩子的雌性都会获得巨大奖励。第三，男人和女人都是人类，人类有不同于其他哺乳动物的特质，即性别分工。雌黑猩猩和雄黑猩猩的食物来源相同，而男人和女人在农业社会以前，就以不同的方式寻觅收集食物。男人寻找的食物一般都是移动的、远距离的，并且是不可预见的（通常是肉类）；而女人因为带着孩子，寻找的食物一般是静止的、近距离的，并且是可预测的（通常是植物类）。

换言之，区别于具有较少性别差异的猿类，从猿进化而来的人类，更加深化了原有的不同，拥有了更多的性别差异。事实上，人类也许是哺乳类动物中两性的劳动分工和思维方式差异最大的。人类的性别分工是两性差异形成的另一个原因，这也削弱了男性养育子女的效果。

在两性思维的众多差异之中，有四个特点在心理测试中是最为突出的，它们具有重复性、真实性和持久性。第一，女孩在语言测试中表现得更好；第二，男孩更擅长数学；第三，男孩更具有攻击性；第四，男孩在一些视觉—空间测试中表现较好。笼统地讲，男人擅长读地图，女人擅长判断别人的性格和情绪。（有趣的是，男同性恋比男异性恋在某些方面更接近女人。）

视觉—空间测试案例很有趣，因为这曾被用来证明男性倾向于多偶的天性，例如本章开头提到的老鼠的例子。粗略地说，就是一夫多妻制的老鼠需要知道怎样从一个妻子的住所去往另一个妻子的住所。

很多一夫多妻制的动物都是这样的，其中包括人类的近亲——猩猩，雄性猩猩经常往返于几个配偶的领地之间。当人们被要求在心里旋转图表的方位，再辨别其是否与另外一个图表相同时，只有1/4的女人的回答与男人的平均水平相当。这种差异从童年时期开始就不断扩大。心理旋转能力是读取地图的一个关键因素，但如果因为这样我们就认为男人天生就是一夫多妻制的动物（因为老鼠就是如此），证据就不足了。

另外，在某些空间任务中，女人表现得比男人出色。多伦多约克大学的欧文·西尔弗曼（Irwin Silverman）和马里昂·伊尔斯（Marion Eals）解释男性在心理旋转测试中的技能，也许和一夫多妻制的雄性老鼠往返不同配偶住所的技能没有交集，只是更多地展现了人类的历史。在更新世时期，几百万年甚至更久以前，早期人类还在非洲狩猎、采集的时候，男人就是猎手。所以男人需要更好的空间技能，从而使他们能把武器准确地投向运动中的猎物，制造工具，并且在长途跋涉之后找到返回部落营地的路等。

这些都是传统的观点，但令西尔弗曼和伊尔斯困惑的是，什么样的特殊空间技能是女人采集非常需要而男人不需要的呢？他们认为，女人需要更强的观察能力去发现树根、蘑菇、浆果和幼苗，还需要记住沿途的路标，才能找到所寻找的地点。

为此，西尔弗曼和伊尔斯做了一系列的实验，他们要求学生们记住一幅画面上的所有事物，然后再把它们回忆出来，或者在一个房间里坐3分钟，然后回忆房间的某个地方有什么东西。在每一个物体记忆或位置记忆的测试中，60%～70%的女人比男人表现出色。所以人们经常会开玩笑说男人只要在家里丢了东西，就必须要去问妻子。这种差异大概始于青春期，同样在这个时期女性的社交和语言能力也逐渐开始超越男性。

当一家人开车迷失了方向，女人希望停下来去问路，而男人则经常试图从地图或者路标上找出线索。这些普遍的说法肯定还是有一定的真实性，而且与我们所知道的性别差异也相符。对于一个男人来说，停下来问路就等于承认了失败，注重身份的男人愿意不惜一切代价来避免失败。而对于女人来说，这再寻常不过了，这也可以发挥她在社交方面的优势。

先天基础上的后天培养

女性的这些社交技能可能也源于更新世。一个女人需要依靠她的社交技巧和直觉来和部落里的其他人结盟，需要判断潜在的可能配偶，并促使其帮助她抚养孩子。现在还不能说这些不同完全是由基因引起的，虽然在婚姻生活中，的确是男人读地图更多一些，而女人读小说多一些，但这也可能是后天培养和习得的结果。

女人会思考很多性格方面的问题，因此她们的大脑在这方面得到了更多的训练。

但是，这种偏好又是从何而来的呢？也许与生活的环境有关。女人会去学习模仿她们的母亲，对人的性格而不是对地图更感兴趣，那么母亲的这种判断能力又是从何而来的呢？是从母亲的母亲那里学来的吗？即使追根溯源到始祖夏娃，假设她只不过是随意选择了对性格感兴趣，我们也不能因此而忽略了遗传性改变，因为夏娃之后的女性后代，的确非常注重对其他人的性格判断，这就是这种判断力较好的基因特质逐渐扩散开来的结果。如果说这种社交技能确实是受到了遗传影响，那么人们也就不可避免地受基因的影响从而偏爱那些表现优异的基因性状，同时这种遗传差异，也在文化条件作用下得到加强。

人们专攻他们擅长的事物，并且创造出适合自己基因发展的条件，这种现象被称为“鲍德温效应”。因为它是詹姆斯·马克·鲍德温（James Mark Baldwin）在1896年首次提出的。由此推导出来的结论就是，有意识的选择和技巧都可以影响进化，乔纳森·金登（Jonathan Kingdon）最新出版的《白手起家的人和他的毁灭》（*Self-made Man and His Undoing*）一书，对此进行了详尽的探讨：我们很难否认某个受后天影响的特质可能没有先天的生物基础，反之亦然。后天的教养往往是先天特征的强化和延续，它很少与之对抗。男孩们显现的攻击性是一个例外，尽管父母们从不鼓励，但仍然频繁发生：在美国，83%的杀人犯和93%的醉酒肇事者都是男性，将之简单归因于社会环境的影响，很难令人信服。

20世纪70年代末期，当唐纳德·西蒙斯等人开始描述这些观点时，非科学工作者很难意识到这些观点的革命性内涵。西蒙斯认为，根据简单的常识就可以得知，男人和女人的思维之所以不同，是因为他们在进化中有不同的目标和奖励。但绝大多数社会科学家在研究人类性别时，都首先假设男女的思维没有差异。甚至时至今日，仍有很多社会科学家假设两性之所以不同是因为他们从父母和同龄人那里学习到的东西有差异。《人类的思考模式》（*The Way Men Think*）的作者利亚姆·哈德森（Liam Hudson）和伯娜丁·贾科（Bernadine Jacot）认为：男人心中有一个“创伤”，是男人小时候经历过的发育危机，即远离母爱让自己成为真正的男子汉。这会使男人精通抽象推理，但也容易感觉迟钝、厌恶女人并且变态。

他们假设这种差异来自某种幼儿时期的经历，这简直就是在谴责49%的人类都是“受了伤害”的变态。如果心理学家们不采取所谓童年创伤的比喻，而是接受两性之间的差异，承认它们是动物的天性，因为两性都存在根据经历而发展成某种样子的进化倾向，这听起来会显得宽容一些。

关于男人和女人对话风格的一本书——《你就是不懂》（*You Just Don't Understand*）的作者德博拉·坦嫩（Deborah Tannen），虽然没有考虑男人和女人在天性方面与生俱来的不同，但至少鼓励人们去接受和理解这些差异而不是把差异完全归罪于人的个性：试图沟通的真诚意愿最终却被辜负了，自己的爱人似乎变得既固执又不可理喻，所以有时候男人和女人不同的语言表达方式可能会动摇我们生活的基础。理解对方的说话方式，才能跨越男女之间交流的鸿沟，使男女之间的沟通向前迈进一大步。

激素和大脑

不过，性别差异严格来说也不能全部归因于基因。如果更新世男人的身上有一种基因，可以使他们具有良好的方向感，但社交能力较弱，这也许在某种程度上对男人有利。但是，他的儿子和女儿都会从他那里遗传这种基因。对于女儿来说，这种基因就不利于社会交际了。所以经过时间的推移，这种基因的净效应就逐渐变得中性化了，而且不会再扩散。

因此，能够扩散的基因是那些可以对性别信号产生反应的——对男人来说，就是那些可以提高方向感的基因；而对女人来说，就是有助于发展社交的基因。这与我们研究的结果相符。没有证据证实基因与大脑之间的差异有任何直接的关联，但有充分的证据表明基因可以通过对雄性激素产生反应而改变大脑（“标准的大脑”属于雌性，除非被雄性化），所以男人和女人之间思维的差异是由对睾酮有反应的基因造成的。

我们在上文中提及鱼类和鸟类身体中的类固醇激素睾酮让它们的性别特征更加明显，然而这却让它们对寄生物的抵抗力变弱了。近些年来，越来越多的证据表明睾酮不但影响装饰物的性别特征（比如大部分雄性鸟类的鲜艳羽毛），也影响大脑。睾酮是一种古老的化学元素，在脊椎动物中广泛存在。它的浓度决定了攻击性的强弱，例如，在一些性别角色反转的鸟类如瓣蹼鹬和雌性占支配地位的鬣狗种群中，雌性血液中的睾酮含量较高。不论基因如何，睾酮可以使身体雄性化，没有睾酮，身体就会保持雌性状态。同时，睾酮也会令大脑雄性化。

在鸟类当中，通常只有雄性会唱歌。只有当斑胸草雀的血液中睾酮的浓度足够时，它才会唱歌。有了睾酮，鸟类大脑中主管唱歌功能的部分就会逐渐加强。只要在幼鸟和成鸟阶段接触了足够多的睾酮，即使是雌性斑胸草雀也可以唱歌。换句话说，睾酮可以激发幼年斑胸草雀的大脑，使它在成年的时候对睾酮做出反应从而产生唱歌的能力。如果说斑胸草雀拥有心智，那么激素就可以被视作是一种改变心智的药物。

人类的情况与此大致相同，证据来自一连串自然和非自然的实验。有的男人和女人生来激素异常。20世纪50年代，医生通过给孕妇注射一种特定的激素来改变子宫的激素状况。患有特纳氏综合征（卵巢先天发育不良）的女人，她们血液中的睾酮低于卵巢发育正常的女人（卵巢本身也会分泌一些睾酮，但远远没有睾丸分泌得多）。这些女人的举止极端女性化，她们对婴儿、服饰、家居和浪漫故事有一种非常特殊的兴趣。血液中睾酮不足的男人的外表和神态都接近于女人，太监就是典型的例子。男人在胚胎时期就缺乏睾酮会怎样呢？胚胎时期的男性如果接触的睾酮过少（例如，糖尿病女患者在怀孕期间接受女性激素治疗后所生的儿子)，个性就会显得害羞，不自信，并且女性化。而睾酮过多会导致男人过分好斗。20世纪50年代，为了避免流产，有些孕妇注射了黄体酮，她们产下的女儿在小时候都非常顽皮，像个假小子。实际上，黄体酮和睾酮在效果上是一样的。那些患有肾上腺性征综合征和先天性肾上腺皮质增生症的女孩子们大多都男孩子气十足。这种疾病促使肾上腺产生一种类似睾酮的激素，而不是正常的肾上腺皮质醇。

与斑胸草雀有几分相似的是，男孩有两个睾酮水平升高阶段：第一个阶段为胚胎在子宫中发育的第六周，第二个阶段就是青春期。就像安妮·莫伊尔(Anne Moir)和戴维·杰塞尔(David Jessel)在《大脑的性别》(*Brain Sex*)一书中所提到的，激素的第一次脉冲使底片感光，第二次脉冲就是冲洗底片。

但这与激素影响身体的方式有着至关重要的区别。男孩在青春期受睾丸所产生睾酮的影响，身体体现出男性化特征，这与他在子宫里的经历并无关系。但头脑与性别特征不同，除非胚胎在子宫内受到足够高浓度的睾酮刺激(相较于雌性激素)，否则头脑并不会受到激素的影响。因此，建立一个男人和女人在思维方式上没有性别差异的社会，将是一件很容易的事情：给所有孕妇注射适当剂量的激素，那么随后出生的男孩和女孩都将拥有正常的身体，却有着同样的女性思维：战争、强奸、拳击、赛车、色情、汉堡和啤酒将迅速成为遥远的历史，女性天堂即将降临。

糖和香料

男性大脑中睾酮的两次爆发，效果惊人。第一次爆发使他们的思维异于女婴。小女孩大多数都更喜欢笑，与人交流，而小男孩则对动作和物体比较感兴趣；在打乱顺序的照片中，男孩更倾向于选择关于物品的照片，而女孩通常会选择人物；男孩热衷于拆、装、破坏东西，要求主宰和控制，女孩则更痴迷于对人物的探索，经常会把洋娃娃当成真人来对待。

因此，根据他们的思维方式，我们发明了各种玩具以适应两种性别的需求——给男孩玩具拖拉机，给女孩洋娃娃。对此，我们只是在强化他们本身的思维特点，而不是凭空创造他们的偏好。

这是每个家长都知道的事实，儿子把所有条状的东西都当成剑或者枪，而女儿把能抱着的东西都当作洋娃娃。1992年11月2日，一名女性给英国的一家报社写了一封信：“我希望能通过报纸寻求一些有学问的读者的帮助，为什么从懂得玩耍开始，我的龙凤胎在面对地毯上的玩具时，男孩会自动选择汽车或者火车，而女孩则挑选娃娃或泰迪熊。”

基因的差异是一个不可否认的事实。但是，并没有喜欢手枪或洋娃娃的基因，只有引导男性凭直觉去模仿男性行为、女性凭直觉模仿女性行为的基因。有些天性会受到后天的影响，仅此而已。

在学校里，男孩一般都比女孩好动、不好管理、很难集中注意力。20个多动症儿童里面有19个都是男孩，有诵读障碍和学习困难的男孩人数也是女孩的4倍。心理学家黛安娜·麦吉尼斯（Dianne McGuiness）写道：“教育几乎就是抑制男生的天赋和意愿的一场阴谋。”相信每个对小学生活还有记忆的男人，对此都会由衷地赞同。

而在学校教育中还存在另外一个事实——女孩喜欢学习语言，男孩擅长数学逻辑和空间思维。男生善于抽象思维，而女生则擅长形象思维。比正常男孩多一个X染色体的男孩（XXY，而不是正常的XY）更擅长语言表达，有特纳氏综合征的女孩在空间思维方面比不上其他正常的女孩。那些在子宫中接触了更多雄性激素的女孩在空间思维上更胜一筹，而那些接触了过多雌性激素的男孩则在空间思维上略逊一筹。这些事实起初曾引起争议，后来被教育机构压制，他们始终强调男女在学习能力上没有差异。然而研究人员发现，这种压制对于男孩和女孩来说都是有害无益的。

大脑本身也呈现出性别的差异。女孩大脑的功能具有分化扩散的特点，相比之下，同样的功能在男孩的大脑中却各自占据特定的位置。男孩大脑两个半球的差异随着发育而愈加明显，并且更加专业化。女孩的胼胝体（联系两个半球的部分）较大，所以似乎是睾酮在男孩的大脑中阻碍了掌管语言能力的左脑入侵右脑。

这种事实太少，缺乏系统性，只能算是对实际情况的提示而已，但语言学习能力却极为重要。语言几乎是人类特有的一种思维交流能力，是其他猿类所没有的。语言像一个闯入大脑的野蛮人，取代了其他的技能，但似乎遭到了睾酮的抵抗。事实上，不容置疑的是，在5岁刚进入校园的时候，男孩和女孩的大脑就已经有了显著的区别。

在5岁的时候，男孩和女孩的睾酮水平大致是一样的，大大低于出生时的水平。子宫中睾酮的浓度对他们来说已经是非常遥远的记忆了，男孩和女孩的睾酮浓度在11岁和12岁的时候会再次出现差异。11岁，是男生一生中和同年龄段的女生最相似的时候。男生的学习能力第一次赶上女生，兴趣爱好也与女生的差异不大。医学研究证实，到了这个年龄，无论儿童时期曾因激素缺乏而引起了什么变异，还是有可能发育成心智上典型的男人或者女人。这个证据来自多米尼加共和国38例罕见的先天性疾病，医学上称之为“5α还原酶缺乏症”。男性患者在出生之前对睾酮非常不敏感，出生时的生殖器是女性的，因此被家人当作女孩来抚养。在青春期，他们的睾酮突然达到正常水平，几乎变成了正常的男人。尽管他们在儿时是“女孩”，但是，这些男人在进入社会以后很容易就接受并且适应了男人的角色。由此可见，即使生殖器没有雄性化，他们的大脑却已经雄性化了，或者说大脑在青春期仍然具有很强的调适能力。

青春期的男孩遭逢的是激素的暴风雨——他的睾丸下降，声音改变，毛发越发浓密，身材变得颀长，就像春笋般迅速破土而出，突飞猛进地生长。这些都是睾丸所分泌的大量睾酮导致的，现在他血液中的睾酮含量是同龄女孩的20倍左右。子宫中的睾酮感光底片在青春期成功地冲洗为照片，塑造了完全的男性心智。

性别主义和基布兹[1]生活

当男人们被问到自己的雄心壮志时，6个来自不同文化背景的男人给出了同样的答案。他们希望成为精干、务实、果敢，有控制力、竞争力和自制力的人。而且，他们更注重权力和独立。有相同文化背景的女人都希望自己是一个有爱心、热情、富有同情心和慷慨的人。最重要的是，她们都希望能够服务于社会。而对男性对话的研究发现，他们的言语总是具有以下特点：公开（他们在家里通常三缄其口）、专断、力争上游、注重地位、寻求关注、实事求是，喜欢炫耀自己的知识和技能。而女性的对话往往是私人的（她们在大的团队中常常守口如瓶）、和谐的、善解人意的、平等的和随意的。

当然其中也有例外和重叠的情况，就像总有女人比男人高一样。有的男人也希望被怜悯、同情，而有的女人也希望独断专行。但就像我们可以得出男人通常都比女人高的结论一样，以上我们得出的结论在一般情况下也是成立的。其中部分应该与人类祖先的狩猎与采集这一性别分工有关，而且这一分工是人类独有的关于性别差异的外在表现。男人对于狩猎、钓鱼和吃肉的热衷，绝非偶然。一些差异可能还是最近才产生的，反映的是将竞争压力和教育强加于性别之上的社会规范，比如，男人希望自我控制是现代社会对他提出的一种要求。而有些天性是自古以来就有的，反映的是

1 基布兹（Kibbutz），是希伯来语“集聚”“团结”“集体定居点”的音译，它指的是建立在生产资料公有制基础上的农业公社或集体农庄，它既是一种农业经济实体，也是一种群众性的社会自治组织。——编者注

猿类共有而狒狒缺乏的一种基本模式，比如，女人在结婚以后大多会离开自己的原生家庭，在原本陌生的族群中和自己的后代生活在一起；而男人则与家族共同生活。还有一些差异更古老，甚至和所有的哺乳动物以及鸟类有着相同的习俗，比如，女人负责养育孩子而男人则忙于争夺女人。男人和雄黑猩猩都会为了社会地位而战，这绝对不是巧合。

以色列的基布兹系统成为一个证明性别角色具有持久性的大型社会实验。在基布兹，最初男人和女人抛开一切性别特征和角色，发型和衣着都没有男女之分。男孩被鼓励性格平和并且感性，女孩和男孩一样得到平等对待。男人在家会操持家务，而女人也要出去工作。但三代以后，这些尝试全部被放弃，甚至基布兹的性别差异比以色列的其他地区还要明显。人们又回到了最初的生活状态，男人从政，女人持家；男孩攻读物理学，成为工程师，女孩学习社会学，成为老师和护士；女人负责基布兹的道德、健康和教育，而男人则管理金融、治安和商业。有的人认为这是非常容易解释的，因为人们会自动反抗父母设计的这种奇怪模式，然而这种解释过于表面化。事实是，人们会遵循自己的天性来做出选择。在基布兹，女人打扫房间，是因为像其他地方的女人一样，她们抱怨男人房间打扫得不干净。而基布兹的男人，也像其他地方的男人一样，不愿意打扫房间，因为即使他们打扫了，妻子也会抱怨他们做得不好。

基布兹并不是唯一的特例，就是在思想解放的斯堪的纳维亚，女人同样也是洗衣服、照顾家庭和孩子。即使女人去上班，她们也不会从事那些专属于男人的工作（比如汽车修理工、空中交通管制员、驾驶考试考官和建筑师等），而有些工作则几乎是女人的专属（如银行柜员、小学老师、秘书和翻译等）。即使在最讲求平等的西方社会，由于社会偏见的存在，女性仍然极少选择诸如汽车修理工之类的职业。女人很少会希望成为汽车修理工，因为那是一个“男人的世界”，会让女人有一种不受欢迎的感觉。为什么它是男人的世界呢？因为这是一项以男人性格为模型所创造的工作，而男人和女人的性格是完全不同的。

女权主义和决定论

断言男女之间拥有完全不同的天性，完全是女权主义的定论。女权主义存在着一个核心的矛盾，而很少有女权主义者愿意承认这个矛盾。首先，你不能说男人和女人能够同样胜任所有的工作。其次，如果将工作交给女人，其方法一定会和男人有所不同。如此看来，女权主义本身根本不是平等主义。

女权主义者明确提出，如果让更多的女人掌权，那么关爱之风将会盛行。这种说法始于女人从本质上就与男人不同的假设。如果女人控制了世界，世界上就不会存在战争。当女人经营公司的时候，口号将由“竞争”变为“合作”。这些都是明确而坚定的性别主义论调，女人在个性与天性上确实与男人不同。既然女人在性格上和男人是存在差异的，那不就意味着女人在一些特定的工作中可能做得更完善或者更不如人意吗？在适合的情况下，她们就强调性别差异，而在不适合的情况下，又否认差异，这种做法是不可行的。

将社会压力视为性别差异的根源，也无助于解决问题。如果社会压力真的像社会科学家所说的那么有影响力的话，那么重要的应该是他或者她的出身背景，而不是本性。如果认为生于破碎家庭的人会犯罪，是因为他受早年生活的影响，他的灵魂深处没有所谓高贵本性需要救赎，我们将这视为无稽之谈，付之一笑。我们认为，人类是由出身背景和本性共同作用的产物，性别差异也是如此。西方女人进入政界的人数大大少于男人，主要是因为她们被灌输了政治和女人无关，这是为了保护女人的思想。政治是关于权力与野心的追逐，大多数女人都不会为之所动。但女人有自己的想法，她们有能力决定是否进入政界，无论社会舆论如何（目前的西方社会认为，女性就应该进入政界）。女性对政治缺乏兴趣，恐怕是由性别歧视导致的，但这并不是唯一的原因。

我一向认为男女在进化过程中承担了不同角色——男人狩猎，女人采集——导致男人和女人存在差异。这种观点非常接近于把女性局限在操持家务，而让男人外出工作、挣钱养家的说法。但这样的结论并不符合下面的逻辑。外出工作，坐在办公室或是在工厂干活，并不是居住在平原上的类人猿的本性。对于从类人猿进化而来的男人和女人来说，这一切都是新奇而陌生的。

如果说在更新世时期，男人会去离家比较远的地方狩猎，女人经常在家附近采集，而导致男人在心理上更能承受长距离的奔波，但没有进化证据表明，男人和女人都适合在办公桌前坐着接一天电话，或者一整天待在工厂里拧螺丝。事实上，“工作”成为男性专属而“家庭”变成女性专修，只是历史上的偶然事件。牛的驯化和犁的发明，虽然使男人的体力有利于粮食的生产，但在依靠人工耕种的农业社会，耕种田地主要还是由女人负责。工业革命又继续强化了“女性在家”这一趋势，直到后工业革命时期，服务业的发展使潮流逆转。女人又像更新世时期外出采集植物块茎和浆果一样，开始出去工作了。

所以，从进化生物学来说，并没有绝对的理由证明，男性应该外出谋生、女性要在家操持家务。也许有某些特定的职业，男人在心理上比女人更适合，比如汽车修理工或者猎杀猛兽，而对于像护士和保育员等工作，女人天生就比较合适。但在生物学中我们没有找到支持职业中性别偏见的论据。

的确，让人惊奇的是，从进化的角度比从平等主义的哲学角度更有助于防止种族与性别歧视，因为它意味着男女之间野心的差异比能力的差异更大。男性繁殖的成功依赖于世世代代的社会地位的提升，女性则极少会有寻求这种成功的内在动力，因为她们在生育方面的成功取决于其他事物。因此，从进化角度考量，女人通常不会通过政治阶梯向上爬，但这没有论及一旦女性从政会有何表现。我认为，登上政坛顶峰（例如很多国家的总理职位）的女性数目与处于职级低层的女性数目不成比例绝非偶然。在历史上，英国女王比国王更杰出、更有影响力也并非偶然。有证据表明女人在治理国家方面比男人稍强一些。女权主义对于女性特有的直觉，对人的敏锐评价以及很少以自我为中心的描述是正确的。因为无论是公司、慈善机构还是政府的灾难大都是因奖赏狡猾的野心而置能力于不顾（那些善于获得高位的人，并不都是工作能力最强的人）所致。因为男人往往比女人更容易受野心的驱使，所以升职的机会如果偏向于女性的话，对公司和企业的发展可能会更有利。这并不是在纠正性别偏见，而是在纠正人性。

这当然代表女人的观点。女权主义者认为，女性应该在国会和议会中拥有一定比例的代表，因为女性处理事务有自己的优先次序。如果女人与男人的本质是不同的，那么这个观点就是正确的；如果女人和男人的本质是相同的，那么男人就没有理由不去代表女人的利益，因为他们的利益是相同的。承认性别平等的观点是正确的，但信奉男女完全相同就变成了奇怪的事情，而且与女权主义观点背道而驰。

认识到这个矛盾的女权主义者困苦不堪，又因为这种痛苦而备受揶揄。文学评论家卡米尔·帕利亚（Camille Paglia）是极少数看清女权主义者这一困境的人，她认为这种试图改变男人本质，同时又坚称女性的本质不可改变的把戏是根本不可能实现的。所以她大声疾呼："醒醒吧，男人和女人是不同的。"

男同性恋的成因

男人对女人产生“性致”，是因为他的大脑在按照特定的方式发展。这种方式就是，他的基因决定睾丸会产生睾酮，而睾酮促使其大脑在母亲的子宫内发生变化。青春期时，大脑再一次因睾酮而发生变化。若缺失睾丸基因，或者睾酮在子宫内及在青春期时没有爆发性增长，只要出现一次疏漏就不会成为一个典型的男人。据推测，当一个男人对其他男人产生偏爱的时候，说明有一种不同的基因影响了他的睾丸发育，或者这个另类基因影响了他的大脑对激素的反应，抑或在青春期的经历造成了这种结果，也可能是以上三种因素综合作用的结果。

现在对于同性恋起因的研究，对大脑受睾酮影响的发育过程有了更清楚的了解。在20世纪60年代之前，人们还普遍相信同性恋和成长经历相关，但残酷的弗洛伊德“厌恶疗法”[1]证实人类是没有办法改变同性恋的，这时人类又转向了激素解释理论。然而实验证实，在同性恋男子的血液中加入雄性激素对于改变他们的性取向是没有任何帮助的，这只能增加他们的男性特征。性取向在成年以前就已经确定。

直到20世纪60年代，民主德国一个叫贡特·杜纳(Gunter Dorner)

1 厌恶疗法，或称厌恶性条件法，是一种具体的行为治疗技术，即将欲戒除的目标行为（或症状）与某种不愉快的或惩罚性的刺激结合起来，通过厌恶性条件作用，而达到戒除或至少减少目标行为的目的。厌恶治疗曾采用痛性电击作为厌恶性刺激，治疗恋物癖、异性装扮癖及各种性欲倒错障碍。——编者注的医生在老鼠身上进行了一系列实验，他发现雄同性恋老鼠还在母亲子宫的时候，大脑内部会分泌出一种黄体化激素，这种激素导致它们的大脑更类似雌性大脑。杜纳的动机在于寻求治愈同性恋的办法。他尝试在不同的成长阶段割除雄性老鼠的睾丸并且为它们注射雌性激素。他发现雄性老鼠被阉割的时间越早，它向其他雄性索取性的可能性就越大。英国、美国和德国的研究均表明，产前睾酮的缺乏会增加男人成为同性恋的概率。有一个多余X染色体的男性和那些在子宫内部接触雌性激素的男性，更有可能成为同性恋或者更具女性气质。而那些女孩子气的男孩长大后成为同性恋的概率会更高。有意思的是，当母亲在生育期间面临巨大压力的时候，比如在二战后期出生的男孩长大后更有可能成为同性恋。

“压力荷尔蒙”皮质醇和睾酮来自同样的祖细胞，也许它用光了所有的原材料，所以就无法制作睾酮了。老鼠中也有同样的现象，当母鼠怀孕感受到明显的压力后，幼崽将来成为同性恋的概率就更高。正常男性大脑所擅长的事物，同性恋男性的大脑则表现较差，反之亦然。同性恋是左撇子的比例会比较高，这似乎有一些道理，因为使用左手或右手的习惯在生长阶段是受性激素影响的。奇怪的是左撇子能够更好地胜任空间任务。这仅仅证明了人类对于基因、激素、大脑和技能之间的关系仍然不是很清楚。

然而，有一点是清楚的，我们知道了同性恋的起因源于子宫中激素的不平衡，而不是因成长过程中的激素失衡导致的。这一事实也进一步证明性取向受产前性激素的影响，这点与现在越发流行的同性恋是由基因决定的观点并不相悖。在下一章我们会讨论“男同性恋基因”是如何影响某些身体组织对睾酮的敏感度问题。这中间既有先天因素也有后天因素。

决定同性恋的基因和决定身高的基因没有什么不同。即使两个在饮食上完全相同的男子，因为基因的区别，也不会长到同样的高度；而如果饮食不同，即使是双胞胎，身高也可能不同。如果说先天因素是长方形的长度，后天因素则是长方形的宽度，缺失其中的任何一个，都不可能形成一个长方形。身高的基因其实就是关乎消化吸收能力的基因。

为什么富有的男人要娶美丽的女人？

如果同性恋是由子宫中的激素水平决定的，那么异性恋的偏好也是由此决定的。在我们整个进化的历史中，男人和女人都面对着不同的性机会和性限制。对于一个男人来说，和陌生女人发生一夜情的危险系数较小，只存在感染疾病或者被妻子发现的危险，但却可以收获一个巨大的潜在奖励——一个低成本的、额外的、可以继承自己基因的孩子。那些抓住这种机会的男人必定会比其他男人留下更多的后代。既然人类都是那些多产男人的后代，所以现代男人就同样会是性机会主义者。实际上所有的哺乳动物和鸟类中的雄性都是如此，即便那些以一夫一妻制为主的物种也是如此。但这并不是说所有的男人都是不可救药的好色之徒，或者每个男人都是潜在的强奸犯，只能说男人更有可能被陌生女人引诱。

女人在这方面却不太一样。更新世的女人如果和陌生男人发生关系，可能在还没有得到他将会抚养孩子的承诺之前就怀孕了。如果她有丈夫，可能会遭到丈夫的报复；如果她还没有丈夫，可能就嫁不出去了。女人需要承担的风险之大，与报酬显然不成比例。如果拥有一个忠心的伴侣，她受孕的概率是一样的。但如果没有丈夫的帮助，她失去儿女的概率会更大。因此，接受一夜情的女性留下的后代相对较少，现代女性对这种随便的性关系更是心怀疑虑。

如果人类大脑没有这样的进化史，我们就无法解释男人和女人在性心理方面的差异。否认这些差异已经成为一种流行的说法，通常认为是社会压力限制女性购买露骨的色情读物，或是只有偏执的大男子主义才会驱使男人滥交。然而，这是忽视了现代社会施加在男性和女性身上的巨大压力，忽视或最小化了男女间的差异。现代女人处在男性要求性开放的压力当中，当然其中部分压力也来自其他女性。同样，男人也不断地承受着来自各方面的压力，要求他们负责、敏感和忠诚。也许嫉妒心理超过了道德因素，男人会严词批判玩弄女性的男人。如果男人依然是性方面的掠夺者，那么很多世纪以来的社会压力就没能发挥作用。就像一个心理学家所说的那样：“我们被压抑的冲动和抑制冲动的理智一样，都是人类特有的。”

但男女之间在性心理方面到底存在着怎样的差异呢？在前面

的两章中我提到，生育力越强的男人可能越有竞争力，他们往往也是那些控制财富、寻求名望并且掌握权力的人，因此妻以夫贵要比夫以妻贵普遍得多，现代女人中大多都是这一类妻子的后代，所以我们可以从进化的角度推测，女人在寻找潜在配偶的时候更有可能会衡量他们的财富和权力。从另一个角度来看，我们可以认为女人希望丈夫能够尽量在提高孩子的数量和质量方面做出贡献。要做到这一点，她们不需要更多的精子，她们需要的是更多的金钱、牲畜、盟友以及其他有利资源。

男人不同，他们寻找那些能够利用他们的精子和金钱生育孩子的妻子，因此致力于选择那些年轻而且健康的配偶进行交配。那些放弃20岁而娶40岁女人的男人就相当于放弃了大部分的生育机会，并且还有可能必须接受妻子带来的继子。于是他们所留下的后代往往比那些只追求年轻女性的男人少。由此看来，女人关注男人的财富和权力，而男人更注重女人的年龄和健康。

这似乎是众所周知的事实，就像南希·威尔姆森·桑希尔所说的那样："没有人怀疑男人喜欢年轻、漂亮的女人，而女人心仪有钱有势的男人。"但是，社会学家却对此提出了质疑，他们通过对近期调查结果的分析判断，找到了证实这一观点的确凿证据。密歇根大学的戴维·巴斯（David Buss）对美国大学生的择偶标准做了一项问卷调查，他请大量的调查对象对自己的择偶标准进行排序，结果表明，男人的排序是善良、智慧、美丽和年轻，而女人的排序则是善良、智慧、财富和地位。但大家认为也许这是美国特有的现象，并不能代表整个人类。

所以巴斯接着在33个国家进行了37个样本研究，受访人数超过了1000人，其调查结果完全相同，即男人重视年轻和美貌，而女人重视财富和地位。调查表明，女人之所以看重财富是因为男人掌控财富。如果女人掌握着经济大权，她们就不会再期望从配偶那里获得这些。但巴斯进一步发现，收入水平较高的女人会更加重视未来伴侣积累财富的能力。高收入的女性比低收入的女性更看重她们丈夫的赚钱能力。另外，对15位有影响力的女权组织领导人的调查显示，她们也同样希望嫁给有权力的男人。就像巴斯的同事布鲁斯·埃利斯（Bruce Ellis）所说的那样："女人对男人的品位会随着自己的财富、权力和社会地位的提升而提升，并非降低。"

很多巴斯的批评者说他完全忽视了语境，人们对于配偶的评判标准在不同文化背景和历史时期都是不同的。巴斯对此用一个简单的比喻进行了回复——美国的年轻男子普遍比英国男人的肩膀更强壮，也许部分原因在于他们吃的比较有营养，又或许是因为他们的体育运动更强调投掷的力量。但我们并不能因此否定"男性肩膀上的肌肉比女性多"这个事实。所以，虽然不同地方的女人对财富的重视程度也许有所不同，但并不能就此否认女人比男人更重视配偶的潜在财富。

其实巴斯的研究的最主要的问题是，他没有真正区分选择伴侣和选择情人的差异。亚利桑那州立大学的道格拉斯·肯里克（Douglas Kenrick）做了一项调查，他要求一组学生根据不同的四种亲密程度，列出未来配偶的特质。当寻找婚姻伴侣的时候，智慧对双方都非常重要。当寻觅一夜情伴侣的时候，智慧就变得相对次要，对男人来说更是如此。毋庸置疑的是，寻找终身伴侣的时候，两性都会考虑与善良、容易相处以及聪慧的人共度余生。

衡量性偏好的困难之处在于，这些偏好都是妥协方案。比如，一个长相丑陋的老男人很难拥有多个年轻美丽的女人（除非他非常富有），他只能满足于现状，与和他年龄相仿的老妻共度余生。一个年轻的女人也许不会嫁给一个腰缠万贯的老年富翁，但她会挑选一个年龄比自己稍大、不太富裕但有稳定工作的男人。人们会随着年龄、相貌和财富的变化而降低或者提高自己对配偶的要求。为了研究男人和女人心理上的差异，我们有必要做一个可控的实验，让普通的男人和女人选择一个忠诚的婚姻伴侣或者持续不断的艳遇和一夜情。当然这个实验没有进行，很难想象它能获得批准。其实无须实验，只要研究大脑中的想法及心中的幻想就可以得出结论。

埃利斯和唐纳德·西蒙斯对307名加利福尼亚大学的学生进行了关于性幻想的问卷调查。如果他们的调查对象是阿拉伯人或者英国人，这个调查就会失效，因为他们表现出来的性别差异很可能是性别歧视背景下的社会压力所造成的。但是，在人类发展史中，没有人会完全被所谓“政治正确”的意识形态所浸染，认为性别之间不存在任何心理方面的差异，加利福尼亚大学的学生也是如此，所以调查显示的任何性别差异如果放大到全人类来看的话，都将是一个保守的估计。

他俩还发现有两件事情丝毫没有性别差异：第一件是学生对于他们性幻想的态度。内疚、骄傲和冷漠在男性和女性当中一样普遍。第二件是两性双方在产生性幻想的时候都能够清晰地看到幻想对象的面孔。而其他调查指标和项目在男女之间则存在实质性差异。男人会有更多的性幻想，并且会幻想多个对象，1/3的男人承认他们一生中的幻想对象超过1000人，只有8%的女人想象过如此多的伴侣。将近半数的女人说在性幻想中从来没有换过伴侣，然而只有12%的男人始终如一地幻想同一个伴侣。对男人来说，伴侣的视觉形象比触觉、回应或者任何感觉和情绪都重要。然而对女人来说却恰恰相反，女人比较重视自己的反应。女人大多会幻想与熟悉的人做爱。

这些研究结果并不是孤立的。所有关于性幻想的研究所得出的结论大致相同：男性的性幻想似乎更普遍、更频繁，更注重视觉冲击，更专注于性、群交，并且更主动。而女性的性幻想更具有情景性、亲密性和被动性，更富有情感。

除此之外，我们还有其他资料可以参考。比如，有两个产业无情地利用着男人和女人的性幻想：色情业和爱情小说出版业。色情读物的读者几乎都是男性。全世界的此类读物都遵循着相同的原则和模式，“软色情”包含赤裸或者半赤裸的女人们所摆出的各种撩人姿势，这种图片可以引发男人的欲望。然而不知名的赤裸男人的图片却不能对女人产生同样的效果，其中的原因似乎在于，如果女人很容易仅仅因为图片吸引就和陌生人发生关系，那么女人不但不能从自己的生育行为中获益反而会损失很大。

“硬色情”是一种对于实际性行为的展示，几乎无一例外都是通过展示一系列诱人女郎（在男同性恋中是通过男人）的动作和行为来满足男性的欲望，她们或是完全自愿，或是易于勾引，或是多人一组，抑或是身材诱人。实际上此类影片几乎没有情境、情节、调情、求爱甚至是前戏。片中没有复杂的关系，甚至发生性行为的两个人是纯粹的陌生人。两位科学家给一群异性恋学生放映色情电影并且调查他们的感觉，调查结果和我们从常识角度预想的一样——第一，男性比女性被唤起了更多的欲望。第二，族群性交的场景比一对男女单独性交的场景更能唤起男人的欲望，而女人则恰恰相反。第三，女人和男人都会对女同性恋的镜头产生性欲，但男同性恋的画面却对男女都不能产生任何影响（记住，我们这里说的是所有学生都是异性恋）。当观看色情电影的时候，男人和女人都对其中的女性演员感兴趣。但是，色情电影都是为男人设计的。

相比而言，爱情小说专门针对的是女性。在虚构的世界里，除了对女性的职业抱负和性描述的开放程度有所增加之外，二者几乎没有不同。作者会严格地遵循出版商提供的写作原则，性行为在小说中只占了一小部分，书的内容几乎都是围绕着海誓山盟、家庭生活、建立亲密关系等内容而展开。很少有滥交的描述，并且即使写到性，其中对男人身体的描述也涉及较少，主要是从女性的性反应——触觉的角度去写的。其中男主角的性格特征会被详尽描述，然而身体部分却很少提及。

埃利斯和西蒙斯认为，爱情小说和色情业分别代表了两性各自的乌托邦式的幻想。加利福尼亚大学的性幻想调查数据似乎也支持了这个观点。所以商家把男性色情杂志制作模式运用于女性杂志的尝试屡屡失败（《花花女郎》的读者群大部分都是男同性恋），而描述在机场滥交的小说却在男人中十分畅销。在任何书店，男性杂志的封面都是窈窕女郎，这是在暗示里面还有更多养眼的内容，女性杂志的封面也是女人，其暗示内容则是关于改善双方关系的。出版行业靠的是市场需求，当然要把握男女性态度方面的差异。这充分说明，男女对于性的态度不同。

就像埃利斯和西蒙斯说的那样：关于性幻想的数据报告和科技文献……自由市场中由消费者驱动的选择性力量（男性倾向于色情业，女性倾向于爱情小说，一直很稳定），在人种志上记录的人类性行为，以及对人类演化前景的展望，都显示了两性在性心理方面存在显著差异。

这远比那些在“政治正确”基础之上的奇怪言论——认为女人之所以对裸体和色情读物不感兴趣是因为她们内心的欲望被压抑了——更加开明和有道理。

挑剔的男人

一个自相矛盾的现象出现了，男人在内心和性幻想中都是性关系随便的机会主义者，通常认为这样的机会主义者是不会过分挑剔的，但事实上，男人对于女人相貌的重视远远超过女人对于男人相貌的要求。在女人面前，跑车和存款数字可以使男人从青蛙变成王子，而女人的财富却不能遮掩自己的丑陋（虽然现在的整容手术可以让她用财富把自己变漂亮）。广告上通常也着重强调出席社交活动女伴的外表。一个男人在寻求外遇刺激的时候不应该只局限于外表美丽的女性，但事实却往往如此。这在动物界是比较罕见的：雄性大猩猩或是鼠尾草松鸡都不会因为雌性外表的丑陋而拒绝和它交配，雄性会把握每一次机会。古代一夫多妻的专制君主的性关系相当随便，但同时他们仍然十分挑剔，他们的后宫佳丽全部都是年轻的、美丽的，并且是处女之身。

我们可以解释这个看似矛盾的现象。在动物中，性别的挑剔程度和它们在抚养孩子中所花费的时间是成正比的，雄黑松鸡不过就是贡献精子而已，它时刻准备着和任何看起来像雌松鸡的对象交配，甚至于一个松鸡标本。而需要花费毕生精力哺育自己孩子的雄信天翁在择偶过程中特别挑剔，并且努力寻找最好的雌性伴侣。所以男人的挑剔恰好反映出了他们对婚姻和子女的责任，他们并不像那些不挑剔的猿类远亲。这是他们过去一夫一妻制留下的习惯，挑出最好的，因为也许这就是唯一的一次选择。事实上，男人对年轻女性着迷，恰恰支持了婚姻关系可维持终生的观点。人类和其他哺乳类动物不同的一点在于，猩猩不会挑剔雌性的年龄，只要双方都在发情期，就可以交配；而男人在选择结婚对象时都倾心于二十多岁的年轻女人，这也为更新世男人是为了生活而结婚提供了证据。

然而人类学家海伦·费希尔(Helen Fisher)认为，婚姻有一个自然期限，这就是为什么离婚率会在结婚后的第四年达到顶峰。四年的时间足以把一个孩子抚养到脱离完全依赖的状态，费希尔相信，在孩子四岁左右的时候，更新世的女人就会重新寻找下一任丈夫，再生育一个孩子。因此，她认为离婚是自然现象。

但她的解释存在几个疑点。首先，四年的高峰期仅仅是统计学家所说的，也许不是真正的顶峰，离婚率在结婚以后的任何一年都有可能达到顶峰。更何况她的说法奇怪之处在于，男人一向喜欢年轻的女人，而且在孩子四岁以后，男人仍然要承担抚养孩子的义务。一个结婚四年并带着孩子的离婚女人对另外一个男人的吸引力已大大下降，不仅仅因为她年龄大了，更因为她还带着一个正在生长中的外姓孩子，所以男人对年轻伴侣的偏爱暗示了一种选择终身伴侣的趋向。

你粗略地浏览一下报纸上的征婚广告也可以证实我说的情况——男人寻求年轻的妻子，女人追求年龄较长的丈夫，尽管她们有可能要当上十年甚至更长时间的未亡人。巴斯在他的调查中发现，男人寻找二十五岁左右的妻子，这一年龄稍微超过女人最佳生育期(她们已经错过了好几年的繁殖期)，但距离她们最高的繁殖能力也不远。也许有人会对这个说法提出质疑：当问起雅诺马马男人喜欢什么样的女人时，他们会毫不犹豫地回答，是处于青春期但还未生下第一个孩子时的女人(她们显然不到二十五岁)。然而正如西蒙斯指出的，一个二十五岁现代西方女人的身体状况和一个二十岁的部落女人差不多。其实这与西方男人的理想对象的年龄完全相符。

种族主义和性别主义

本章内容过分强调了性别之间的差异，却忽视了种族之间的差异，但二者往往都被归结为现代社会的偏见。甚至有极端说法认为，坚持性别差异就等同于坚持种族差异。我承认，我对此一直深感困惑。

我认为不同种族间男人的本质差异甚小，而同一种族的男人和女人之间的差异却十分显著，这一论点是有据可依的。我们并不否认种族和文化之间存在差异，就像白种人和黑种人之间皮肤颜色存在着差异，他们的思维也可能不同。但考虑到我们所了解的进化历史，似乎又不太可能。来自进化的压力对黑人和白人的心智施加了同样的影响——这种压力主要来源于亲族之间、部族之间和性伴侣之间的竞争关系。早在10万年前，白人的祖先离开非洲之时，现代人类的思维就已经形成了。皮肤的颜色可能受到气候的较大影响，比如在非洲和北欧的气候条件下，人们的肤色截然不同，但人类心智的发展很少受到诸如狩猎形式、御寒方式或防暑方式的影响，更重要的是如何与人类同胞打交道，在任何地方都一样，也就是说世界上的男女都是如此，但男人和女人各自所面临的问题却大不一样。

这就是人类学和达尔文主义的本质区别所在。人类学家坚称欧洲城市男人和部落丛林男人的生活习惯和思维都大不相同，这种不同大大超过了他们和同处一地的异性之间的差异。的确，这门学科的基础就是如此，人类学坚持研究人类种族间的不同，这导致人类学家夸大了种族之间的差异而忽略了其中的相同之处，即全世界的男人都喜欢搏斗、竞争、求爱、炫耀以及征服世界等。所以，事实是丛林男人用长矛和棍棒来争斗，芝加哥男人利用枪支和法律手段斗争；丛林男人希望登上首领的宝座，而芝加哥男人希望成为高级合伙人。

人类学研究的主要内容——传统、神话、技术、语言和仪式只是浮在表面的一层泡沫，泡沫下面却隐藏着人类的本质，虽然男女之间还存在差异。对于火星人来说，人类学家研究种族之间的差异，就如同一个农民研究田地里每一个麦粒的差别一样，火星人更有兴趣研究整片田地里最典型的小麦植株。真正有趣的应该是人类的共性而非差异。

人类共性中最为持久不变的就是性别角色的扮演。就像爱德华·威尔逊说的那样：在不同的文化中，男人的角色都是主动追求和攫取，而女人则是受到保护或买卖。儿子们放荡不羁，四处纵情；女儿们则有可能遭到蹂躏。在性交易中，男人总是买家。

约翰·图比和勒达·科斯米德斯对于从文化角度解释人类共性，提出了质疑：只有当女人会发动战争突袭村庄，劫掠男人做自己丈夫，或者父母为了保护儿子的贞操而拘禁他们，或者当不同的文化在外表吸引力、赚钱能力、相对年龄等方面表现出相同的偏好时，我们才会认真考虑“文化可以解释人类差异”这一断言。

就像一味地否认性别之间的差异一样，过分夸大两性的差异也是一种愚蠢的表现。就智力而言，我们没有理由相信男人比女人愚蠢或者女人比男人愚蠢，因为没有任何进化学说或数据可以支持这种言论。如前所述，数据只是提示男人也许更擅长与抽象和空间相关的事物，女人则擅长语言与社交，这使得设计中性测试的工作变得很困难，但这确实有助于驳斥那些认为男女智力完全一致的无稽之谈。

另外，性别之间的差异也不能成为任何事情的借口。安妮·莫伊尔和戴维·杰塞尔说过：“我们不应推崇一切符合生物学的天性，比如男人的暴力倾向和滥交天性，这不是社会健康存在的法则。”

人们似乎很容易忘记，“是”与“应该”是不同的：如果我们选择通过政策矫正男人和女人思维上的差异，我们就违背了人类的天性，就像谋杀有违天道一样。我们应该清楚，我们的所作所为是在纠正差异，而不是在寻找共同点。一厢情愿地认为男女是相同的，就是一种鼓吹，这对男人和女人都没好处。

第九章

美丽的用途

不要再哀叹了，女孩们，不要再哀叹了。
男人从来都是骗子，
一只脚在海里，另一只脚在岸上，
从不会对一件事情始终如一。

——莎士比亚，《无事生非》

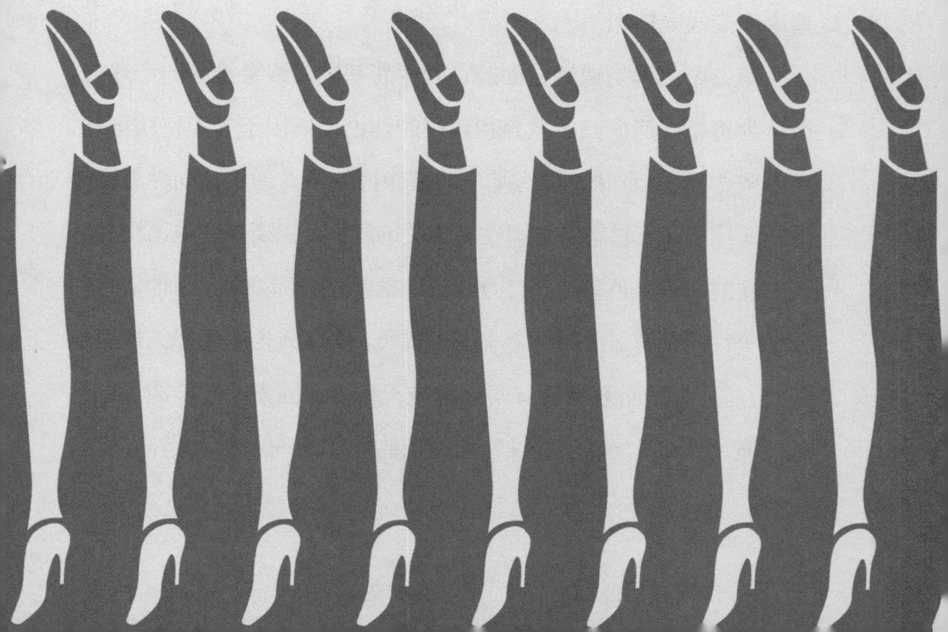

20世纪90年代早期，在X染色体上发现了同性恋基因的趣闻不胫而走。当发现原始实验很难复制时，人们的兴奋劲儿逐渐褪去。但关于双胞胎的研究表明同性恋是具有遗传性的，也许总有一天我们会发现导致男同性恋倾向（也许是为了响应子宫中的性激素水平的反应）的基因。

此事引发的第一个思考是政治方面的。虽然同性恋基因理论的出现，可能会导致母亲因为不希望生下同性恋儿子而进行选择性堕胎，但近些年来，它仍然受到同性恋活动家的欢迎。其原因在于，他们可以用这个理由说服那些古板的诋毁者，即同性恋是与生俱来的一种状态，而并非后天的选择。在那些不认可同性恋的异性恋者眼中，这种说法为同性恋者、同性恋者的父母以及教育方式进行了有效的开脱。这同时也缓解了一些父母的焦虑情绪，他们不用担心儿子因钟爱的摇滚乐队中有同性恋，或者青春期时被同性恋追求而变成同性恋。

第二个思考是道德方面的：同性恋基因最终会推翻一个迷思，即认为将某些疾病归于教养和环境的理论比归因于先天特质更好，更少些“邪恶”意味。因为基于弗洛伊德的培养理论，同性恋要接受厌恶疗法，一联想到与同性恋相关的画面，就要接受电击和催吐药的注射。同性恋基因最有力的新证据就是异卵双胞胎。他们在同一个子宫内孕育，在同一个家庭里成长，同样成为同性恋的概率仅仅为1/4。而同卵双胞胎有同样的先天和后天因素，同样成为同性恋的概率大约为1/2。所以若同卵双胞胎中有一个男孩是同性恋，那么另外一个也是同性恋的概率为50%。另有证据表明，同性恋基因来自母亲，而非父亲。

同性恋男人通常没有孩子，那这种基因是如何存活的呢？对此有两个可能的答案：一种可能是携带这种基因的女人有更好的生育力，但它如果出现在男人体内反而会妨碍生育力。第二种或许更能够引起人们的兴趣，剑桥大学的劳伦斯·赫斯特和大卫·海格认为也许同性恋基因根本就不在X染色体上。X基因不是唯一从母体中遗传下来的基因，如第四章所述，还包括线粒体基因。而且，把同性恋基因和X染色体联系起来的证据依旧很不充分。如果同性恋基因确实存在于线粒体上，赫斯特和海格的头脑中难免会出现阴谋理论：同性恋基因就像昆虫的“雄性杀手”基因一样，它可以使雄性绝育，把本该传承的财富转给了雌性亲属。这样就可以提高雌性后代生育的成功率，并且使同性恋基因得到传播。如果同性恋男人的性取向受基因影响，那么也许异性恋的性取向也受基因的影响。

如果性本能是由基因决定的，又经过了自然选择和性选择，那就意味着它们带有设计的印记，它们是适应进化的。美丽的人们之所以具有吸引力，是因为其他人具有感受他们魅力的基因。人们有这样的基因，是因为他们的祖先都采用这种美丽标准。美丽不是毫无标准的。进化生物学家对一系列事情的洞察正在改变我们对异性魅力的看法，因为他们终于发现为什么我们认为有些特征是美的，而有些特征是丑的。

美丽的普遍性

波提切利的维纳斯是美丽的，米开朗琪罗的大卫是英俊的。但事实总是如此吗？新石器时代的狩猎采集者们会同意吗？日本人或者因纽特人同意吗？我们的曾孙子、曾孙女们又会同意吗？性吸引力是如时尚般随时变化的，还是永恒不变的呢？

我们都知道，10年前的时尚和美女现在看起来有多么的陈旧、落伍，更不用说一个世纪之前的事情了。对有些人来说，也许身穿紧身裤和紧身衣的男人看起来依然很性感，但那些身着长礼服的男人却几乎无人欣赏。我们不难得出以下结论，人对于美丽和性感的判断，被微妙地导向时尚流行的标准。鲁宾斯不会选择崔姬[1]做模特。并且美丽也是相对的，那些几个月没有见过异性的犯人，对此有着强烈的感受。

但这种灵活性也是有限度的。历史上没有一个时期会认为10岁或者40岁的女人比20岁的女人更“性感”。我们也很难想象女人会认为大肚子男人更有吸引力，矮个子男人比高个子帅气。短下巴也同样很难被人们认为是美丽的标志之一。如果美丽跟时尚相关，那为什么褶皱的皮肤，灰白的头发，布满毛发的背部，还有长长的鼻子从来不在时尚的范畴内？事物的变化越多，其实质就越亘古

1　崔姬（Twiggy），原名Lesley Hornby，美国20世纪60年代红极一时的超模，以短发、大眼、扁瘦如未发育的小女孩般的身材闻名。——编者注

不变。著名的纳芙蒂蒂[1]雕塑的头部和颈部如今看来依然美丽，一如3300年前阿肯纳顿首次向她求爱时一样迷人。

巧合的是，本章所谈的性吸引力，全部以欧洲白种人为例。但这并不代表欧洲白种人对于美丽的标准就是绝对的、优越的，而是因为我对他们足够了解。对于黑种人、黄种人和其他民族所采用的审美标准，我们无须分别单独研究。我关注的核心问题是性吸引力的普遍性。美丽的标准源于不同文化的熏陶还是与生俱来的？什么是灵活的？什么又是持久的？只有理解了性吸引力的演化过程，才能搞清楚文化和本能混合的意义，也才能理解为什么有些特点会随着时尚的变化而流行，有些特点却遭到排斥。第一个线索来自对于乱伦的研究。

弗洛伊德和乱伦禁忌

很少有男人会和自己的亲姐妹发生性关系。古罗马皇帝卡里古拉(Caligula)和文艺复兴时期的红衣主教恺撒·博尔吉亚(Cesare Borgia)因为违反了这个习俗而臭名昭著。与母亲发生性关系的男人更是少之又少，虽然弗洛伊德告诉我们男人内心中存在着这样的欲望。相比之下，父亲虐待女儿的案例就较多一些，但也是罕见的。

基于上述事实，我们来比较以下两种不同的解释：第一，人们

---

1 纳芙蒂蒂（Nefertiti），古埃及王后之一。1912年，考古学家发现了她的半身塑像，以容貌秀丽和脖子修长著称。——编者注

虽然在私下有近亲性交的欲望，但他们能够碍于社会禁忌或规则约束自己。第二，人们一般不会对他们的近亲产生性冲动，禁忌在他们的脑海中根深蒂固。第一个解释由弗洛伊德提出。他认为人类最早、最强烈的异性吸引来自异性父母，这就是人类社会对乱伦这一话题有严格禁忌的原因。既然这些禁忌不是来自人类的内心，那么就有必要明令禁止、严厉处罚。如果没有那些禁忌条例，近亲交配泛滥，人类将因基因异常而遭受痛苦。

弗洛伊德做了三个不合理的假设。第一，他把吸引力等同于性吸引。一个两岁大的女孩也许会爱她的爸爸，但那不代表她对爸爸有性的欲望和冲动。第二，他假设人们对近亲存在着某种性欲，但却没有任何证据。对此，弗洛伊德的解释是，之所以很少有人表达这种欲望是因为他们对其进行了自我压制。这种说法使他的理论不可辩驳。第三，他把禁止表亲结婚的社会条例归于“乱伦禁忌”。一些科学家和一般人认为禁止表亲结婚是为了防止同系繁殖和近亲交配。也许事实并非如此。

在这个领域，弗洛伊德的对手是爱德华·韦斯特马克（Edward Westermarck）。1891年，他提出男人不和自己的母亲还有姐妹们发生性关系不是因为社会禁忌，而是因为在养育自己的母亲和共同生活的姐妹面前，他们不会产生欲望。韦斯特马克的观点很简单：男人和女人不能凭借感觉或是外貌来识别自己的亲戚，无法以此来防止同系繁殖（奇妙的是鹌鹑却不一样，它们即使被分开养育也能够识别自己的兄弟姐妹）。但人们可以用一种简单且99%有效的心理规则来避免近亲的结合，即避免和童年时期就熟悉的女性进行交配，如此一来，对于近亲的性厌恶心理就产生了。这样一来便无法阻止表兄妹结婚，但表亲结婚其实并无大碍。在这种情况下，出现隐性有害基因的可能性非常小，而基因结合的复杂机制也足以克服可能出现的缺陷（鹌鹑喜欢和自己表亲而非陌生异性进行交配）。韦斯特马克当时还不知道这些知识，但这种发现强化了他的观点。他当时主张避免的近亲结婚只局限于兄弟姐妹、父母与孩子。

韦斯特马克的理论引发了一系列简单的预测：一起长大的继兄妹或继姐弟，一般不会结婚。童年时期非常要好的伙伴也很少有最后步入婚姻殿堂的。最好的证据有两个来源：以色列的基布兹和一个古老的中国结婚传统。在基布兹，孩子们都是和一些陌生同伴一起在育婴堂长大的。一生的友谊就是这样建立的，但他们之间结为连理的少之又少。在中国，一些家庭有领养童养媳的习俗，女孩一直在男方家庭里成长，之后和一起长大的小男孩结婚，但这样的婚姻的生育率非常低，原因在于两人一起长大，对彼此的性吸引力大大减少。相反，两个异地养大的兄妹如果在适婚年龄偶遇对方，倒是很有可能坠入爱河。

童年时期的玩伴，彼此之间很容易生出性禁忌的画面。就像韦斯特马克所说的那样，兄弟姐妹之间就这样被直觉上的厌恶感和罪恶感抑制了性吸引。但韦斯特马克的理论还预测，如果乱伦的确发生了，几乎都是发生在子女和父母之间，尤其是父女之间，因为父亲已经过了因熟悉而厌恶的心理时期，并且男人在性方面掌控主动权。这正是最常见的一种乱伦。

这与弗洛伊德的观点相矛盾，他认为乱伦禁忌是用来提醒人们避免乱伦的。确实，弗洛伊德的理论要想成立，前提必须是进化压力不仅没产生某种可以避免乱伦的机制，反而促进了乱伦的不良本能。弗洛伊德派经常批判韦斯特马克的理论，称其将彻底抹杀乱伦禁忌的作用。但事实上，在核心家庭成员间以乱伦禁忌防止近亲结婚的情况极少发生，弗洛伊德观察到的乱伦禁忌多见于阻止表亲结婚。在大多数社会中，家庭内部根本不需要树立任何的乱伦禁忌，因为实在是难得一见。

那为什么要有禁忌呢？克洛德·列维·斯特劳斯（Claude Levi-Strauss）提出了一个不同的理论——联姻理论。该理论主要强调女人是部落间的筹码，因此不允许她们和同族人通婚，这才出现了这些禁忌。但对于斯特劳斯说法的真意，人类学家无法取得共识，所以这个观点很难得到证实。新墨西哥大学的南希·威尔姆森·桑希尔曾经说过，所谓乱伦禁忌，实际上是有权的男人为了防止对手通过和自己的表亲结婚来分得财富的一种手段。禁忌的出现不是为了乱伦，而是为了权力。

教老鸟用新招

乱伦的故事巧妙地展示了天性和教养的相互依存关系。避免乱伦的机制源于社会制度。人们在童年时期就已经对兄弟姐妹产生性厌恶心理，从这个角度讲，避免乱伦和基因是没有关系的，但也可以说是基因带来的，因为它并非后天产生的而是在大脑里自发形成的。不和自己的童年伙伴交配的本能是天性，但那些用以识别伙伴的依据却是后天形成的。

这种对熟悉的人产生的性厌恶随着年龄的增长会逐渐淡化，这点对于韦斯特马克的论证是很关键的。否则，人们在和伴侣结婚后的几周内就会厌恶对方，当然事实并不是这样的。但从生物学角度来讲，那种事完全有可能发生，因为动物的大脑有个惊人的特性——在青少年所谓“关键期”习得的东西，之后很难被消除或取代。康拉德·劳伦兹(Konrad Lorenz)发现小鸡和小鹅出生以后都会对睁开眼看到的第一个活动的事物留下深刻的“印记”，那通常是它们的母亲，在极少的情况下，也许会是一位奥地利动物学家[1]。不管是什么，之后它们都会跟在这个物体后面。但出生几小时或两天后的小鸡却没有这种印记能力，这种能力在第13个小时到第16个小时期间达到高潮。在这个最为敏感的阶段，它们会把父母的形象铭记在脑海中。

花鸡学唱歌也是同样的道理。花鸡只有在听到另外一只花鸡的叫声时，才能学会这个物种的典型歌声。如果在长大以前它没有听到另外一只花鸡的叫声，那它就不能学到正确的声音，只能发出一些微弱的类似歌声的声音。在几天大的时候，即使它听到了另外一只花鸡的叫声，它也不会因此而学会唱歌。它必须在两周到两个

1 此处是本书作者的幽默说法。观察到幼鸟认母现象的康拉德·劳伦兹是奥地利人。——编者注

月的这段时间里听到另外一只花鸡的叫声，才能真正学到正确的唱法。自此以后，它无法再通过模仿来修改自己的声音。

人类也不乏学习关键期的例子。很少有人会在25岁以后改变他们的口音，即使他们从美国移民到英国，口音也不会随之改变。但他们如果在10岁或者15岁的时候移民，就会很快适应，并学会地道的英式发音。这正如白冠麻雀一样，若它们在一个地方居住了两个月，就会用当地的方言来歌唱。同样的道理，若孩子置身于外语环境中，他们很快就能学会当地的语言，但成年人就必须一步步刻苦地学习。我们既不是小鸡也不是花鸡，但我们仍然有获得习惯和偏好的关键期，这些习惯和偏好一旦形成就难以改变。

关键期的概念很可能是韦斯特马克避免乱伦理论的基石。我们对那些在关键期共同长大的人产生了性冷漠感。没有人能够完全确定关键期是什么时候，但人们猜测它会从8岁持续到14岁，在青春期之前。常识表明性取向必须以这种方式形成，即基因倾向要在关键期遇到一些实例。我们重提一下小花鸡的例子，它们在出生后只有6周的时间是敏感时期，在此期间，虽然它可以听到很多声音，比如汽车、电话、草坪收割机、雷电、乌鸦、狗、麻雀和椋鸟等发出的声音，但它只会模仿花鸡的歌声。这是因为它天生对花鸡的歌声有偏爱（如果是画眉鸟或者椋鸟，它有可能模仿其他事物所发出的声音。英国有一只鸟，因为学了电话铃声而使得正在享受太阳浴的人们一片混乱）。学习往往就是这样。20世纪60年代尼古拉斯·廷伯根（Nikolaas Tinbergen）和彼得·马勒（Peter Marler）的著作进一步指出，动物不会随便地学习任何东西，它们只会学习那些大脑希望它们学的东西。由于基因和激素的相互作用，男人本能地对女人产生兴趣，但这种相互作用的发展趋势在关键期会受到同伴压力、行为榜样和自由意愿等因素的影响。人类确实有学习的能力，但天性也在起作用。

异性恋的男人在青春期时不仅对女人产生了兴趣，更重要的是他产生了关于美和丑的清晰概念。有些女人会让他有心动的感觉，有些女人则不会让他产生任何兴趣，还有一些令他有厌恶感。这也是由基因、激素以及社会压力造成的吗？有趣的是，每个因素各占多少比例呢？如果社会压力是一切的根源，那么我们通过电影、书籍和广告给青年男女传递的影像和课程就异常重要；如果不是，那么男人喜欢消瘦的女人，就不是追随时尚的脚步，而是由基因和激素决定的。

假设你是一个致力于研究人类的火星人，就像威廉·索普(William Thorpe)研究花鸡一样，你希望知道男人如何学到评判美貌的标准，所以你设计实验，把男孩们都关在一个笼子里。你让一部分男孩不停地观看电影，情节都是肥胖的男人倾慕丰满的女人，并得到丰满的女人的青睐；而那些瘦削的男人和女人则遭到贬斥。你把另外一些男孩与女人隔离，不让他们知道世界上还有女人存在，所以当他们20岁突然接触女人时，他们都颇为震惊。

火星人的实验结果是怎样的？这种推测很有启发性，因为下面是一个尝试，试图从低阶实验和事实拼凑出同样的结果。那些从未见过女人的男人初次见到女人时，会喜欢哪种类型的女人？年老的还是年轻的？胖的还是瘦的？男人如果在养育的过程中一直被灌输胖是一种美的话，那么他们是不是真的就更喜欢丰满的女人而不是那些瘦骨嶙峋的模特呢？

请记住我们关注男性偏好的原因。就像上一章提到的，男人更关心女人的外在形象，而女人则不是这样的。因为年轻和健康意味着这个女人具备为人妻和为人母的优良条件，而这不是判断男人优劣的关键。当然，女人也不会漠视男人年轻和健康这两个特质，但她们更加关注其他特质。

极瘦的女人

时尚是不断变化的。如果美丽属于时尚的范畴，那么它也应该是变化的。我们不难发现，最近几年关于美丽的定义有了惊人的变化，即以瘦为美。沃利斯·辛普森(Wallis Simpson)，也就是后来的温莎公爵夫人，有一句著名的评语："对于女人来说，不能过于富有或过于瘦削。"若她看到那些消瘦的超模，恐怕也会大吃一惊。用罗伯塔·塞德(Roberta Seid)的话说，瘦在20世纪50年代是一种"偏见"，在60年代是一个"神话"，70年代演变为"痴迷"，80年代变成了"信仰"。汤姆·沃尔夫给那些为了时尚而节食瘦身的纽约女人们创造了一个名词叫"社交X光"。美国小姐和《花花公子》插页中女郎的体重都在逐年下降。所有类型的女人平均体重都下降了大约15%。各种减肥食谱充斥着报纸和杂志，而江湖骗子的钱包也鼓了起来。厌食症、暴食症以及由于过度节食所导致的疾病残害了很多年轻的女孩。

显然，男人并不偏爱普通身材的女人。当然，我们必须要考虑到如今丰富、廉价和精制的食品使现代的女人比一两千年前的女人更加丰满，那么她们就要付出更多的努力才能拥有时尚的“芦苇”身材。对于如今的男人来说，选择最瘦的女人其实也不是一个明智之举，和更新世时期一样，选择她们就等于选择了缺乏生育能力的女性。据研究表明，如果一个女人的身体脂肪含量低于正常标准的10%～15%，那么她就不能生育。所以又有一个理论认为，年轻女人对于体重的过分关注是在逃避过早怀孕，或是避免在男人承诺负责任之前怀孕的计策。但这却并不能解释男人对苗条身材的偏爱。

如果说男人对于瘦的喜爱是与天性相悖的话，更令人疑惑的是这一事实似乎是近些年才发展起来的。雕塑和绘画作品中有充分的证据表明，维多利亚时期的美丽跟瘦几乎没关系。从文艺复兴时期开始，丰满的女人就是一种时尚，但也有一些特例，纳芙蒂蒂是一个苗条而优雅的女人，波提切利的维纳斯也算苗条。维多利亚时期曾一度流行细腰，有的女人为了让自己的腰部显得更苗条，居然生生去掉了一对肋骨。莉莉·兰特里(Lillie Langtry)的18英寸细腰能够用双手握住。即使在今天，最瘦的模特的腰围也有22英寸，文艺复兴时期的男人或许会认为她们很丑陋吧。但我们不需要单单从自己的文化中去寻找关于丰满女人比瘦削女人更有吸引力的证据。世界各地的部落民族都喜欢丰满的女人。在仅能维持生计的社会中，那些瘦骨嶙峋的女人还会遭到排斥。

正如密歇根大学的罗伯特·斯马茨（Robert Smuts）教授所说的那样，身材瘦弱曾经是一种很常见的现象并且是一种相对贫穷的表现。如今，贫穷引发的瘦弱只局限于第三世界国家。而在工业化国家，只有富裕的女人可以负担低脂肪食谱的费用并且花钱节食和运动。所以，如今的苗条和过去的丰满一样，都是身份和地位的象征。

斯马茨认为男人的偏爱，主要受身份象征的影响。在现代社会长大的青年男子，身边充斥着苗条和财富紧密相连的信息，时尚界更是大肆宣传这种信息。无意识思维在男人的关键期开始把二者联系在一起，所以他在头脑中勾勒出来的理想女人，一定是苗条女郎。

身份意识

不幸的是，这个理论和上一章的结论相冲突，所以我们需要进行一些解释说明。通常只有女人才会对未来配偶的社会地位特别敏感。而社会生物学家认为，男人注重女人的外貌并不是计较她们的财富，而是看重女人的生育力。但正如上文所提到的，男人把女人的细腰视为银行存款的提示，积极地追求无生育力的苗条女人。

一系列的研究所得出的结论却清晰指出，美丽的女人和富有的男人结合的情况更为普遍。一项研究指出，女人外表的吸引力是预测其丈夫的社会地位、智力水平和受教育程度的重要标准，比预测她自己的社会地位、智力水平和受教育程度还要准确。鉴于人们普遍在自己的专业领域、社会阶层和教育阶层里择偶，这种说法让我们很意外。如果男人用女人的美貌作为身份的象征，那为什么他们不用知识作为身份地位的象征呢？

与女人的苗条身材不同的是，男人的地位象征通常是“诚实”的。如果他们不诚实，就不能保持这种身份的象征。只有最高明的骗子才能伪造自己或是长时间吹嘘自己的英勇。瘦弱的身材也可能暗藏诡计。因为贫穷、地位低的女人发现她们比富有的、地位高的女人更容易变瘦。即使在贫穷的女人只买得起垃圾食品而富家女只吃生菜的今天，我们也无法断言每个瘦弱的女人都富有，而每个丰满的女人都贫穷。

所以身份地位和苗条身材相联系的论调是不能令人信服的。苗条身材不是衡量财富的好办法，男人对女人的身份和财富也不是特别感兴趣。的确，这是个循环论证。因为男人偏爱苗条的身材，社会地位才会和苗条身材相关。我认为男人把女人的婀娜身材和她的地位相联系的说法不具有说服力。

现在的问题在于，我不确定该给出什么样的建议来代替这种解释。假设在鲁本斯生活的时代，男人喜欢丰满的女人，而现代社会的男人喜欢苗条的女人。假设从鲁本斯画作中的丰满贵妇时期到“女人永远不嫌瘦”的辛普森时期，男人开始不喜欢丰腴或是体态稍胖的女人，转而喜欢苗条的女人。费舍尔的性选择理论对此现象给出了一条可能挺合适的解释：娶了瘦的女人，男人就可以拥有苗条的女儿，从而可以吸引地位高的男人注意，因为其他男人也喜欢瘦女人。换句话说，即使瘦弱的妻子不能像丰满的女人那样孕育更多的孩子，但她的女儿可能会嫁得更好，足够富足，这样就可以去抚养更多的孩子。所以那些和瘦女人结婚的男人会比那些娶胖女人的男人留下更多的孙子。如今的性取向因模仿而流行，年轻男人通过观察其他人的行为，很自然地把美丽和苗条画上了等号。这本身就是对于潮流的一种调适，因为他们必须确保自己不会被主流时尚淘汰（就像雌黑松鸡在配偶选择上效仿其他同伴，这就是一种适应潮流的表现）。如果他们完全忽视有关丰满或苗条女人的文化风尚，也许女儿将来就嫁不出去了，正如雌孔雀若选择了短尾巴的雄孔雀，那么未来的儿子很可能会一辈子打光棍。换句话说，只要性偏好具有文化特征，又兼具基因特质，那么费舍尔“时尚是专制的”观点就依旧成立。

然而这些观点都不能完全说服我。如果时尚是专制的，它就不应该轻易改变。关键的谜团在于，男人不再偏爱丰满女性，为何仍能拥有优秀后代？由此可见，男人对“环肥燕瘦”的偏爱不是适应性的变化。男人的审美也许自然地发生了变化，无须理由——或者他们一直以来喜欢的都是苗条的身材。

为什么腰围很重要？

印度心理学家戴夫·辛格（Dev Singh）在奥斯汀市的德州大学工作，他针对这个谜题的研究也许蕴含了谜题的答案。他发现女人的身体在青春期和中年时期分别经历了两次显著的变化。一个10岁女孩的体型与她40岁时的体型很像。然后她身材的比例发生了变化，腰身和胸部、臀部的比例急剧缩小。30岁时，她的乳房不再坚挺，腰身也没有曾经那么纤细。腰围、胸围和臀围的比例不仅是一项重要的生命体征，也是时尚所强调的数据。紧身胸衣、束身内衣、腰箍和裙撑都是用来凸显腰围的纤细，从而与胸围、臀围形成良好的比例。现代的胸罩、隆胸术、胸垫和束身腰带也有同样的作用。

辛格注意到尽管《花花公子》封面女郎胖瘦的变化很大，但其中的一个特质始终没有改变，即腰围和臀围的比例。博比·洛在密歇根大学曾说，臀部和胸部的脂肪可以让人们觉得女人的胯骨比较宽，并且有丰富的乳腺组织，而纤细的腰身看起来像是在暗示那些特征都不是由脂肪导致的。辛格的理论虽稍有不同但也极其相似。他声称只要女人的腰围比臀围小，那么她们不论胖瘦，都可以吸引男人的目光。

也许这听上去有些愚蠢，那我们下面来看一下辛格的实验过程。首先，他给男人出示了同一个年轻女人穿着短裤露出上腹部的照片，一共有4种不同的版本。每张照片都利用电脑技术对腰部和臀部比例进行了微调：0.6、0.7、0.8和0.9。准确地说，男人都认为腰部最纤细的版本是最具有吸引力的。对此我们并不感到惊讶，但他发现研究对象有着惊人的一致性。接下来，他给研究对象展示了一系列关于女性体型的图片，这些图片根据体重和腰臀比而有所变化。他发现男人通常更加重视腰臀的比值而不是真正的体重，他们理想的目标是拥有较小腰臀比值的，而不是那些四肢纤细的姑娘们。

辛格的研究放在了患有厌食症、暴食症以及那些已经很瘦却仍热衷于减肥的女性身上。他认为节食对于瘦弱女人的腰臀部比值没有任何影响，如果有影响的话，也只会缩小臀部，这会让她们觉得自己永远没有吸引力。

为什么腰臀比值很重要呢？通过观察，辛格发现了一个脂肪分布的规律，女性臀部的脂肪相对较多，而四肢的脂肪相对较少，这是由与女性生育相关的激素变化导致的。而男性的脂肪更多分布在肚子上，而臀部却较为瘦削，这种体型是一些疾病的征兆，比如心脏疾病，女人也存在同样的情况。但哪个是原因，哪个又是结果呢？在我看来，女性的体型和激素的影响都是数代男人性选择的结果，而不是男人更喜欢这种体型，因为这是激素能够发生作用的唯一方式。在相对短暂的时期内，从15岁到35岁，女人有沙漏状的婀娜身姿，这也是由性选择造成的。因为这是女人们用来吸引男人注意力的竞争方式，而并非生理需要。男人无意识地促进了女人生理的发展。

博比·洛还提供了一个雄性偏爱腰臀比值小的雌性的原因，那就是臀部较宽的女人更具有生育能力。大多数猿类的婴儿出生时大脑有一半已经发育成熟，而人类婴儿的大脑在刚出生的时候只有1/3是成熟的。与人的寿命相比，人类在子宫内部的时间要比哺乳动物的短。原因很明显，如果穿过骨盆的产道过大，孕期的母亲可能就无法行走。人类的臀部的宽度有一定的极限，若大脑继续生长，早产就成了唯一的选择。想象一下，关于雌性臀部引发的进化压力会让所有明智的男人选择臀部宽大的女人，一代接着一代，有上百万年的传统。臀部增大到一定程度就不会再继续变大，但男人仍然有宽臀的偏好，而有纤细腰围的女人看上去臀部会更大，因此细腰的女人逐渐受到男人的青睐。

我不知道是否应该相信这个说法。我找不到其中的逻辑缺陷（虽然乍一看似乎会有很多），但也不能把男性对瘦的热情与之相联系。关于时尚造成了对纤瘦的推崇这一假设，我有一个挥之不去的疑问，若我们的假设本身是错误的，就像国王和金鱼的故事那样，那么男人一直以来倾慕苗条而非肥硕的女人，也许是因为苗条意味着年轻和贞操。毕竟，所有的化妆品公司和整容机构都知道，年轻是美丽的关键。也许男人认为苗条并不是女人身份的象征或者生育力的体现，而是年轻的标志。

年轻等于美丽吗？

男人很难直接辨别出女人的年龄，他必须根据她的外形、举止和声音来进行推断。有趣的是，许多显著的美丽特质会随着年龄的增长而迅速衰退，比如丰满的嘴唇、干净的肌肤、清澈的眼睛、坚挺的乳房、纤细的腰围、修长的大腿，除了维京人以外，金色的秀发若非借助化学染发剂之力，也极少能维持到三十岁。这些全部都是第五章我们提到的诚实障碍。若没有整形手术、化妆品或是面纱的掩盖，女人的真实年龄很难伪装。

320 长久以来，欧洲人认为金发女郎比棕色或黑色头发的女人更美丽。从古罗马时期起，女人就开始把头发染成金色了。在中世纪的意大利，他们认为金发和美丽是分不开的。在英国，金发和美丽两个单词是同义词。金色的头发也许就像燕子的剪刀尾一样是性选择的一种诚实障碍。金发儿童在欧洲非常普遍（奇怪的是，澳大利亚原住民也是如此）。在不是特别久远的某个时期，在斯德哥尔摩附近出现了基因突变，金色的头发可以维持到成年，但不会超过二十几岁。那个时候喜爱金色头发基因的男人都只会娶年轻的女人，因此会留下更多的后代，而这种对金发的偏爱也会随之扩散。这样一来，金发的特质就会越发流行，因为它的确是女人生育力的诚实信号。因此，男人喜欢金发女郎。

当然，雄性的基因偏爱是有选择性的。北欧男人对于金色头发的偏爱，很有可能是一种金色头发和年轻相联系的文化植入。顺便说一句，虽然化妆品行业正在削弱这种联系，但仍有同样的效果，即性偏爱引发基因变化。另外一个理论认为金发的优势跟一些自然因素相关，比如，它和白色的肌肤比较相称，而白色的皮肤能够吸收更多的紫外线，防止维生素D的不足。但是，金发瑞典人的皮肤并没有比深色头发的瑞典人白多少，而且真正的白皮肤往往伴随的是红色的头发，而不是金发。

当诉诸环境的自然选择无法解决问题时，人们才会想到性选择这一论证工具，直到最近一直如此。为什么会这样呢？为什么认为波罗的海人的金色头发是因为维生素D缺乏导致的，比认为它是性选择的产物更有说服力呢？相关证据表明，人类是一个性选择程度很高的物种，这也解释了不同种族在毛发、鼻子长度、头发长度、头发卷度、胡子、眼睛颜色等方面的巨大差异，显然和气候或其他身体因素没什么关系。中亚46个不同区域的雉鸡群，其雄性羽毛装饰物有着各不相同的组合方式：白色的颈圈，绿色的头，蓝色的臀部，橘黄色的胸部。同样，在人类中，性选择也在发挥着作用。

男人痴迷于年轻的女人，是典型的人类特征。人类所研究的动物中，没有任何物种像人类这样对年轻的异性如此着迷。只要在发情期，雄黑猩猩就认为中年雌性和青年雌性一样具有吸引力。那么男人喜欢年轻的女人，可能是人类的终身婚姻制度以及长而缓慢的育儿周期所造成的。如果一个男人需要把自己的一生献给妻子，那他必须确定她有较长的生育阶段。如果他仅仅希望建立短暂的伴侣关系，就不会在乎他的配偶有多年轻。我们就是那些选择年轻女人作为配偶的祖先所生的后代，也正因为这种偏好，他们的后代要比其他男人的更多。

让上千条船起航的美腿

女人的美丽主要源于年龄，每个女人和化妆品公司都很了解这一点。但美丽并不只包含年轻这一项。许多年轻女人不美丽的原因通常是多重的，她们也许体重过重或过轻，或者她们的面部特征并不符合我们的审美标准。美貌是年轻、面庞和身材的组合。

20世纪70年代的一首流行歌曲中有这样一句歌词——“美丽的大腿，让人羞愧的脸庞”，齐整、对称的面部特征的重要性让人感到疑惑：为什么男人因为一个年轻女孩有长鼻子或双下巴就放弃和她结婚生子呢？

也许面部特征是基因或者后天品质以及性格的重要线索。脸部的对称性是优秀基因和优质身体的一个标志。西蒙斯有一天跟我说，脸部是整个身体信息最为密集的部分，脸如果缺乏对称性，那么吸引力就会降低。但不对称并不是丑陋的常见原因。许多人的面部都很对称，但依旧很丑陋。另外一个脸部美丽的特征是普通的脸蛋会比极端的脸蛋漂亮。1883年，弗朗西斯·高尔顿（Francis Galton）发现将几个女人的脸拼凑起来，合成照片比单独的脸更漂亮。最近有人利用电脑合成技术对一些女大学生的照片进行了处理，用于合成的照片越多，合成的面孔就越美丽。的确，模特的脸很容易被淡忘，尽管我们经常在杂志封面上看到她们，但我们依旧很少会记住她们的样子。那些政治家的脸虽然谈不上美丽却更让人印象深刻。那些“极具特色”的，甚至可以被定义为不寻常的脸，比较容易被人记住。而那些没有瑕疵的脸庞虽然美丽，但透露的个性信息很少。

平凡的吸引力就是，鼻子不能太长或者太短，双眼距离不应太近或者太远，下巴的宽度适中，嘴唇不能太厚也不能过薄，双侧颧骨要突出但不能突兀，脸形也不要太长或者太宽，这些都是贯穿文学作品中关于女性美丽的一个主题。这点告诉我们，费舍尔式的性感儿子和性感女儿的结论正在起作用。考虑到脸部美丽的重要性，男人若选择了脸庞丑陋的配偶，那么生下的女儿可能会晚婚或者嫁给一个平庸的丈夫。在整个人类历史中，很多男人希望通过女儿的美貌来帮助他们实现野心抱负。在社会阶层跃升机会稀缺的社会中，美丽就成为飞上枝头做凤凰的砝码。当然，女儿不仅遗传了母亲的相貌，也遗传了父亲的相貌，所以女人也喜欢选择相貌齐整的男人。

费舍尔理论所需要的只是男人表现出更喜欢普通面庞的倾向，但失控的性选择却占据了主导地位。任何偏离了平均性偏好的男人的子孙就会比其他男人的少而且质量差，因为他的女儿没有一般女孩漂亮。这是一种残酷、专制的时尚品位，这种无情的逻辑牺牲了一批长相不佳却充满智慧、性情谦和并且有成就的女人。讽刺的是，人口结构转型所导致的一夫一妻制度更让这种无情逻辑变本加厉。在中世纪的欧洲和古罗马时代，有权力的男人把所有的美女都纳成妻妾，其他男人就得不到女人，因此丑陋的女人反而有机会找到如意郎君。这听起来不是很公平，但性选择的结果很少是公平的。

性格

我们已经讨论了很多女人吸引男人的特质，那么男人又有哪些特质会吸引女人呢？男人的英俊程度也是同样被三种因素影响，即脸庞、年轻和身材。但众多研究所得出的结论是，女人一致认为上述因素都不如社会地位和性格重要。当男人选择女人的时候总是把外貌特征放在性格和地位之上，而女人却不会这样选择男人。

唯一的特例就是身高。对女人来说，高个子的男人普遍比矮个子男人更具有吸引力。在世界上的婚姻介绍所里，男人比女人高大被视为普遍规律，并被命名为“约会选择的根本原则”。在720对申请银行账户的夫妻中，只有一位妻子比丈夫高。从人口中随机选出的夫妻也是如此。人们择偶的时候会选择相匹配的身高。男人寻找娇小的妻子，女人寻找高大的丈夫。这可能不仅仅是因为男人的缘故。在一项调查中，受试者要根据展示的图片配故事，当图片中的男人比女人矮时，即使那些明确表态男人的身高无关紧要的女人，都会写出男人焦虑和软弱的故事情节。在很多文化中，“他是一个高大强壮的男人”都是表示赞美的说法。据统计，在现代美国，每英寸身高会带来年薪中6000美元的变化。

布鲁斯·埃利斯归纳的证据显示男人的性格很重要。在一夫一妻制社会中，女人一般在丈夫还没有成为首领之前就已经选定了他，所以女人常常会考虑配偶未来的潜力而非只看重他过去的成就。镇定、自信、乐观、办事有效率、有毅力、有勇气、果断、睿智和有野心，这些都是促使男人在未来职业中取得成功的素质。无独有偶，这些也是女人为之心动的素质。男人的这些素质是关于未来地位身份的线索。在一个常规的测试中，三个科学家告诉他们的实验对象，两个不同性别的人参加网球比赛并且做得一样好。一个被描述为强壮、有竞争力、处于支配地位并且很有定力，另外一个则是为了享受其中的乐趣，很容易被强劲的对手吓倒，没多少好胜心。在总结这两个人的特点时，男人和女人都给出了类似的描述。

但女人认为那个比较强势的人更具有性吸引力（如果是男性），男人却不认为占据主导地位的人更有吸引力（如果是女性）。

同样的，三位科学家在虚构的两场面试中录下了同一个演员面试的情况。第一个场面是，他温顺地坐在靠门的一张椅子上，低着头，对着面试官点头应答；而在另一个场面中他变得很放松，靠在椅背上，并且手势也充满了自信。在观看这两个视频时，受访的女人表示，较为自信者是理想的约会对象，也更具有性吸引力。而当这位演员是女人时，受访的男人却不觉得她有魅力。可见，肢体语言对男性魅力来说非常重要。

如果女人择偶时更注重的是性格的话，这就符合第八章所说的事实。女人对品质和性格有更好的判断力。善于判断性格的女人往往后代较多，反之，则后代较少。而这种判断力对男性的影响却微乎其微。

好莱坞的导演深知，好的票房需要著名的男星和鲜为人知的美女搭档。性格的重要性也许可以解释其中的缘由。像肖恩·康纳利（Sean Connery）和梅尔·吉普森（Mel Gibson）等男星是逐渐建立起自己的声望的。而像朱莉亚·罗伯茨（Julia Roberts）和莎朗·斯通（Sharon Stone）等女星则是通过一部电影一夜走红的。詹姆斯·邦德（James Bond）系列电影的“配方”非常完美，每一部的女主角都是新面孔，而男主角依旧是邦德。男人彰显了“柯立芝效应”（虽然没有哺乳类的雄性动物那样明显）——每个新的女主角都会让他重燃性欲。这个效应是根据凯文·柯立芝（Calvin Coolidge）总统和他妻子参观一家农场时所发生的故事命名的。

听闻公鸡每天都要交配几十次，柯立芝夫人说道："请把这个消息告诉总统。"知道这个事情后，柯立芝问："每次交配都是和同一只吗？""噢，不是的，总统先生，每次都不同。"总统继而说道："请把这个事实告诉夫人。"

有大量证据表明，女人能识别代表男性身份地位的直接线索。在特定年份结婚的美国男人与同龄的单身男人相比较，其年薪是后者的1.5倍。在一次针对200个部落社会的调查中，两位科学家发现男人的魅力大小只跟他的技能和勇气相关，而和外表的关系不大。女人普遍认为男人的统治力很有吸引力。巴斯研究的37个社会中，女人更在意的是男人的经济能力。总而言之，就像布鲁斯·埃利斯所说的那样："身份和经济成就是衡量男性吸引力的晴雨表，比外表更重要。"

什么是身份线索？埃利斯认为衣服和装饰物都提供了一系列线索：正如海军上将袖子上的条纹标志或印第安苏族首领的头饰一样，一身阿玛尼套装、一块劳力士手表以及一辆宝马汽车都是体现一个男人身份的线索。昆汀·贝尔（Quentin Bell）在他的书中写道："时装史与阶级竞争史息息相关，首先是中产阶级和贵族之间的竞争，然后延伸到无产阶级和中产阶级之间的竞争。整个过程表面看似是一个时尚道德体系，实际却依赖于金钱价值标准。"

博比·洛调查了数百个社群，得出一个结论，即男性的装饰物几乎总是和头衔地位相关联，比如成熟、级别高、体能优异、勇猛以及炫耀式消费的能力。而女人的装饰物大多都是显示自己已婚或未婚或青春的状态，有些时候也可以彰显丈夫的财富。可以确定的是，一个维多利亚时代的女公爵的服饰炫耀的不是她的财富，而是丈夫的财富、阶层和地位。这一点在现代化都市和古代部落社会都很常见。汤姆·沃尔夫最早注意到奔驰车前方的环形标志，成了哈林区毒枭身份的象征。

一些进化论者似乎很可能据此认为，女性对于宝马车的崇尚是进化而来的。但宝马的出现只有一代人的时间，所以，要么是进化发展得异常迅速，要么是理论出了什么差错。避免这两种困境的方式有二：密歇根科学家认为，女人并没有对宝马产生特别的好感，崇尚宝马也并不是进化而来，只是她们进化出了一种灵活的能力，这可以帮助她们适应各种社会压力；而圣塔芭芭拉的科学家们指出，行为本身很少是进化来的，进化的是潜在的心理态度，现代女人有一种在更新世进化而来的心理机制，从而确保她们能够准确地解读男人身上代表身份和地位的线索。

从某种程度上说，二者说的都是同样的事情：女人看重的是身份地位的象征，无论这些特定的符号是什么。所以我们可以认为在某个时间点她们了解了宝马和财富之间的联系，因为这并不是一个难以理解的方程。

时尚业

我们又回到了一个悖论当中。进化论者和艺术史学家都同意这样的观点——时尚的一切都与身份相关。女人的服饰跟随潮流的步伐比男人更紧密。女人是在寻找身份的线索，而身份线索会随着时尚而变化，而男人寻找的与生育相关的线索却与时尚无关。按理说，男人不应过于注重女人的穿着，只要她们皮肤细腻、苗条、年轻、健康，并且大体上是迷人的就足够了。相反，女人应该格外关注男人的穿着，因为这可以告诉她们男人的背景、财富、社会地位以及他们的抱负。那为什么女人比男人更热衷于追随时尚潮流呢？

关于这个问题的答案也许不止一个。第一，也许理论是错误的，男人喜欢的是地位的标志，而女人更喜欢的是身体本身。也许吧，但这种说法需要应对大量的质疑。第二，女人的时尚总的来说和地位毫无关系。第三，两个世纪以来，现代西方社会已偏离了它刚兴起时的样子。在摄政时代的英国、路易斯时代的法国、中世纪的基督教国家以及古希腊，男人像女人一样时尚。男人穿着明亮的颜色，礼袍随风飘摆，佩戴珠宝，选择华丽的服饰。古代被骑士所救的那些姑娘的穿着并不比她们情人的穿着讲究。只是在维多利亚时期，千篇一律的黑色斗篷和之后盛行的灰色西装影响了整个男性时尚潮流。而直到20世纪，女人的裙摆的长度才像悠悠球一样上上下下地变化。

这就引出第四个，也是最引人入胜的一个解释——女人的确比男人更关心衣着，但她们并没有把自己的愿望施压在对方身上，而是影响着同性的时尚打扮。每个性别都用自己的偏好来引导各自的行为。实验表明，男人认为女性对自己的生理外形的在意程度远高于实际；女人认为男性比他们实际上更在乎自己的地位特征。所以也许每个性别都因为相信对方和自己有着同样的喜好所以演绎出了现在的天性。

有一个实验似乎证明了，男人和女人错把自己的偏好误认为对方的偏好。宾夕法尼亚大学的艾普瑞·法伦（April Fallon）和保罗·罗辛（Paul Rozin）给大约500名大学生展示了四幅简单的男人和女人穿着游泳衣的线描画像。每幅图中的人物只有胖瘦不同，受试者被要求指出哪幅图代表了他们自己目前的身材，哪幅代表他们理想中的身材，哪幅最具异性吸引力，哪幅异性图对他们来说最有魅力。男人们当前的实际身材、理想身材、最吸引异性的身材几乎是同一个。所以说，男人一般对自己的身材很满意。女人，和预期中的一样，认为自己的实际身材比对男人具有吸引力的身材胖很多，比她们自己理想中的身材也胖。但有趣的是，双方都误判了对方所喜爱的身材。男人认为女人喜欢比他们更壮硕的身材，而女人认为男人喜欢比她们更瘦的身材。

然而，这些困惑不足以解释女人为什么会跟随时尚潮流，因为时尚对其他有吸引力的特征没有作用。比如，女人比男人更注重自己的青春，尽管事实上她们在大多数情况下不会找比自己年轻的伴侣。

然而在当今民主时期，时尚关乎身份的概念让我们反感。我们假装时尚是为了展示出最完美的身体。新的时尚潮流都是由美艳的模特展示出来的，也许女人在买衣服的时候，潜意识中将美丽归功于衣服而不是模特。调查揭示了一个众所周知的事实。男人喜欢那些穿着紧身、半裸露衣服的女人，女人却不喜欢这种穿着的男人。大多数女性时尚或多或少都是为了提高美感而设计的。比如，那些可以令腰围看起来很小的巨型裙撑。女人在选择衣服的时候都会特别注意衣服是否有利于自己的身材和头发。另外，因为大多数男人从小就看女人穿着衣服的样子，他们心中的理想美女包括穿衣服的和赤裸的。哈夫洛克·埃利斯（Havelock Ellis）曾重述了下面这个故事：一个男孩站在《帕里斯的判断》（*the Judgement of Paris*）这幅著名的油画面前，有人问他，你认为哪个女神最美，他回答道："我不知道，因为她们都没穿衣服。"

但至少，当今大部分时尚让人着迷的特质是新颖。当我们看到那些引领时尚的人试图躲避那些庸俗的模仿者时，我们就明白了为什么格雷厄姆·贝尔会得出这个结论。博比·洛认为女性时尚的关键就在于新颖。"任何惹人注目的时尚展览都是解读时尚潮流趋势的能力的展示"，这是女人身份的一种线索。当个时尚先锋，对女人们来说绝对是一种身份的象征。若没有更新时尚的能力，时尚设计师就不会像现在这么富有。

这就又回到了美丽的文化标准变迁上。美丽在一夫一妻制的物种中绝不能是平凡的，它必须是突出的。男人之所以挑剔，是因为他们结婚的机会就只有一两次，所以他们希望得到最好的，而不是得到那些普通的。在一群穿黑衣服的女人中，若其中只有一个穿着红色，无论她的身材或相貌如何，她一定能吸引男人的目光。

“时尚”这个词曾经指的是介乎从众与习俗之间的事物，而现在却意味着新颖和现代。格雷厄姆·贝尔对清教徒式社会中的紧身衣和低胸上衣极为反感，他观察到：反时尚的理由向来强大，但为什么从来没有发挥效力？为什么公众舆论和正式法规常常毫无效用，而服装的习俗却得到完美的服从？那些规矩不但没有法律约束，还常常是无理、专横甚至残忍的。

我感觉这个谜团在现在这种进化和社会学思维状态下，是无法解决的。时尚是强加在专制的从众模式上的不断变化和逐步淘汰的过程。时尚是身份地位的表达，但两性中醉心时尚的那一性却总是试图用它来吸引根本不在乎地位的异性。

荒唐的性完美主义

在任何决定性吸引的因素中，红皇后效应都在起作用。在人类历史的大多数时期内，美丽的女人和占支配地位的男人都会比他们的对手拥有更多的后代——这个结果是必然的。因为占支配地位的男人选择美丽的妻子，所以他们的后代会比竞争对手多，这样一来，女人就会变得一代比一代更美丽，而男人也会逐渐更占支配地位。但随着时间的推移，他们的对手也变成了其他同样成功的夫妇的后代。所以标准就提高了，一个美丽女人仍然需要在新环境中更加绽放自己的美丽，男人也需要更加无情地压制对手。我们很容易就厌倦了平庸的事物，然而有时候也会有例外，就像达尔文所说的那样："如果所有的女人都和维纳斯一样美丽，我们只会在一段时间内认为她们迷人，之后不久我们就会期待进一步变化；而等变化发生了，我们又会希望女人的一些特征能够变得更夸张一些。"这句话恰巧精确解释了优生学为何从未奏效。

紧接着，达尔文描述了一个叫乔洛夫(Jollof)的西非部落，他们以盛产美女著称。他们故意把丑陋的女人卖出去当奴隶。这种纳粹式的优生学的确可以逐渐提升部落整体的美丽程度，但男人对于美丽的主观标准也同样提高得很快。美丽完全是主观的概念，因此乔洛夫部落注定会陷入永远的失望中。

达尔文的见解令人沮丧的部分在于，他指出美丽是不能脱离丑陋存在的。性选择，就像红皇后效应所说的那样，会不可避免地引起不满足、徒劳的奋斗和个人的痛苦。所有人都寻找更美丽或者更英俊的，这就引起了另外一个悖论。理论上，每个人都希望找到理想的完美的对象，但大多数人没有机会。

现代社会是一夫一妻制，所以大多数美丽的妇人都应尽可能和优秀的男人结婚。那些平均先生和平均小姐怎么办呢？他们不能永远保持单身状态，因此，退而求其次是最佳选择。雌黑松鸡都是完美主义者，但雄性不会对雌性不加挑剔。而在一夫一妻制的人类社会中，没有任何一方可以奉行完美主义或来者不拒。平均先生选择平均小姐，他们会根据现实来调整自己的理想对象标准。理想屈服于现实，人们最后会和他们水平相当的人结婚生子。校庆活动女王和足球明星结婚，书呆子娶了戴眼镜的女孩，前途平庸的男人和长相平庸的女人结婚。这种做法如此普遍，以至于任何例外都会很突出。“她到底看上他什么了？”当我们看到一个名模有一个呆板、非成功人士的丈夫时，我们会四处打听，觉得他一定有某种我们没有发现的潜质；而当一个丑女人找到一个非常成功的男人时，我们又不禁要问：“她是怎么把他搞到手的？”

答案就在于，直觉上，每个人都知道自己的相对价值，就像简·奥斯汀（Jane Austen）时代的人们知道他们的阶层一样。布鲁斯·埃利斯展示了我们是如何运作这种“选型交配”模式的。他给30个学生每个人前额上面贴上了一个数字。每个人都能看到其他人的数字，但没人知道自己的。他告诉他们要寻找他们所能找到的最大数字配对。瞬间，那个头上数字是30的学生周围就被围得水泄不通，所以她就对自己的预期进行了向上的调整，拒绝和任意一个人进行“交配”，最后和某个超过20的人相结合。而头上是数字1的学生，在试图说服头上是30的同学后，逐渐发现了自己的位置，降低了自己的预期，最后找到了能够接受他的第一个人，也许是头顶2的同学。

这个游戏让我们看到一个残酷现实，那就是我们通过观察其他人对自己的反应来衡量我们的相对可取性。重复地被拒绝会令我们降低自己的眼光，而成功吸引异性的经历会让我们提高自己的目标。但趁着还没有从红皇后跑步机上跌下来之前，见好就收，将是最好的结果。

第十章

智力棋局

如果我是一个自由的灵魂，
可以选择任何我喜欢的血肉之躯，
我愿意成为狗、猴子或者熊，
只要不是虚荣的人。
自负、理性又多感，
以为推理胜本能，
频频犯错可真不幸。

——约翰·威尔莫特，《罗切斯特伯爵》

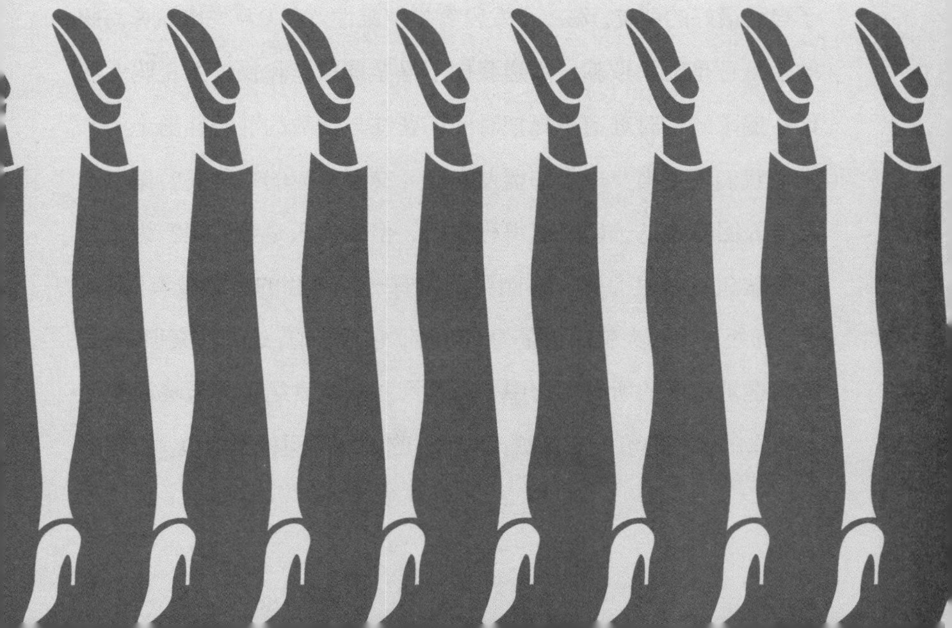

时间:30万年前

地点：太平洋中部

事件：一群瓶鼻海豚正在开会讨论它们的智力进化问题

会议在大约12平方英里的海域内举行，以便参加者可以在会议的间隙继续捕鱼，因为当时正是乌贼盛产的季节。会议包括特邀发言人的演讲和之后叽叽喳喳的一长串评论——那是太平洋瓶鼻海豚独有的语言。来自大西洋的海豚们可以在夜晚的时候聆听翻译。议题很简单：为什么瓶鼻海豚的大脑比其他动物都大？是其他海豚的大脑的两倍。第一个发言者认为这一切都跟语言有关，海豚需要更庞大的大脑来记住概念和语法才能表达心中所想。而反对者却说：语言理论不能解决任何问题。评论员说：鲸鱼有复杂的语言，可海豚都知道鲸鱼有多蠢。一年前一群瓶鼻海豚愚弄了一头老座头鲸，通过模仿它们的语言让它误以为妻子私通，害它袭击了自己最好的朋友。第二个发言者是位雄性，它尖声说出瓶鼻海豚的智慧正是为了欺骗。难道我们不是全球欺诈和操控之王吗？我们在追求雌性时难道不是把时间都花在与情敌的斗智斗勇上吗？难道我们不是唯一一个和盟友有三元交互反应的物种吗？第三个发言人回答说这一切是值得称赞的，但为什么是我们呢？为什么不是鲨鱼或者鼠海豚？在刚果河里有一种海豚的大脑仅有500克重，而瓶鼻海豚大脑的重量为1500克。它回答道:这个答案很明显。因为在地球上的所有生物中，瓶鼻海豚的饮食结构是最灵活也是最丰富的。我们可以吃乌贼，也可以吃各种不同种类的鱼。丰富的食谱需要灵活的调适能力和善于学习的大脑。当天的最后一个演讲者对于前面几位的观点都持嘲讽态度。它认为，如果因为社会复杂需要智慧，那么为什么没有一种陆生动物拥有智慧？它听说一种猿类拥有跟海豚差不多大的大脑。如果按身体比例算，它们的大脑比海豚的还大。猿类群居于非洲大草原，用工具来狩猎或者采集植物，甚至有某种语言，但却没有瓶鼻海豚那样丰富的声调。这位演讲者最后幽默地对发言进行了收尾："因为它们没有吃鱼。"

猿类的成功

大约1800万年前，非洲和亚洲有数十种猿类，但在之后的1500万年内，它们大都灭绝了。如果一个火星的动物学家在大约300万年前来到了非洲，他也许会认为猿类注定要被丢进历史的"垃圾堆"，因为和猴子相比，猿类显然是一种过时的古老动物。即使动物学家发现有一种猿类是黑猩猩的近亲，用两条腿直立行走，也不太可能会对这种猿的未来抱有多少期望。

它的体形大小介于黑猩猩和猩猩之间，在科学界被称为南方古猿，就是世人周知的"露西"。它有一个"正常"的大脑：大约400立方厘米——比现代黑猩猩要大，但比现代猩猩小。它的姿态很像人类，但毋庸置疑的是，它的头部不像。除了它那不同寻常的四肢与人类的有些相像，其他部分还都是猿类的样子。但在接下来的300万年里，它们后代的脑容量飞速扩大。脑容量在前200万年里就翻了一番，在后面的100万年里又翻了一番，达到了现代人类的1400立方厘米。黑猩猩、大猩猩和普通猩猩的头都保持在一定的范围内，没有变化。露西种族的其他后裔——例如强壮的南方古猿，又称胡桃夹子人，专食植物——脑容量也没有变化。

脑容量激增以及随之而来的一切变化，到底原因何在？为什么它只发生在了一种猿的身上？是什么引发并且加速了这种变化？这些问题看上去和本书的主题没有什么关系，但答案也许跟性有关。如果新理论是正确的，那么人类大脑的进化就是由同性之间的红皇后式竞争导致的。

从进化的角度分析人类祖先脑容量增大的过程较为容易。大头的人比其他人留下的子孙更多，而下一代又继承了大头，因此他们比自己父母一辈的头更大。这个过程在有些地方发展得较快，最终使人类的脑容量增至原来的3倍。这肯定是实际的发展进程，但让我们感兴趣的是，是什么让拥有更大头脑的人比小头脑的人诞育的后代更多。毕竟一系列观察者——从达尔文到李光耀（新加坡前总理）——都感慨，聪明人并不一定就会比普通人生育更多的后代。

检视对比南方古猿、能人、直立人还有早期智人的后代，从化石上就能看出大脑在循序渐进地增大，也能够发现我们聪明的祖先用他们更大的头脑都做了些什么。我们今天也可以做一些同样的事情来检验人类大脑的用途，但麻烦的是人类智力的每个独特之处都可以在猿类的身上发现。我们的大部分脑细胞用于视觉观察，但令人难以信服的是，露西不会突然就比她的远房表亲需要更好的视力。记忆力、听力、嗅觉、面孔的识别能力、自我意识和手灵巧度——它们运行所需要的人脑空间要比所需要的黑猩猩的大脑空间大得多，但令人费解的是，为什么这些可以令露西而不是黑猩猩繁衍更多的后代。从猿类到人类的进化过程，需要一些质的飞跃，而不只是量的变化。质变使最大的大脑第一次变成最好的。

曾经有段时期，人类和其他动物的区别是很容易定义的。人类凭借学习增加认知，而动物只靠本能。人类会使用工具，而动物不会。人类有语言，动物没有。人类还有动物没有的意识和文化。现在这些不同都逐渐变得模糊了，这些不同只是程度上的差异，并没有本质上的区别。蜗牛会学习，燕雀会使用工具，海豚有语言，狗有意识，猩猩可以照镜子整理自己的仪容，日本猕猴会将技艺薪火相传，大象会为死去的同伴哀悼。

动物在这些方面的能力当然无法和人类匹敌，但人类曾经并不比它们好多少，不过人类承受了不断变得更好的外在压力，而动物没有。训练有素的人类学家会对这种说法嗤之以鼻，因为只有人才可以制造和使用工具，也只有人会运用语法和单词，只有人才有同理心，感受情感。但这些听起来像是奇怪的特殊辩护。我发现人类科学家这种本能式的傲慢并不具有说服力，因为他们辛苦建立起来的防御工事已经在很多动物面前坍塌了。在节节溃败中，人类学家假装他们从来没有试图防守，以此作为技术性退却。几乎所有关于意识的讨论都有一个前提——它是人类独有的特质。可是曾经养过狗的人都知道狗会做梦，会伤心或者高兴，还会认人，把这些叫作“无意识自觉反应”是有悖常理的。

学习的神话

在这点上，人类学家通常会撤退到他们最坚固的堡垒——学习能力。他们说人类的行为特别灵活，能够适应沙漠、苔原、洞穴生活，就是因为人比动物的学习能力更强而更少地依靠直觉。通过学习了解世界，比从一开始就拥有所有的生存技能要优越得多，但这需要较大的大脑。人脑的扩容，是人类摆脱本能趋向学习的证据。

就像所有思考过这些问题的人一样，在阅读由加利福尼亚大学勒达·科斯米德斯和约翰·图比合著的《适应性思维》（*The Adapted Mind*）一书之前，我认为上面的说法是无懈可击的。他们在书中挑战了统治心理学和其他社会科学很多年的传统智慧——认为本能和学习能力是相反的两个极端，一个依赖本能的动物不会依靠学习，反之亦然。其实事实并不是这个样子的。学习意味着可塑性，而本能则意味着有准备。比如，在学习母语词汇的时候，一个孩子的可塑性几乎是无限的，他可以用“牛”这种动物的名称指代母牛、奶牛或其他的牛。同样地，当一个球飞速接近他的脸庞时，他知道他必须要眨眼或者低头躲避，在这一点上孩子根本不需要可塑性。如果不得不学习这种反射，那将会很痛苦。所以眨眼反应说明他已经准备好了，而他大脑中所储备的词汇就是可塑性的体现。

可儿童并不知道他需要一个储备单词的地方，因为这是天生的，而且还附带着学习各种物件名称的好奇心。当他学习“杯子”这个单词的时候，不用告诉他，他就知道那是杯子的统称，不是指杯子里面装的东西、外部的手柄，也不是指他第一次看到的杯子，而是这个整体系列的物体都统称杯子。没有这两种天生的本能，即“整体预设”和“分类预设”，语言将会是一个很难学习的科目。孩子们常常会发现自己处于“探险家”的境地——探险家指着一些自己从来没有见过的动物，询问当地导游“那是什么”，导游回答“袋鼠”，而在当地语言中，这个词的意思其实是“我不知道怎么称呼它”。[1]

换句话说，人是在必须先共享假设（有准备）的情况下进行学习的（可塑性），否则这是一个很难想象的问题。传统观点中认为可塑性和有准备是相反的，这本身就是错误的。心理学家威廉·詹姆斯在一个世纪以前提出来，人类有更多的学习能力和更多的本能，而不是更多的学习能力和更少的直觉。为此他受到了嘲笑，但他是对的。

回到语言的例子，科学家越深入地研究语言，就越意识到它的重要方面——比如语法和开口说话的欲望——都不是通过模仿习得的。孩子们天生能够慢慢开口说话。这也许看似疯狂，因为一

1 袋鼠的英文为Kangaroo，其来源很有趣。据说18世纪探险家詹姆斯·库克在澳大利亚探险时看到袋鼠，就问当地向导那是什么。向导说：“Kan-ga-roo。”库克误以为这就是袋鼠的名称，便记录下来，后来才发现这是个误会。但Kangaroo一词还是在英语中沿用至今。——编者注

个在孤立环境中长大的孩子不会——英格兰国王詹姆斯一世曾希望他能做到——随着年龄增长而自然学会希伯来语。他为什么学不会呢？孩子在学习某种语言的过程中必须先学习词汇和语言中独特的语法和声调。这毫无疑问，但几乎所有的语言学家都同意诺姆·乔姆斯基(Noam Chomsky)的观点，即所有语言都有“一个共同的深层结构”，它已经被程序化到大脑当中，而并不是后天习得的。所以，所有语法遵循的共同深层结构(比如，用词序或者词形变化来表示一个名词是宾语还是主语)就是所有大脑拥有的共同的“语言器官”。

儿童已在大脑中准备好了这种语言器官，并随时准备运用这些规则。不需要任何教导，孩子们就可以推断出语法的基本规则，这是连电脑也无法完成的任务，除非它预装了相关的先验知识。

从一岁半到青春期，孩子们热衷于学习语言，同时学习起多种语言来也比成年人更容易。不管有无鼓励他们都会学习说话，并且不需要学习语法，至少对于母语来说是这样的。他们不断归纳学到的规则，当然难免也会有错误。他们学习说话的方式和学习看东西的方式相同，即将可塑的词汇添加到准备好了的要求运用规则的大脑里。大脑必须先了解有乳房的大型动物叫奶牛，但当人看到一头奶牛站在山坡上的时候，脑海中的视觉部分运用了一系列复杂的数学过滤系统对接收到眼睛里面的图像进行分析，一切都是无意识的，与生俱来的，不用教导的。同样，大脑中的语言区不用教就知道，这种大型动物在语法上应该被用作名词而不是动词。

我想说的是，语言学习是最本能的天性，它实际上是无法教授的。它是与生俱来的，不是后天习得的。这是由人类基因决定的一种能力。然而，没有什么比词汇和语法更具可塑性的了。学习语言的能力，就像其他的人类大脑功能一样，是一种学习的本能。

如果我是对的，人类只是拥有超乎寻常可训练本能的动物，那这种说法就像是在为本能行为开脱。当一个男人杀死另一个男人或试图去诱惑一名女子的时候，他仅仅是忠实于自己的本性，这是一个多么冷酷而又不道德的说法。除此之外，人类心灵中还有比这更自然的道德基础吗？在卢梭和霍布斯的追随者之间延续了几个世纪之久的争论——我们到底是高贵的野蛮人还是文明的野兽——就遗漏了这一点。天性上，我们是野兽，某些天性确实令人厌恶，当然，有些天性则非常合乎道德，而人类无私和慷慨的本能（它们像胶水一样把整个社会黏合在一起），就像任何自私的倾向一样自然。然而，自私的本能也一直都在，比如男人比女人更有杀人和滥交的本能。但霍布斯的辩护毫无意义，因为他忽略了本能和学习是相互结合的。没有哪种本能是不可避免的，也没有哪种本能是不能克服的。道德从不以天性为基础，它也从不认为人类是天使，也从未幻想它所提的要求人们能够自然、自发地去满足。“不可杀人”并不是一个温柔的提醒，而是一个严肃的告诫——告诫人们要克服任何可能招致严厉惩罚的本能和天性。

教养并不一定有违天性

威廉·詹姆斯认为人类有迅速学习的本能，这与我们之前所说的“二分法”不符，即包括学习和本能、基因和环境、人性和文化、与生俱来的和后天习得的。这些二分法自笛卡尔以来就困扰着人类对于心智的研究。因为按他们的逻辑，如果大脑中包含高度精确、设计复杂、内容灵活的机制，那么行为的灵活性就不能被视为文化行为。但运用语言的能力是先天遗传的，在某种程度上它是根据基因的指令把人体各个部分组合在一起，并使人具有一套详细的“语言习得”装置。在某种意义上，它也有“文化性”，因为语言的词汇和语法都是后天习得的，并且是以周围的例子为基础。语言习得装置形成以后还会继续发展，不断接受生活中的例子，并逐渐提升。不能仅仅因为语言是出生以后习得的，就认为语言也具有文化性。牙齿不也是出生以后才长出来的？

“就像不存在智齿基因一样，也不存在攻击性基因。”斯蒂芬·杰·古尔德写道，暗示行为都是文化的而不是“生物的”。他讲的事实是正确的，但他的引申是错误的。智齿不是文化的杰作，它们虽然的确是由基因决定的，是在青春期后期长出来的，但没有一个特定的基因会发出“长智齿”的命令。古尔德所谓“攻击性基因”，可能是说由于某个特定基因的差异，导致两个人的攻击性不同。但环境因素（营养、牙医）和基因不同（影响脸部的生长，身体吸收钙质的程度，牙齿的排列）都可能会导致一个人的智齿比另一个人的大，同样的道理也适用于攻击性。

在我们的教育里，我们不自觉地接受了某种观点，认为先天（基因）和后天（环境）是对立的，并且我们必须在两者之间做出一个选择。如果我们选择环境主义，那么我们就会赞成普遍的人类天性就如同一张等待文化书写的白纸，人类生下来时完美无瑕并且平等。如果我们选择基因，那么就等于赞成种族和个人间的基因差异是不可逆转的，那我们就成了宿命论者和精英论者。谁不真心希望遗传学家是错的呢？

人类学家罗宾·福克斯（Robin Fox）把这种两难情景叫作“原罪”与“人性完美论”之间的争论，他这样描述环境主义论者的教义：卢梭主义的传统对文艺复兴后的文本想象有着极强的控制力。人们害怕如果没有这种传统，他们就会沦为各种恶徒的猎物，受其反动言论的蛊惑——从社会达尔文主义到优生主义、法西斯主义和新右派保守主义。为防范这些罪恶，我们必须假定人性本善或为“白板”（白纸一张），是恶劣的环境让他作恶。

虽然心理像白板一样的想法可以追溯到约翰·洛克（John Locke）时期，但直到20世纪它才得到广泛认可。针对社会达尔文主义者和优生主义者的愚蠢观念，一系列思想家——先是社会学家，再是人类学家，最后是心理学家——开始从不遗余力地为后天培养寻找证据，并转而为先天决定论举证。除非能提出别样的证据，否则人类就应该是文化的产物，而不是人之天性塑造了文化。

社会学之父埃米尔·涂尔干（Emile Durkheim）在1895年提出了他的

论断：社会科学必须假定人性是供文化书写的白板。从那以后，这种观点就被固化成三个铁一般的假设：第一，任何文化间的差异，都是从文化上而非生物上获取的；第二，任何在出生时没有定型，还能继续发展的事物，都是通过后天学习获得的；第三，任何基因决定的特征都是不可改变的。难怪社会科学界坚持认为人类的行为并不是与生俱来的，因为不同文化之间有很大的差异，而且在其出生后还会继续变化，而且相当灵活，因此，人类的心智不可能是与生俱来的。任何东西都有它的文化性。男人认为年轻女人比老女人在性方面更有吸引力，一定是文化巧妙教导的结果，并不是因为他们那偏爱少女的祖先留下了更多的后代。

下面来说一说人类学。1928年玛格丽特·米德（Margaret Mead）发表《萨摩亚人的成年》（*Coming of Age in Samoa*）后，人类学也随之发生了变化。米德认为性和文化的多样性是无限的，因此都是后天教养的产物。她没有证明后天教养的主导地位，对经验性的证据的大量引用，即使以今天的标准来审视，也略显牵强，但主流人类学直到今天还认为人类的天性是白纸一张。

心理学的转变就比较缓慢。弗洛伊德相信人类具有普遍的精神属性，比如恋母情结。但他的跟随者们过分着迷于以个人儿时的经验来解释一切，结果把重点放在了早期教养上。很快心理学家就发现，成年人也有学习的潜力。这种研究方式在B. F. 斯金纳（B.F.Skinner）的行为主义达到了顶峰，他主张大脑只是将因果联系起来的装置。

到了20世纪50年代，回顾纳粹主义以天性为借口的所作所为，很少有生物学家还坚持挑战人类科学家的想法，但让人尴尬的事实已经出现了。人类学家并没有找到米德所说的多样性。弗洛伊德派除了坚持幼年影响说之外，没有什么长进。行为主义理论也无法说明不同物种学习不同事物时的天性偏好差异，比如老鼠比鸽子更容易学会钻迷宫。社会学无力解释犯罪的原因，陷入了尴尬的境地。在20世纪70年代几个勇敢的“社会生物学家”开始提出疑问，如果其他动物也都进化出了天性，那为什么人类会被豁免呢？社会科学组织对这一问题嗤之以鼻，让这些社会生物学家专心观察蚂蚁。但这个问题至今仍悬而未决。

社会生物学遭到敌视的主要原因是，它似乎是在为偏见做辩护。然而，这仅仅是一种困惑。种族主义、阶级主义及任何一种主义的基因理论，都与普遍存在的人性本能这一概念不一致。有的相信共性，有的相信种族或阶级的特殊性。它们从根本上是对立的。因为一牵涉基因就一定要假设基因差异的存在。为什么会这样？两个个体就不能有完全相同的基因吗？波音747机尾上的标语取决于拥有它们的航空公司，但机尾本身都是同一个厂家用同一种金属制造的。你不会因为它们被不同的航空公司使用，就推定它们是由不同公司制造的。那为什么我们就要假设因为他们说不同的语言——比如法语和英语——他们的大脑就不会被相同的基因影响呢？他们的大脑是相同基因的产物，并且拥有一个人类普遍具有的语言接收装置，就像人类都拥有的肾脏和波音747共有的尾部。

古尔德曾经讽刺基因决定论者的观点：“如果我们是被程序设

定成现在的样子，那么这些特征都是不可避免的。我们最多只能传递它们，却不能改变它们。”他指的是基因的程序化，但同样的逻辑也适用于环境程序。数年以后古尔德写道：“文化决定论同样残酷地把一些恶性先天疾病——例如自闭症——归咎于双亲的关爱过多或者过少之类的心理呓语。”所以纯环境主义论的认识值得深思。

如果我们的确是后天的产物（谁能够否认童年的影响？），那么不同的培养方式已决定了我们现在的样子，我们只能接受，不能改变，无论我们是富人还是穷人、是乞丐还是盗贼。社会生物学者信奉的环境决定论和他们所抨击的生物决定论一样残忍和可怕。幸运的是，事实上我们是一个无法分割且灵活的混合体。诚然，我们是基因的产物，而基因一直是经过经验校准才不断发展的，就像眼睛学习寻找边缘，而头脑学习单词。在某种程度上，我们又是环境的产物，我们那“设计”好了的大脑会挑选它所学习的环境。我们不会对“蜂王浆”（一种由保育工蜂分泌的，用来喂养某个特定幼虫以使其成为蜂后的食物）有所反应，而蜜蜂也不会懂得母亲的微笑是幸福之源。

心智程序

20世纪80年代人工智能研究者也加入了心智机制的探索工作，他们也是从行为主义者的假设开始的，人脑像电脑一样，是一种联想装置。但他们很快就发现电脑要靠程序来发挥功能。如果它压根儿就没有打字程序，你就不会想到去把电脑作为一个打字机使用。

同样的道理，如果你希望电脑具有某种识别事物的能力或者能进行医疗诊断、下棋，你必须首先将它的“知识”程序化。即便是“神经网络”的狂热者，在20世纪80年代末期也承认，他们声称已经发现了一种通过联想进行学习的机制是错误的。神经网络完全依靠被告知应该搜索什么样的答案或模式，或者被设计成适用于某个特定任务，或者通过被给予的简单例子去学习。那些对于神经网络给予很高期望的“连接者们”，直接陷入了上一代行为主义者曾经陷入的陷阱当中，未经训练的神经网络甚至连学习英语过去时态的能力都没有。

除了连接主义和行为主义，另外一种方法是“认知”，旨在发现大脑的内部机制。这首先是由诺姆·乔姆斯基在1957年出版的《语法结构》(*Syntactic Structures*)中提出的，它认为通用的联想学习装置不能解决从句子或者言语中提炼语法的问题，还需要一个寻找目标的知识机制。

语言学家们逐渐接纳了乔姆斯基的观点。这时，研究人类视觉的学者发现年轻的英国科学家大卫·马尔(David Marr)所提倡的“计算机式”解决方式很有用。马尔和托马索·波吉奥(Tomaso Poggio)用数学技巧系统地呈现出大脑是如何辨别物体、在眼部成像的。比如，视网膜对图像之间暗和亮的边缘格外敏感。一些光学错觉证实，人们正是利用明暗交界来区分物体边缘的。这些和大脑中的其他机制一样，都是“与生俱来”的，并且具有明确的任务，但也可能从实例中学习而渐趋完善，没有通用的归纳法。

几乎每个研究语言或感知的科学家都承认，大脑机制并不是从文化中“学习”来的，而是通过与世界的接触逐渐发展起来的。这些机制是专门用来解读接收到的信号的，约翰·图比和勒达·科斯米德斯称“高等”精神机制也是如此。头脑机制被进化“设计”用来识别面孔、解读情绪、宠爱小孩、畏惧毒蛇、被某个异性吸引、揣摩语言的含义、学习语法、分析社会情景、决定工具以及计算社会责任等。每种“模块”都有执行任务所必需的知识，就像人类的肾脏被设计用来过滤血液一样。

人类拥有专门学习如何解读面部表情的模块。人类在出生第10周时就已了解，假设所有的物体都是固体的，两个物体不能同时占用同一空间。这个常识不会随着以后观看的卡通片而改变。当给婴儿表演两个物体可以同时占用一个空间的戏法时，他会露出惊讶的神情。18个月大的婴儿就知道没有所谓隔空动作——甲物体不能移动乙物体，除非二者有接触。这时婴儿会表现出根据工具的功能——而不是根据颜色——分类的能力。实验证实，人类像猫一样，会认定能自主运动的物体是动物，当然，在当今机械化的世界里，我们部分修正了这一认定。

最后一个例子说明，我们大脑的本能是依据一个假设——汽车发明前的世界——发展的。纽约的婴儿很容易认为蛇比汽车更危险，尽管后者的危险程度远大于前者。但他们的大脑里早已存在害怕蛇的意向了。

猴子可能也和人类一样，本能地害怕蛇和判定会动的东西是动物。成年人不希望和儿时的伙伴发生性关系——避免乱伦的本能——也不是人类特有的。露西和狗并不需要更大的头脑来处理这些事。

露西不需要每一代都从头开始重新认识世界。文化不能教它如何在视觉上识别边缘，也没有教她语法规则，可能会教她害怕蛇，但何必费这个事呢？为什么不让她天生就懂得害怕毒蛇？对于喜欢从进化角度出发看问题的人来说，很难理解为什么我们必须认为学习如此有价值。

如果学习不是为了增强和训练原有的本能而是为了取代本能，那么我们就会花大半生的工夫来重新学习那些猴子生下来就知道的东西，比如不忠的伴侣会给你戴绿帽子。为什么我们要花费时间再去学习它们呢？为什么不让鲍德温效应把它们转化成本能呢？这样人类在青春期就不用花那么多时间去学习那些费力的事情。如果蝙蝠需要从父母那里学习如何使用它的声呐导航，而不是在成长过程中简单地发展这个功能；如果杜鹃需要学习如何在冬天飞到更暖和的地方，而不是在出发前就“知道”方向，那么世界上恐怕会有很多惨死的蝙蝠和迷路的杜鹃。自然选择让蝙蝠具备了回声定位本能，杜鹃有了迁徙的本能，这比让它们一点点学习更有效率。当然，跟蝙蝠和杜鹃相比，我们需要学习的东西要多得多。我们需要学习数学和成千上万个单词，辨识人们的特征。这是因为我们有学习这些东西的天性（也许数学是个例外），而不是我们的本能比蝙蝠和杜鹃少。

工具制造者的神话

直到20世纪70年代中期，研究古代人类骨骼和工具的人类学家和考古学家才正式提出为什么人类比其他动物需要更大的大脑的问题。1949年，肯尼斯·奥克利(Kenneth Oakley)在《人类，工具匠》(*Man the Toolmaker*)一书中写道：人类是优秀的工具使用者和制造者，并为此发展出一个很大的大脑。纵观历史，人类的工具逐渐变得复杂，而技术的突飞猛进总是伴随着头颅体积的变化——从能人到直立人，从直立人到智人，从尼安德特人到现代人——使得这个结论确有道理。

但它也存在两个问题：第一，20世纪60年代，人们发现动物使用和制造工具的能力——尤其是猩猩——足令能人[1]甘拜下风；第二，其论据有偏向，考古学家所研究的是那些能够保存下来的东西，而100万年以后的考古学家也许会称我们现在所处的时代为“混凝土时代”，这不无道理，因为他们无法了解书籍、报纸、电视、服装业、石油行业和汽车工业——所有这些痕迹都逐渐消失了。未来的考古学家也许会这么总结我们这个时代的文明特征——赤身裸体的人们为争夺水泥堡垒而徒手肉搏。也许，新石器时代和旧石器时代的差异不仅仅是工具方面的，也包括语言、婚姻、裙带关系以及其他一些无法变成化石保存下来的物质。也许，当时木器比石

1 能人(Homo habilis)，亦作直立猿人，是灵长目动物里第一种被认为属于人类的生物，是人科人属中的一个种。

器应用得更为广泛，但木头难以保存下来。所以这样的研究方法和论断难免有偏颇。

另外，工具只能展现人类不同阶段里程碑式的变化，而不能呈现出人类持续的创造力。第一批石器是奥尔德沃（Oldowan）文化的技术呈现，是由约250万年前的埃塞俄比亚能人制作的简单的打制石器。在之后的100万年里，它们没什么实验性的创新，只是逐渐变得更加标准化。之后，取而代之的是直立人的阿舍利文化的技术，其中包括一些手斧和泪滴状的打制器具。之后的100万年里，变化再一次停止了，直到20万年前智人出现，工具的多样性和艺术性才有了突飞猛进的发展。从那以后，工具种类越来越多而且越来越精巧，这种情形一直接续到金属出现。但这难以解释头颅的变化，因为在大约300万年前头颅就已经开始变大了。

制造直立人所用的工具并不是特别的困难，几乎人人都会做，这就是它普遍出现在非洲的原因。在100万年间，他们一直在制作相同的斧子，并没有任何发明或是创造的痕迹，但他们的大脑已经比猿脑大了很多。简单地说，手灵巧度、对形状的感知、从功能到形式的逆向转变等本能对人类帮助极大，但把这些变化看作人脑增大的唯一原因，似乎不合情理。

第一个对抗工具论的是猎手论。20世纪60年代，雷蒙德·达特（Raymond Dart）率先提出这一理论后，人们对于当时流行的课题——人类是唯一把狩猎作为一种生活方式的肉食猿人——进行了深入的探讨：狩猎，需要深谋远虑、机敏、相互配合和学习技能的能力，还要知道在哪儿能找到猎物又如何靠近它。这都是事实，但说起来又显得有些无关紧要，因为任何看过动物世界的人都知道，捕捉斑马的狮子对上述技巧非常熟练。狮子偷偷接近猎物、埋伏、互相配合，就像人类给猎物设陷阱一样。然而狮子不需要太大的头脑，为什么我们需要呢？虽然猎手论屈服于女性采集者理论，但后者依然适用于上述追问——挖掘根茎显然不需要任何哲学或是语言能力，狒狒的挖掘能力不见得比女人差。

20世纪60年代，学者们在研究纳米布沙漠的昆申人（Kung San）时搜集了大量的有关渔猎采集的民间知识，诸如应在什么时候、什么地点狩猎哪种动物，怎么来识别野兽的足迹，怎么去寻找每种可食性植物，雨后有哪种食物可以食用，哪种东西是有毒的，哪种是药用的等，这些真可谓惊人的发现。梅尔文·康纳写道："他们对于野生动植物的认识深刻而透彻，足以震惊和改变专业的植物学家和动物学家的观念。"

没有这种长期积累的知识，人类就不可能发展出如此丰富多样的饮食结构。如果经验教训没有积累下来，每一代都需要重新进行试错实验的话，那人类今天的食谱可能仅限于水果和羚羊肉，因为我们没有勇气去尝试根茎和蘑菇类的食物。非洲导蜜鸟和人之间有一种奇妙的关系——它会把人领到蜂巢所在地，然后享用人们遗留的蜂蜜。这种共生关系能够存在，是因为人们已知道这种鸟可以带领他们去有蜂巢的地方，这就需要大量的知识储备以及相关的记忆和语言能力。因此，人类需要一个更大的大脑。

这个论证听起来很有力，但问题是它同样适用于非洲平原上的所有杂食动物。狒狒必须了解在哪里、在什么时间觅食，到底是吃蜈蚣还是蛇。黑猩猩要寻找可以治疗寄生虫感染的植物，如何敲碎坚果也是它们的“文化传承”。凡是能几世同堂的群居动物，都能通过模仿传承它们所积累的自然知识。这个解释无法只应用于人类，所以它站不住脚。

幼猿

人文主义者也许会因此而感到自尊心受损，毕竟只有人类拥有并运用着大容量的大脑。虽然狮子和狒狒用很小的大脑就可以维持生计，但这并不意味着我们就不需要大容量的大脑。因为我们的生活比狮子和狒狒好多了——我们建造城邑，发明了农业，在冰河时代的欧洲殖民，这些它们都做不到，我们能在沙漠地区或是热带雨林生存，它们只能困在大草原上。

故而前文中的论证还是颇有些道理的，因为大号脑袋并不是免费的礼物。我们每日所消耗的能量中，有18%用于运转大脑，真可谓昂贵的装饰。脖子上顶着这么个家伙，只为盼着它有朝一日能帮我们发明农业。从这个角度说，性行为也一样，只因它也许能带来一些更新（见第二章），人类就沉溺于这种代价高昂的习惯中。人脑既然和性一样价码奇高，就意味着它的好处一定也像性一样直接而巨大。

因此，要反驳关于心智进化中的白板论就比较容易了。近年来，此观点在古尔德的宣扬下相当流行。古尔德以“幼态延续”这个概念作为论证的核心，即将幼体特征保留到成年。这是关于人类进化的老生常谈了——从南方古猿进化为人，从能人进化成直立人，最后到智人，这些过程中都包含了身体发展的延缓，从而使人类在已经成熟的时候还看上去像个婴儿。相对较大的头脑和较小的下巴，纤细的四肢、无毛的皮肤、不能旋转的大脚趾、瘦削的骨骼，甚至连女性外阴的样子，都让人类看上去像幼猿。

黑猩猩幼崽的头骨看上去更像成年人类的头骨，而不像成年猩猩或者人类婴儿的头骨。从类人猿到人，仅需要一个能影响成长速度的基因改变，从而让我们在停止发育、开始繁殖的时候仍然像一个猿类婴儿就可以了。1961年，阿什利·孟塔古（Ashley Montagu）写道：“人类出生时就不如其他动物成熟，之后不成熟阶段的持续时间也更长。”

幼态延续的证据比比皆是。人类的牙齿按一定的顺序从下颚生长出来，6岁时长出第一颗臼齿，而黑猩猩是在3岁。牙齿的生长模式是整个系统的一个很好的印证，因为它们必须与颌骨的生长时间相匹配。密歇根大学的人类学家霍利·史密斯（Holly Smith）经过研究发现，21种灵长类动物第一颗臼齿的出现时间和体重、孕期长短、断奶时间、生育间隔、性成熟、寿命，尤其是与大脑的容量有密切的联系。根据头颅化石的大小，她可以预测露西在3岁的时候长出了第一颗臼齿，大约40岁死亡，这与黑猩猩的情况类似。

而直立人应该是在差不多5岁的时候长出第一颗臼齿，并且能活到52岁。

幼态延续的情况并不局限于人类，几种家养动物，特别是狗，便是如此。有些狗虽然已经性成熟但看上去仍像个狼崽：短短的鼻子、耷拉的耳朵，还有一些典型的狼崽行为，比如喜欢捡东西。有些狗的外表则保持在像狼的其他阶段，比如牧羊犬有长鼻子、半竖起来的耳朵；再比如德国牧羊犬，拥有狼的全部猎捕、攻击行为以及长鼻子和竖起的耳朵。

虽说犬类也是幼态延续的——在很年轻且看上去还像小狼崽时就开始繁殖，但人类更为独特。人类看上去确实像幼猿，但在年龄比较大时才开始生育。人类头部形状的缓慢变化结合长时间的青春期，意味着成年人的大脑比猿类的要大得多。很明显，猿人变成人只是一个“调慢了发育时钟速度”的基因改变。古尔德说，与其为诸如语言之类的特征寻找适用性解释，不如简单地将其视为伴随大号脑袋的意外却有用的副产品。如果认为语言这样卓越的特征只是大头和文化共同作用的产物，那么，为什么需要大号脑袋就不必进行特别解释了，因为其优势本身显而易见。

古尔德的论证基于一个错误的前提，因为乔姆斯基和其他人已经充分证明，语言是高度设计性的能力，绝对不是大号脑袋的副产品。它是一种带有特定模式的机制，孩子们不需要任何指导就能发展出来；只需反思片刻，你就会承认它具有明显的进化优势，比如，若没有复述（替换一些词句）的技巧，你连一个最简单的故事也讲不出来。用史蒂夫·平克(Steve Pinker)和保罗·布罗姆(Paul Bloom)的话说："要去某个遥远的地方，是走大树前面那条路还是大树后面那条路？那里的动物你可以吃还是它可以吃你？这些问题可有着天壤之别。"一个更新世的原始人要是能有这项本事，其生存和繁殖可就容易多了。平克和布罗姆总结道："语言是作为对进化压力的回应而强加在神经回路上的一种设计。"它不是智能机制的副产品。

幼态延续理论确实有一个优点，它展示了为什么猿类和狒狒没有和人一样发展出更大的大脑。这种幼态延续变异可能从未出现在我们的灵长类表亲身上，或者曾经出现过但未曾扩散开来，后一种说法更有趣，接下来我会对其做出解释。

八卦心得

"人是工具制造者"或其他关于智力解释的理论，在人类学领域之外从未获得多少信服。对大多数人来说，智力的优势是非常明显的，它意味着可以增强学习、减少对本能的依赖，使人类的行为能够更加灵活，它是进化的奖励。但是，我们也已看到这个理论的漏洞。学习对个人是一种负担，它取代了可调适的本能，但这二者在任何情况下都不是对立的。人类不是学习型猿类，而是带有更多本能的聪明的猿类，他们更乐于体验。许多学科——尤其是哲学——由于忽视这个逻辑上的缺陷，似乎都对智力问题缺乏足够的好奇心。哲学家们预设意识和智力有明显的优势，然后就意识是什么展开了严肃的辩论。20世纪70年代以前，几乎没有哲学家曾提出过这个明显的关乎进化的问题——为什么智力是个好东西？

1975年，当两名动物学家突然不约而同地提出这个问题时，引起了极大的震撼。密歇根大学的理查德·亚历山大(Richard Alexander)是其中之一。根据红皇后效应，他质疑达尔文所说的“天性中的阻碍力量”的说法，这种力量是否足以挑战智力呢？关键是，制造石器或者发现根茎所代表的挑战大多是可以预测的。把石头削成工具或者寻找根茎这类事情，每次需要的只是同等水平的技术，而随着经验的累积，每一次都变得更容易。这就像学骑自行车，你一旦知道如何去骑，骑自行车就变得自然而简单，成了“下意识”的技能，不用每次都有意识地努力。同样，直立人偷袭斑马的时候，也不需要每次都有意识地去考虑应该在下风处靠近，以免它们闻到气味；也不需要有意识地去想只有在特定的植物下才能找到根茎。这些对他们来说就如同我们骑自行车那般自然。想象你和一台只会一种开局方式的电脑下象棋，即使那是一种出色的开局方式，一旦你知道了如何打败它，以后每一局你都可以用同样的棋路一再获胜。当然，那样就没意思了，象棋游戏的真正意义在于，你的对手可以针对你所走的每一步选择一种应对方式。

亚历山大就是根据这样的逻辑提出，人类环境中奖励智力的关键特征是其他人类的存在。如果你的后代越来越聪明，那么其他人的后代也会经历同样的变化。不论你跑得多快，相对其他人，你也没能领先。依靠技术技能，人类成为生态圈的主宰，这也使得人类成为人类自己唯一的敌人（如果不算寄生虫）。亚历山大写道：“来自人类自身的挑战，才能解释人类的进化。”

确实如此。但苏格兰摇蚊和非洲大象也有“生态优势”——在数量或等级上大大高过所有潜在的敌人——它们却没进化出理解相对论的智力。而且，哪里有证据可以证明露西在生态上处于支配地位？无论如何，它的族类只不过是非洲草原动物群中无足轻重的一支而已。

年轻的剑桥动物学家尼古拉斯·汉弗莱在独立研究时，得出了与亚历山大相似的结论。汉弗莱的论文从一个小故事开始：有一次，亨利·福特（Henry Ford）派出代表去调查T型汽车中从未出现过故障的零件，得到的答案是主销轴。福特便下令换用另一种质量较次的主销轴，从而节约成本。汉弗莱写道：“自然至少应该是和福特一样谨慎的经济学家。”

所以，智力的出现一定有其必然原因，不可能只是一个昂贵的奢侈品。汉弗莱定义智力是一种“基于证据的有效推论以修正行为”的能力。汉弗莱认为，将智力用于实用发明的想法就像稻草人一样不堪一击。“矛盾的是，技术不但无助于提升智力，反而有可能替代智力。”汉弗莱注意到，大猩猩作为一种聪明的动物，却过着最没技术含量的生活，吃吃身边到处生长的树叶即可。它的大部分智力都花在同类身上——统治、服从，读懂同类的情绪并影响它们。

汉弗莱说，荒岛上的鲁滨孙使用的生活技术也相当简单直接，

"是星期五的到来给他的生活带来了真正的难题"。汉弗莱认为人类主要在社交场合使用自己的智力。"就像下棋一样，仅靠积累知识是玩不转社交游戏和做出应对方法的。"一个人必须预估自己行为的结果，推算他人可能做出的行为，为此，他至少要先了解自己的动机，从而猜测其他人在类似情境中会有怎样的想法。就是这种对自我认知的需要增强了有意识的觉察。

剑桥大学的霍勒斯·巴洛(Horace Barlow)指出，我们意识到的事物多数是关乎社交行为的精神活动。平时走路、看东西、击球或者写字的动作都是下意识的。就像军队等级一样，意识是在一种"需要知道"的政策基础上运行的："人们只对可以告知其他人的事情有意识，而对不能告知的事则没有意识，也没有感觉。所有事情都是如此，没有例外。"对东方哲学特别感兴趣的心理学家约翰·克鲁克(John Crook)，也得出了相似的结论："注意力将认知转变为意识，并成为'语言陈述'和'告知他人'的'内容'。"

汉弗莱和亚历山大所描述的现象本质上是一个红皇后棋局：人类跑得越快，变得越聪明，就越可能还是停留在原地，因为他希望战胜的假想对象是他自己的亲戚，一代代变得更聪明的人。就像平克和布罗姆所说的那样，和一个同等智力、有时还充满恶意的有机体互动是一件可怕的事，这就必然要求认知不断提升。

如果图比和科斯米德斯对于心智模块的这种认知是对的话，那么，"心智理论"就可看作由智力棋局联赛遴选并增大的心智模块——它能让我们对彼此的思想形成看法，并通过语言模块赋予我们表达自己的思想的能力。环顾四周，就不难发现证明这个观点的证据。八卦是人类最普遍的习惯之一，同事、家人、老朋友等熟人间的闲聊，都会涉及一些在场或不在场的人的行为、野心、动机、弱点和风流韵事等，如果抛开这些内容，似乎没有什么可说的。这就是肥皂剧永远是娱乐人们的最有效方式的原因。

“这可不是西方人的专属。”梅尔文·康纳写下了他在昆申人部落中的经历：在和昆申人相处了两年之后，我开始认为更新世时期的人类史（300万年的人类进化期）就像无休止的马拉松式的“交心团”[1]。我们睡在一个昆申人村落的草屋里，很多夜晚都能听到围坐在篝火边的人们大声争吵、交流感受和表达不满，从黄昏直到黎明。

实际上，所有小说和戏剧都围绕着同一个主题，即使情节伪装成了历史或冒险。如果你真想了理解人类的动机，应该读读普鲁斯特（Proust）、特罗洛普（Trollope）或者汤姆·沃尔夫的作品，而不是弗洛伊德、皮亚杰（Piaget）或者B.F. 斯金纳的作品。我们对旁人的心理都非常着迷。唐纳德·西蒙斯说过：“我们有关直觉的常识心理学在范围和准确性上远超任何科学心理学。”霍勒斯·巴洛指出，伟大的文学家都深谙人心，比如莎士比亚是比弗洛伊德还要高明的心理学家，而简·奥斯汀是比涂尔干还要棒的社会学家。我们之所以聪明是因为我们在某种程度上是天生的心理学家。

事实上，小说家自己也最早注意到了这点。乔治·艾略特（George

1　交心团（Encounter Group），也称邂逅团体，通常有8～15名成员，通过聚会座谈时自我表达、了解他人、肢体接触等方式来培养自我意识和相互理解。——编者注

Eliot）在《费利克斯·霍尔特》（*Felix Holt, the Radical*）中，简直像给亚历山大—汉弗莱的理论做了一个总结："想象一下如果所有棋手都富有激情和智慧，细心又狡猾，如果你不仅摸不透对手，对自己也有点儿不确定的话……如果你只依靠数学能力，轻视对手，你就非常容易被击败。但这个想象的棋局和人类之间的博弈相比，真是小巫见大巫了。"

亚历山大—汉弗莱理论（通常称作马基雅维利理论），听上去很简单，但若不是20世纪60年代的行为研究领域的"自私"革命，它不可能被提出来。那些奉行社会科学研究方式的人也不可能提出这个理论，因为这里需要对动物间的交流持一点怀疑的态度。

直到20世纪70年代中期，动物学家才从信息传递的角度来考虑交流：为了信息收发双方的共同利益，信息本身必须是清晰、诚实和有用的。但就像麦考利（Macaulay）勋爵所说的："表达的目的不在于传递事实，而是为了说服。"1978年，理查德·道金斯和约翰·克雷布斯指出，动物交流并非为了交换信息，就如同雄鸟唱歌是为了说服雌鸟和它交配，或是让对手离开它的领地。如果它仅仅想要传递信息，就不会叫得如此优美动人。动物之间的交流更像人类的广告，而不是航空公司的时刻表。即使最互利互惠的交流——如婴儿和母亲之间的沟通——也是一种纯粹的控制，因为每个母亲都曾经在夜里被婴儿绝望的哭叫声吵醒，而哭叫声仅仅是希望引人注意。当科学家开始这样思考时，他们就是在用一种全新的视角审视动物们的社交生活。

斯坦福大学的勒达·科斯米德斯和萨尔茨堡大学的格尔德·吉仁泽(Gerd Gigerenzer)所做的实验，为欺骗性社交提供了最有力的证据。有一个简单的推理游戏叫作沃森测试(the Wason Test)：在桌子上摆四张卡片，卡片一面是字母，另外一面是数字。现在翻开的卡片上分别写着D、F、3和7。你的任务就是根据需要翻转几张卡片，证明“D的反面是3”这一结论是对或者错。

通过实验发现，只有不到1/4的斯坦福大学学生得出了正确答案——这是平均成绩(正确答案是D和7)。但当沃森测试以另外一种方式出现的时候，人们就会有更好的表现。比如问题以如下形式出现："假如你在一个波士顿酒吧当保镖，你必须遵循以下规定，否则你就会丢掉工作：严禁20岁以下的顾客喝啤酒。”卡片上面现在写着:“喝啤酒，喝可乐，25岁和16岁”，这次有3/4的学生得到了正确答案。他们都翻过了标有“喝酒”和“16岁”的牌。这个问题在逻辑上和第一个是一样的，也许波士顿酒吧是更熟悉的情境，能够让人们做得更好。但对于其他同样熟悉的题目，受测者的表现却并不理想。其中的原因是心理学上的一个长久的谜题。

科斯米德斯和吉仁泽解决了这个谜题。如果规定不是一种社会契约，那么不论多简单的逻辑问题都会变得很复杂。但如果是社会契约，就像喝啤酒的那个例子，问题就简单了。在吉仁泽的一个实验中，人们都很顺从地按照规则行事。要判定“你必须在这工作10年才能拿到退休金”说法的对错，假定受试者是雇主，他会翻开“工作了8年”和“得到退休金”的卡片；但如果当他们得知自己是雇员时，在同样的规则下，他们就会去翻“工作12年”和“拿不到退休金”的卡片，好像是在寻找欺诈的雇主，即使逻辑清晰地暗示雇主们并没有违反规则。

科斯米德斯和吉仁泽通过一系列实验证明人们并非简单地把这个游戏当成一种逻辑测试，而是将其作为一种社会契约并且从中寻找欺诈的现象。两位学者总结道，人类的大脑并不适合逻辑思考，却非常适合判断社会交易的公平性和社会福利的真诚性，因为这是一个令人无法信任的“马基雅维利世界”。

理查德·伯恩（Richard Byrne）和安德鲁·怀特（Andrew Whiten）研究东非的狒狒时，目睹了一起偶然事件：一个叫保罗的小狒狒看到一只叫梅尔的成年雌狒狒发现了一大块块根，它左右张望了一番，之后大声尖叫。尖叫声唤来了保罗的母亲，她以为梅尔偷了儿子的食物或是对它进行了威胁，于是把梅尔赶走了，最后保罗把那块块根吃了。小狒狒进行这种社交控制是需要一定智慧的，首先它知道自己的叫声会引来母亲，然后猜测母亲会“假设”当时发生了什么事情，最后预测自己会得到那份食物。很明显，这是利用智慧进行欺骗的行为。

伯恩和怀特进一步推论，精心算计的欺骗行为在人类中很常见，在黑猩猩中偶尔存在，在狒狒中极为少见，而其他动物压根就不懂得欺骗。欺骗和发觉欺骗可能是智力发展的主要原因。他们认为猿类获得了一种独一无二的能力，能想象出可能存在的不同情况，以此作为一种欺骗手段。

罗伯特·特里弗斯说，动物想要欺骗别人，首先要欺骗自己。自欺是一种从有意识转到无意识的偏见系统。因此欺骗成了潜意识出现的原因。

伯恩和怀特关于狒狒事件的描述直击“马基雅维利理论”的要害，因为它几乎适用于所有社交物种——如果你阅读过有关猩猩族群的故事，其中的“计谋”对人类来说似曾相识。生物学家珍·古道尔描述了雄黑猩猩格布林的成功之路，它挑战和打败了部落中的雌性，又一一击败了所有雄性——汉弗莱、乔密欧、雪莉、撒旦和埃弗雷德，从而不断提升自己的地位：只有弗根（雄性头领）没有受到格布林的挑战，因为就是仰仗着弗根的帮助，格布林才敢去挑战那些更有经验的年长雄性。如果弗根不在附近，格布林几乎从不这么做。

对于人类读者来说，下面的结局是显而易见的：我们预计格布林迟早会挑战弗根。事实上，我至今都很迷惑，弗根在社交方面如此灵敏，为什么没有预测到帮助格布林会给自己带来什么后果？

情节虽然有几处曲折，但结果却并不意外，弗根很快被推翻了。马基雅维利至少还警告过他的君主要小心背后的阴谋。布鲁特斯（Brutus）和卡修斯（Cassius）很谨慎地隐藏着他们的计谋，不让恺撒知道，如果他们的野心太明显，恐怕根本不会有刺杀恺撒的机会。即使是最不善权谋的人类统治者也不会像弗根那样对突然被推翻感到惊讶。

当然，这只能证明人比猩猩聪明，但我们感兴趣的不是结论而是原因。如果弗根有一个更大号的脑袋，他就能够预见可能的结果了。汉弗莱所定义的进化压力——为了越来越好地解决社交难题、读懂别人的心思、对反应做出预测——也出现在黑猩猩和狒狒身上。正如斯坦福大学的心理学家杰弗里·米勒(Geoffrey Miller)所说的，所有猿类和猴子都表现出复杂的行为，包括交流、控制、欺骗和维持长期关系。如果马基雅维利式的智慧基于复杂的社交行为，那么猿类和猴子的大脑应该比我们观察到的更大。

谜题的答案不止一个，但没有一个完全可信。第一个是汉弗莱的答案：人类社会之所以比猿类社会复杂，是因为年轻人需要在“职业技术学校”里学习实用的知识。这看起来就像是退回到了工具制造者理论。第二个答案是，在非亲属个体之间建立友谊或联盟是人类成功的关键，这种复杂性极大地增加了智力的回报。有人对此提出了质疑：海豚社会也是建立在同盟关系上的。理查德·康纳曾观察到两只雄海豚偶遇劫掠了一只雌海豚的另外一群雄海豚，它俩并没有直接开战抢夺，而是先去联合了其他几只雄海豚，在数量上占据优势之后才从那群雄海豚手中抢走了雌海豚。雄猩猩如果想要爬到首领的位置，任期更长，就要努力赢得盟友的支持。所以用同盟理论来解释人类智力的突然提高，也显得过于笼统。而且像大多数其他理论一样，同盟理论只解释了语言、战术思维、社交技巧等，但却无法解释人类投入大量精力的事情，比如音乐和幽默。

机智和性感

不管人脑有多聪明，马基雅维利理论还是为人脑提供了一个不相上下的对手。人类追求自我利益时的残忍和冷酷，我们都不会陌生。就像棋艺一样，聪明也是没有止境的。每盘棋都要分出输赢，获胜之后必然又会遇见更强劲的对手，这就像进化过程一样，不断进步的压力永远不会减轻。所以我们可以推断，人脑不断加速增大暗示了同类间存在着“军备竞赛”。

这正是杰弗里·米勒的说法，在指出传统智力理论的错误后，他的观点突然一变。“我认为大脑的新皮质层并不是主要或专门用来制造工具、直立行走、取火、作战、狩猎、采集或逃避猛兽用的。这些功能都无法单独解释为什么是人类而不是我们的其他近缘物种的大脑获得了爆炸式的发展。新皮质层大体上是种“追求装置”——吸引异性并保持性关系。它在进化中的独特功能是娱乐和刺激其他人，并评估他人的类似企图。”

他认为，维持足够的进化压力，使生物的某个器官超越正常大小的唯一的途径就是性选择。“就像雌孔雀只对雄孔雀夸张的尾巴有好感一样，我推测人类祖先的女性开始越来越欣赏那些聪明、智慧和风趣的伴侣。”杰弗里·米勒用雄孔雀做例子是经过深思熟虑的。在动物王国中，其他具有夸张和巨型装饰物的动物，几乎都能用费舍尔的性选择来解释。就像我们看到的那样，性选择和自然选择在效果上有着明显的区别。性选择无法解决生存问题，反而让问题变得更糟糕。雌孔雀的选择使雄孔雀的尾巴长得更长，直到这成为一种负担，但仍然不能停止。杰弗里·米勒用错了词，因为雌孔雀从未满意过。这样一来，当发现了能促使装饰物产生指数变化的动力后，我们很难不去用它去解释大脑的扩容。

杰弗里·米勒列举了一些间接证据来支持他的论点。调查显示，人们普遍把智慧、幽默感、创造力和有趣的性格作为理想的配偶特征，这些特征甚至排在财富和美丽之前。但这些特征完全没有显示年轻、地位、生育能力或者养家能力的潜质，因此进化主义者往往都忽视了它们，但它们却一直高居择偶条件的榜首。雄孔雀的尾巴没有显示出它做父亲的能力，但如果它们不跟随这种流行趋势，它们就找不到配偶。所以杰弗里·米勒认为男人和女人也不敢放弃选择有智慧、有创造力、能言善辩的人。（注意，用考试来衡量“智力”的传统说法，并不是出自杰弗里 · 米勒之口。）

同样，性选择任性利用先存的感知偏见的方式，也与猿类天生“好奇、贪玩、容易厌倦，并且喜欢刺激”的事实相符。杰弗里·米勒认为，如果想让丈夫能长时间待在身边帮助养育孩子，女性的行为就要充满变化、富有创意。这被称为“侃天者假设”，其名来自一个阿拉伯故事——如何用1001个故事迷住苏丹，让苏丹不会为了另外一个女人抛弃她。同样的道理也适用于希望吸引女性的男人，杰弗里·米勒称之为“狄俄尼索斯效应”，其名来源于古希腊神话中掌管舞蹈、音乐、欢乐和诱惑的酒神。杰弗里·米勒也将这种效应称为“米克·贾格尔效应”，他不明白为什么那个趾高气扬的滚石乐队的主唱、中年摇滚明星对女人如此有吸引力，西蒙斯认为，部落酋长都是花言巧语的男人，而且妻妾成群。

杰弗里·米勒注意到，脑子越大就越需要维持必要的长期关系。一个人类婴儿生下来是无助和不成熟的。如果他生下来就像一个猿类那样成熟，那或许需要在子宫中待21个月。但人类的盆骨不能承受脑袋如此大的婴儿，所以就在9个月的时候生下了他，在之后的一年里，把他当成一个体外的胚胎来养育。当他希望走进世界的时候，他就会开始学着走路。婴儿的无助感，进一步加大了女人的压力，不得不要求丈夫在身边帮忙抚养孩子——这就是侃天者假设。

杰弗里·米勒发现反对这种假设最为强烈的理由是：大多数人都缺乏机智和创造力，而且沉闷无趣。确实如此，但要看跟什么比较。如果杰弗里·米勒是正确的，那我们对于有趣和机智的标准也在同样快速变化中。杰弗里·米勒在写给我的信中（提到露西时）说道："我想男性读者很难会和雄性祖先一样，认为一个4英尺高、浑身有毛、平胸的雌性祖先具有吸引力"，因为性选择已经把我们带远了，我们就像被宠坏的孩子，很难领会到人类经历的每一步都是改进，那些50万前的性感尤物肯定会让现在的我们"性致"全消。

杰弗里·米勒的理论让人们注意到一些其他理论无法解释的事实，即舞蹈、音乐、幽默及性生活中的前戏等都是人类独有的特质。根据图比—科斯米德斯的逻辑，我们不能说这些仅仅是社会强加给我们的文化习俗，这种听有节奏的音乐和机智笑话的欲望是与生俱来的。跟随杰弗里·米勒的思路，我们发现，这些特质均出于一种对新奇事物的痴迷和精湛技艺的追求，年轻人尤为乐此不疲。从甲壳虫乐队到麦当娜〔又回到了古希腊的俄耳甫斯（Orpheus）〕，很明显，年轻人对音乐的创造性有种近乎“性迷恋”的喜好。这是人类的共性。

杰弗里·米勒理论认为，人类选择配偶时非常挑剔，这一点至为重要。确实，与猿类相比，人类的独特之处在于两性都非常挑剔。雌猩猩乐意和任何拥有庞大妻妾群的雄性交配，而雄猩猩也乐意与任何处于发情期的雌性交配。但女人对男人异常挑剔，男人也是如此。虽然男人非常容易被年轻美女诱惑上床，但大多数女人既不年轻也不美丽，她们也不会随意勾引陌生男人。人类的这种特殊性怎么强调都不为过。尽管某些单偶制的鸟类，比如鸽子，雄鸟在选择雌鸟时十分仔细，但多数种类的鸟，雄性会乐意和任何雌性进行交配，就像“精子竞争”理论所证实的那样（见第七章）。虽然男人比女人更喜欢多样化，但男人在雄性动物中，的确对择偶格外挑剔。

挑剔是性选择的前提，正如我在前几章中所论述的，它的意义远不止于此。它几乎是性选择永恒的预测指标。当某一性别开始挑剔配偶时，费舍尔、扎哈维—汉密尔顿等理论的效应几乎不可避免。所以，我们应该能预测到，作为性选择的结果，人类身上也会出现某些夸张的特征。

杰弗里·米勒的论证还顺带显示出性选择不那么讨喜的一面，它不仅影响被选的一方，也影响了做出选择的一方。以美国黑鸟为例，在那些雌性身形很大的族群中，雄性的身形会更大。松鸡、雉鸡、海豹和鹿也有这种现象，大体型动物中雌雄间的体型差异也更大。最近对于这一现象的分析表明这是由性选择引起的。越是实行一夫多妻制的物种，雄性的体型就越大。大号的基因不仅传给了它们的儿子，也同样传给了女儿们。基因固然可以根据不同的性别来分配，但除非某种基因不完善或者会给女儿们带来明显的不利——比如给雌鸟弄一身不利于隐蔽的华丽羽毛——一般两性都会继承这种基因。因此，当女性选择大脑更大的男性时，其后代的大脑都会变得更大。

为青春而着迷

我相信杰弗里·米勒的说法是幼态延续理论的一个特别的新进展，虽然他本人并不确信。幼态延续理论已经得到了大多数人类学家的认可，而人类一夫一妻制育儿的观念也在社会生物学领域根深蒂固。但至今还无人将这二者联系到一起。如果男人开始选择样貌年轻的配偶，那么任何能够延缓女人外貌成熟度的基因，都会令她比同龄人更有竞争力。最终她就会留下更多具有这种基因的后代。任何幼态延续基因都会给外表带来更年轻的特征。换句话说，幼态延续可能就是性选择的结果，因为幼态延续导致智力不断增长（通过增大成人的脑容量），所以我们今天的高等智力应归功于性选择。

这个概念起初很难理解，我们不妨求助于一个思维实验。假设有两个原始女性，一个以正常的速度成长，另外一个有幼态延续基因，所以她皮肤光滑，毛发较少，脑容量较大，小下巴，看上去很年轻，寿命也很长。在二十五岁的时候，两个人都成了寡妇，她俩都与自己的第一任丈夫有一个孩子。部落中的男人们都喜欢年轻的女人，而二十五岁已经不算年轻了，所以两人再婚的概率都很小。幸好有一个男人没能找到妻子，所以他选择了那个看上去比较年轻的女人。结果这个女人又生下了三个孩子，而另外一位一辈子只有一个孩子。

这个故事的细节并不重要。关键在于男性偏爱年轻女性，所以这种可以推延衰老的基因就取代了原有基因而逐渐蔓延开来，这就是幼态延续基因的作用。而这种基因可以让女人的后代不论男女也拥有同样年轻的外貌，这使整个物种都进入了幼态延续阶段。在这一过程中，我们找不到认为遗传这种基因就必须把男人排除在外的理由。

伦敦经济学院的社会生物学家克里斯托弗·贝德洛克（Christopher Badrock）非比寻常地结合了他的进化观点和弗洛伊德的看法，提出了一个相似的理念。他认为幼态延续（他称之为“畸形”）来自女性的选择而并非男性。因为年轻的男性在狩猎方面更具有优势，那些希望得到更多肉食的女性就挑选了年轻的男性。但核心原则是一样的，幼态延续的发展是性偏好的结果。

这并不是要否认大号脑袋所带来的优势，如马基雅维利式的狡黠、语言或者诱惑力。的确，一旦这些好处变得显而易见，那些精心挑选长相年轻的女人的男人，就会是最成功的，因为他们很可能挑到拥有幼态延续基因和更大脑容量的女人，从而生出更加聪明的孩子。但是，这一理论没有回答为什么这样的事情没发生在狒狒身上。

不过，杰弗里·米勒的性选择理论有一个致命缺陷，它的前提是某一性别的性挑剔。但是，是什么引起了这种选择呢？可能是男人也参与哺育后代的工作，使女人有了从一而终的动机，并给了男人一个愿意合作的理由——确保自己是孩子的父亲。那么，男人为什么会参与到抚育工作中呢？因为相比继续找寻新伴侣，这样反而更有可能留下后代。与猿类相比，人类的后代需要更长的成熟时间，所以男人需要帮助妻子抚养孩子，为他们猎取食物。为什么人类婴孩的发育期如此漫长？因为他们的脑容量比别的动物大。所以，这成了循环论证。

也许，杰弗里·米勒理论中的缺陷不算太致命。很多非常优秀的理论都是循环论证，比如费舍尔的性选择理论。鸡生蛋、蛋生鸡的问题也是如此。杰弗里·米勒实际上对自己理论中的循环论证相当得意，因为他相信，计算机模拟进化过程的实验已证实进化是一种自发的模式，根本不需借助外力。这里，没有单一的因果关系，因为结果又反过来加强原因。如果一只鸟发现自己善于嗑种子，那么它就会专门嗑种子，这又会给它带来进一步优化此技能的压力。可见进化本身就是循环式的。

停滞

如果说，我们脑中的某个神经系统不过是另一版本的雄孔雀的尾巴——用于性炫耀的装饰物，而计算、雕刻等精湛技艺不过是为了吸引异性而发展出的副产品，这听上去可真叫人不安，也不能让人完全信服。

本书所讨论的众多关于进化的理论中，性选择决定人类心智这一观点是最具思辨性，也是最脆弱的，但它和其他观点在本质上却又一脉相承。

在本书开头，我提出了一个问题——为什么所有人既如此相同却又各具特色？并且我暗示答案就藏在无与伦比的性魔力里。一个人的独特性来自基因的多样化，而这种多样化又是有性生殖与疾病长期博弈的结果。而个体也是同源物种中的一员，因为在同类的基因池中各种基因不断地混合重组形成了新的个体。

最后，我以性的一个最奇怪的后果作为本书的结束语——人类挑剔的性选择使得人类的心智疯狂增长，而这一切只是因为那些智慧灵巧、不拘一格和特立独行的家伙看起来最性感！这种说法贬抑了人性，听上去远不如宗教所主张的那么高尚，但具有解放作用——要勇于与众不同。

后记

自我驯化的猿类

认识你自己，
别总探索上帝，
人才是人类的研究课题。
不上不下
自命不凡又险恶狡猾，
太多的知识，从不奉行怀疑主义，
太多的弱点，怎能青睐斯多葛的寡欲。
他卡在中间，不知该行动还是休息，
神性或兽性，他不知如何定义自己，
不知选择心智还是肉体。
生来就为了死去，讲求道理却总是犯错，
不论他想得太少或思考过多，
无知的人啊，他的理性不过如此。

——亚历山大·蒲柏，《人论》

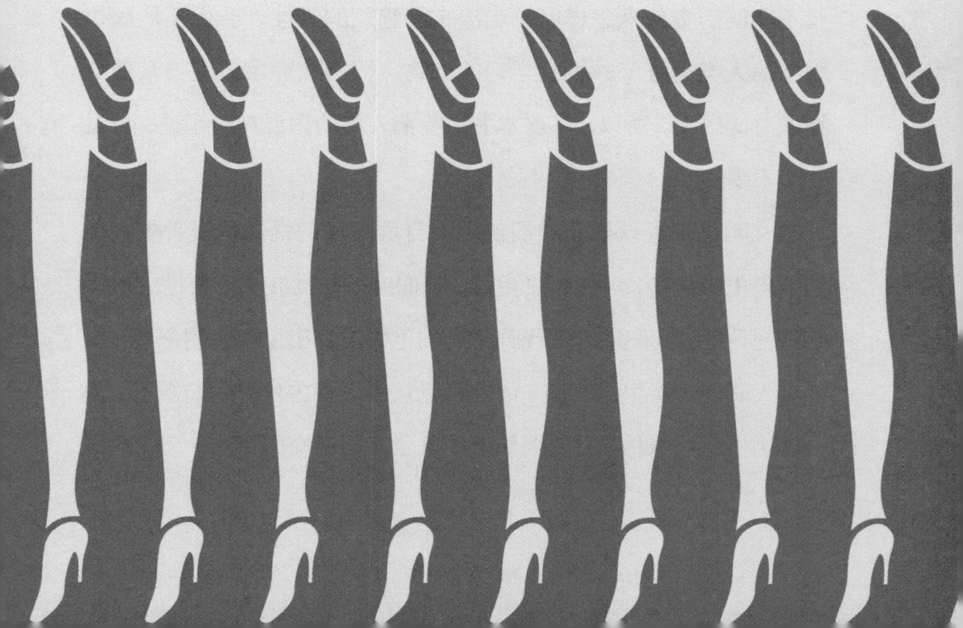

目前，对人性的研究与对人类基因组的研究同样处于初级阶段。打个比方，这就像希罗多德时代绘制的世界地图在整个地图测绘发展史所处的那个阶段。我们已经知道部分细节碎片，也知道几处大概轮廓，但还有更多的惊喜伴随着大量错误在前方等着我们。如果我们能挣脱先天和后天的教条纷争，就能逐渐解开剩下的谜团。

但是，就像16世纪的地理学家墨卡托（Mercator）在正确认识经度和纬度之前，无法了解欧洲和非洲的相对大小那样，不了解其他动物，就难以了解人性。孤立研究一只鼠尾草松鸡、象海豹或黑猩猩，不可能让我们了解其社会生活。当然，你可以描绘出大量细节，比如一雌多雄配偶制、性游戏、保护自己的妻妾以及分化或融合，但只有从进化的角度，你才能真正理解这些细节产生的原因，才能看到不同的亲代投入、不同的生活习惯、不同的饮食结构，以及不同的历史包袱怎样影响和决定着它们的天性。我们不能固执地坚信人类是唯一一种会学习的动物，因而放弃拿人类与其他动物做对比研究。所以，在这本书里我把人和动物混在一起说，自觉并无不妥。

文明也不足以拯救我们狭隘的自负。我们就像狗或者牛一样都是驯化的动物，可能程度更甚。我们继承并发展了更新世的祖先的特征，就像我们从对古代野牛的驯化中培育出了现在的牛。而当你深入研究一头牛的时候，依旧可以从中发现古代野牛的影子。把一群奶牛放归森林，它们很快就恢复了多偶杂交的习性，其中的雄性也会争夺权位。如果让狗自由发展，它也会成为领地群居动物，由族群中的长者垄断生育权。如果让一群年轻美国人到非洲大草原求生，他们却无法重现当年祖先的生活方式。确实，他们也许会挨饿，因为在上千年里，人类是按照文化传统去获得食物和生活的。但他们也不会发明一种完全非人的社会组织模式，每种自由社区实验都表明（包括俄勒冈的拉杰内什普拉姆社区[1]），聚居人群总是会发展出某种等级制度，并按占有型性关系进行分化。

人类是一种自我驯养的动物，是一种哺乳动物，一种猿类，一种会社交的猿类。这种猿类在交往中，男性主动追求，而女性会跟随配偶离开出生时的族群。这种猿类，男性狩猎，女性采集。这种猿类，男性重视等级，女性相信平等。男性会做出巨大牺牲，通过提供食物、保护和陪伴来养育自己的后代。这种猿类通常实行一夫一妻制，但多数男性会有外遇，少数男性会有多个妻子。女性如果和地位低的男性结为伴侣，通常会背叛自己的丈夫以便得到地位高的男性的基因。这种猿类，两性对彼此都极为挑剔，因此很多雌性特征（嘴唇，乳房，腰身）和两性的心智（语言声音，竞争的野心，追求地位）都是为了争夺配偶而进化的。他们还发展出一系列非凡的新本能，如用联想来学习，通过语言来交流、传承经验，但他们依旧是一种猿类。

也许本书一半的观点都是错误的。人类科学的历史本就令人

1　俄勒冈的拉杰尼什普拉姆社区（Rajneeshpuram，Oregon），位于美国俄勒冈州沃斯科县，是由灵性导师巴格万·什里·拉杰尼什创建的，他的追随者们在此地聚居。20世纪80年代，该地曾一度在行政区划上被划为一个城市。——编者注

不敢恭维，从高尔顿的优生论、弗洛伊德的潜意识、涂尔干的社会学、米德的文化人类学、斯金纳的行为主义、皮亚杰的早期学习到威尔逊的社会生物学，似乎充满了让人迷惑的错误和虚假的观点。毫无疑问，红皇后效应不过是这个糟糕故事的另外一个章节，它的政治化和挑战它的既得利益者将会对之前的人性研究造成严重冲击，自诩为政治正确的西方的文化改革无疑会扼杀它不喜欢的研究，比如对男女心智差异的研究。有时候，我感觉我们注定不会真正地读懂自己，因为我们会本能地把每一次探索都变成我们本性的一种表达：野心勃勃、不合逻辑、善于操纵和笃信宗教。就像苏格兰哲学家和历史学家大卫·休谟所说的那样："从来没有一部文学作品能比我的《人性论》(*A treatise of Human Nature*)更不幸，一出版就夭折了。"

但我仍记得，从休谟的时代到今天为止，我们取得了多大的进步，距离完全了解人性又近了多少。我们也许永远不会到达终点，但或许这样最好。只要我们无尽地探索，不停地问"为什么"，我们就有了一个崇高的目标。